Saúde e Serviço Social

Dados Internacionais de Catalogação na Publicação (CIP)
(Câmara Brasileira do Livro, SP, Brasil)

Saúde e serviço social / Maria Inês Souza Bravo... [et al.], (organizadoras).
— 5. ed. — São Paulo : Cortez ; Rio de Janeiro : UERJ, 2012.

Outros autores: Ana Maria de Vasconcelos, Andréa de Sousa Gama, Giselle Lavinas Monnerat.
Vários autores.
Bibliografia.
ISBN 978-85-249-1889-6 (Cortez)

1. Assistência social — Brasil 2. Brasil — Política social 3. Política médica — Brasil 4. Seguridade social — Brasil 5. Serviço social — Brasil I. Bravo, Maria Inês Souza. II. Vasconcelos, Ana Maria de. III. Gama, Andréa de Sousa. IV. Monnerat, Giselle Lavinas.

12-01819 CDD-362.0981

Índices para catálogo sistemático:

1. Brasil : Saúde e serviço social : Bem-estar social 362.0981
2. Brasil : Serviço social e saúde : Bem-estar social 362.0981

Maria Inês Souza Bravo • Ana Maria de Vasconcelos
Andréa de Sousa Gama • Giselle Lavinas Monnerat
(Organizadoras)

Saúde e Serviço Social

5ª edição
3ª reimpressão

CORTEZ EDITORA

UERJ
UNIVERSIDADE DO ESTADO DO RIO DE JANEIRO

SAÚDE E SERVIÇO SOCIAL

Maria Inês Souza Bravo; Ana Maria de Vasconcelos; Andréa de Sousa Gama; Giselle Lavinas Monnerat (Orgs.)

Capa: Ricardo Cesar de Andrade

Preparação de originais: Ana Paula Takata de Moraes

Revisão: Maria de Lourdes de Almeida

Edição digital de textos: Sylmara Beletti

Composição: Linea Editora Ltda.

Assessoria editorial: Elisabete Borgianni

Secretaria editorial: Priscila F. Augusto

Coordenação editorial: Danilo A. Q. Morales

Direitos para esta edição
CORTEZ EDITORA
Rua Monte Alegre, 1074 — Perdizes
05014-001 - São Paulo - SP
Tel.: (11) 3864-0111 Fax: (11) 3864-4290
E-mail: cortez@cortezeditora.com.br
www.cortezeditora.com.br

Impresso no Brasil - março de 2018

Universidade do Estado do Rio de Janeiro

Sumário

Lista de siglas 9

Prefácio
Laura Tavares 11

Apresentação 15

PARTE I
Política de saúde, ética e Serviço Social

Reforma sanitária e projeto ético-político do Serviço Social: elementos para o debate
Maria Inês Bravo e *Maurílio Castro de Matos* 25

Profissões de saúde, ética profissional e seguridade social
Ana Maria de Vasconcelos, Fátima de Maria Masson, Juliana Souza B. de Menezes, Rafaela Esteves Vasconcelos e *Sara Tavares Ferreira* ... 50

PARTE II
Análise da implementação de políticas e programas de saúde

Gênero e avaliação da qualidade da atenção em serviços de saúde reprodutiva
Andréa de Sousa Gama 85

Entre a formulação e a implementação: uma análise do programa saúde da família
Giselle Lavinas Monnerat, Mônica de C. M. Senna e *Rosimary G. de Souza* 105

A interdisciplinaridade no programa saúde da família: uma utopia?
Mary Jane Oliveira Teixeira e *Sheila Torres Nunes* 127

PARTE III
Saúde em diferentes dimensões

Serviço Social e envelhecimento: perspectivas de trabalho do assistente social na área da saúde
Alzira Tereza Garcia Lobato 147

Por uma cartografia do cuidado em saúde mental: repensando a micropolítica do processo de trabalho do cuidar em instituições
Marco José de Oliveira Duarte 163

Redução dos danos decorrentes do uso de drogas: uma proposta educativa no âmbito das políticas públicas
Laís Helena Pinto Veloso, Jane Carvalho e *Luciana Santiago* 179

O enfrentamento da dependência do álcool e outras drogas pelo Estado brasileiro
Claudete J. de Oliveira 195

Tematizando gênero e sexualidade nas práticas educativas
Eliana Azevedo Pereira de Mendonça 214

Adolescentes grávidas usuárias do sistema de saúde pública
Alany Pinto Caldeira, Aline Maria Thuller de Aguiar, Carina Leone Veiga e *Thaís Geovanna Castro da Rocha* 232

O processo saúde-doença e o trabalho infantojuvenil em lixões: expressão cruel das contradições da modernidade brasileira
Carmen Maria Raymundo 253

Sobre os Autores 285

Lista de siglas

ABAS — Associação Brasileira de Assistentes Sociais
ABEPSS — Associação Brasileira de Ensino e Pesquisa em Serviço Social
ABESS — Associação Brasileira de Ensino de Serviço Social
ANAS — Associação Nacional dos Assistentes Sociais
ANG — Associação Nacional de Gerontologia
AP — Área Programática
CAPES — Fundação Coordenação de Aperfeiçoamento de Pessoal de Nível Superior
CAPs(1) — Caixas de Aposentadorias e Pensões
CAPs(2) — Centros de Atendimento Psicossocial
CAPSad — Centros de Atenção Psicossocial (para usuários de álcool e outras drogas)
CBCISS — Centro Brasileiro de Cooperação e Intercâmbio em Serviços Sociais
CE — Código de Ética
CEADs — Conselhos Estaduais Antidrogas
CETAB — Comissão Estadual de Controle do Tabagismo
CFAS — Conselho Federal de Assistentes Sociais
CFESS — Conselho Federal de Serviço Social
CNS — Conselho Nacional de Saúde
COMADs — Conselhos Municipais Antidrogas
COMENs — Conselhos Municipais de Entorpecentes
CONAD — Conselho Nacional Antidrogas
CONENs — Conselhos Estaduais de Entorpecentes
CONFEN — Conselho Federal de Entorpecentes

DC — Desenvolvimento de Comunidade
FBH — Federação Brasileira de Hospitais
FHC — Fernando Henrique Cardoso
FMI — Fundo Monetário Internacional
FNUAP — Fundo de População das Nações Unidas
FSS/UERJ — Faculdade de Serviço Social da UERJ
FUNASA — Fundação Nacional de Saúde
GES — Grupos de Encontros com a Saúde
IAPs — Institutos de Aposentadorias e Pensões
IBGE — Instituto Brasileiro de Geografia e Estatística
INAMPS — Instituto Nacional de Assistência Médica da Previdência Social
IPEA — Instituto de Pesquisa Econômica Aplicada
LOAS — Lei Orgânica de Assistência Social
LOS — Lei Orgânica da Saúde
NAPS — Núcleos de Atendimento Psicossocial
NESA/UERJ — Núcleo de Estudos da Saúde do Adolescente da UERJ
NOAS — Norma Operacional de Assistência Social
NOB/SUS — Normas Operacionais Básicas do SUS
NOB-RH — Norma Operacional Básica sobre Recursos Humanos
OMS — Organização Mundial de Saúde
PAB — Piso de Atenção Básica
PACS — Programa de Agentes Comunitários de Saúde
PAISM — Programa de Atenção Integral da Saúde da Mulher
PCSF — Polo de Capacitação em Saúde da Família
PETI — Programa de Erradicação do Trabalho Infantil
PNAD — Política Nacional Antidrogas
PNSI — Política Nacional de Saúde do Idoso
PSF — Programa Saúde da Família
RN — Rio Grande do Norte
SAS — Secretaria de Assistência à Saúde
SENAD — Secretaria Nacional Antidrogas
SESC — Serviço Social do Comércio
SISNAD — Sistema Nacional Antidrogas
SPS — Secretaria de Políticas de Saúde
SUS — Sistema Único de Saúde
UERJ — Universidade do Estado do Rio de Janeiro
UNICEF — United Nations International Children's Emergency Fund (Fundo das Nações Unidas para a Infância)

Prefácio

A partir da Constituição de 1988, Saúde e Assistência Social — junto com a Previdência Social — passaram a fazer parte integrante da Seguridade Social, concepção inovadora que representou uma inflexão na trajetória da Política Social brasileira. Ambas — Saúde e Assistência Social — passariam a ser vistas como direito de cidadania e dever do Estado. O acesso aos serviços ficou pautado pela universalidade e o seu funcionamento submetido ao controle social. Tratava-se de uma democratização até então inédita no setor público brasileiro. Grande parte desses princípios permaneceu nas Leis Orgânicas da Saúde e da Assistência Social promulgadas no início dos anos 1990. No entanto, o seu cumprimento pleno se viu atropelado pelas políticas neoliberais que a partir desse momento se tornariam hegemônicas no Brasil. Foi uma *construção interrompida* de um projeto mais generoso de proteção social gestado a partir da redemocratização do país. Portanto, é falsa a afirmação de que no Brasil a Seguridade Social "não deu certo": ela nunca foi implementada na sua plenitude.

Não foi apenas a concepção generosa da Seguridade Social que não foi cumprida na década de 1990: tampouco o seu Orçamento foi respeitado. Tratava-se de uma proposta avançada de financiamento que combinava diversas fontes que taxavam também o capital além do trabalho. As receitas do Orçamento da Seguridade Social, unificadas no Tesouro Nacional, passaram a ser utilizadas para múltiplas finalidades além das previstas constitucionalmente, sobretudo, para financiar os déficits fiscais, em um primeiro momento, e, em seguida, o superávit fiscal, cujas metas são "negociadas" até hoje com o Fundo Monetário Internacional. Esse tipo de financiamento se formalizou através da atual DRU (Desvinculação da Receita da União), mecanismo que retira 20% de todos os orçamentos federais linearmente.

A ideia da unicidade foi rompida, e rapidamente a Saúde, a Assistência Social e a Previdência passaram a ter seus orçamentos separados e suas ações isoladas setorialmente. Pela primeira vez, desde os anos 1970, a Assistência Social deixou de contar com uma parte dos recursos previdenciários, limitando-se aos escassos recursos fiscais disponíveis. Prevaleceu a ideia da "especialização de fontes de financiamento" sobre a concepção de uma totalidade única de recursos com parcelas vinculadas a cada um dos setores da Seguridade.[1] Fragmentou-se aquilo que era para ser único. Esta fragmentação trouxe graves consequências não apenas no âmbito do financiamento, mas também no âmbito das políticas, dos projetos e dos programas. Institucionalmente a fragmentação se consubstanciou na criação de três órgãos federais separados para a Saúde, Previdência e Assistência Social.

Os planos político e ideológico também foram afetados. Os debates e a formulação de propostas reproduziram a concepção setorial isolada. Cada um cuidou do seu. Nunca mais se propôs alguma política de "Seguridade Social": ou era Saúde, ou era Assistência ou era Previdência. Os inúmeros congressos e conferências ao longo dos anos 1990, sobretudo nas áreas de Saúde e de Previdência, expressaram claramente essa divisão. Os documentos omitiam a expressão Seguridade Social. Justiça seja feita ao grupo do Serviço Social que continuou a defendê-la publicamente nesse período de claros retrocessos a respeito do papel da Seguridade Social na constituição de um Sistema de Proteção universal garantidor de direitos de cidadania.

No âmbito da política social passaram a prevalecer os "programas de combate à pobreza" focalizados nos "mais pobres". A focalização substituiu a universalidade. O provisório e emergencial substituiu o permanente e estável. O chamado 3º Setor substituiu o Estado. Os indivíduos,

1. A proposta de emenda constitucional elaborada pelos Deputados Federais Waldir Pires e Eduardo Jorge no início da década passada previa para a Saúde 30% do total de recursos da Seguridade Social, o que hoje representaria mais do dobro do atual orçamento.

famílias e "comunidades" passaram a responsabilizar-se pelo seu bem-estar, promovendo aquilo que Bourdieu[2] chama de responsabilização da vítima. Os governos se desresponsabilizaram progressivamente. A filantropia substituiu o direito. O local assumiu o lugar privilegiado de resolução de todos os problemas sociais, alienando-se do regional e do nacional, num claro processo de total *municipalização do social*. Este processo retira da Política Social aquilo que representa a sua principal atribuição: dar uma dimensão de igualdade a um país profundamente marcado por desigualdades extremas.

Este livro é mais uma prova de resistência e do papel de vanguarda assumido pelo grupo do Serviço Social nesse debate das alternativas de enfrentamento da questão social. Questão esta que se aprofundou e se tornou ainda mais complexa nesta última década. É preciso repensar estratégias, sem abrir mão dos princípios. Tal como neste livro, Saúde e Assistência Social precisam novamente andar juntas, integrando seus projetos e programas. Ambas representam o lado mais universal da Seguridade Social que precisa ser (re)valorizado e fortalecido.

*Laura Tavares Soares**

2. Ver Bourdieu, Pierre. *Contrafogos. Táticas para enfrentar a invasão neoliberal*. Rio de Janeiro: Jorge Zahar Ed., 1998.

* Enfermeira sanitarista e doutora em Política Social. Professora da UFRJ e pesquisadora do Laboratório de Políticas Públicas da UERJ.

Apresentação

Este livro aborda a temática *Saúde e Serviço Social*, e reúne artigos de professores e alunos da graduação e pós-graduação da Faculdade de Serviço Social da UERJ.

Tal iniciativa contou com o apoio financeiro da Fundação Coordenação de Aperfeiçoamento de Pessoal de Nível Superior (Capes), e tem o objetivo de tornar públicos os resultados de várias pesquisas conduzidas no âmbito da FSS/UERJ e, ao mesmo tempo, contribuir para o debate acerca dos dilemas e avanços do Sistema Único de Saúde (SUS) após mais de uma década de sua implementação. Em direção similar, as discussões em torno das perspectivas de intervenção do Serviço Social nesta política setorial são bastante oportunas, em razão, principalmente, dos enormes desafios profissionais vividos no cotidiano dos serviços de saúde. Outro aspecto significativo refere-se à inserção de grande parte de nossos alunos de graduação e pós-graduação nessa área.

É relevante registrar que a área da saúde tem historicamente concentrado um grande número de profissionais de Serviço Social. A partir da implementação da gestão descentralizada da saúde, nos anos 1990, amplia-se a contratação de assistentes sociais por intermédio da realização de concursos públicos em diversos municípios do país. Desta forma, o desenvolvimento do Sistema Único de Saúde vem requerendo a presença desse profissional no processo recente de (re)organização dos serviços, fenômeno que exige constantes análises acerca do desenvolvimento da Reforma Sanitária brasileira, bem como das contradições entre as demandas do SUS e as proposições contidas no projeto ético-político do Serviço Social.

No esteio dessas preocupações, destaca-se como fundamental a concepção de Seguridade Social inscrita na Constituição de 1988, da qual a saúde é parte integrante, e que representa um dos maiores avanços no que se refere à proteção social e ao atendimento das reivindicações históricas das classes trabalhadoras. Representa a promessa de afirmação e extensão de direitos sociais em nosso país, em consonância com as transformações sociopolíticas que se processaram. Nessa direção, destaca-se como importante na concepção de Seguridade Social: a universalização, a concepção de direito social e dever do Estado, o estatuto de política pública à assistência social, a definição de fontes de financiamento e novas modalidades de gestão democrática e descentralizada, com ênfase na participação social de novos sujeitos sociais, com destaque para os conselhos e conferências de direitos e de política social.

Todavia, a proposta de Seguridade Social definida na Carta Magna vem sofrendo fortemente os impactos da postura neoliberal dos últimos governos, visto que a reestruturação produtiva levada a cabo traz consequências alarmantes sobre as taxas de desemprego, agravando a pobreza e a desigualdade social. Neste cenário, aumentam as demandas sobre o sistema de proteção social, ao mesmo tempo que o gasto social não é priorizado no orçamento público. Com efeito, vê-se como possibilidade de reversão deste quadro a superação da histórica submissão da política social à política macroeconômica.

A persistência de notórias dificuldades e desigualdades de acesso da população aos serviços de saúde, os desafios de construção de práticas baseadas na integralidade, os dilemas para alcançar a equidade no financiamento do setor, os avanços e recuos nas experiências de controle social, dentre outras questões, são exemplos de que a construção e consolidação dos princípios da Reforma Sanitária permanecem como desafios na agenda contemporânea do setor.

Desta forma, se, por um lado, a importância desta coletânea reside na possibilidade de analisar a política de saúde e o serviço social na atual conjuntura brasileira, por outro, busca identificar alternativas teórico-metodológicas, ético-políticas e técnico-operativas que favoreçam a implementação do Projeto de Reforma Sanitária e do projeto ético-político da categoria.

Além da oportunidade de atualizar o debate sobre o tema em questão, esta produção constitui espaço de defesa da democracia de massas como princípio norteador dos processos decisórios da política de saúde no Brasil. Sendo assim, os doze artigos aqui reunidos, e organizados em três partes, apresentam um ponto de interseção que se traduz na afirmação da importância do aprofundamento da luta política no intuito de garantir o sentido público da política de saúde.

Os dois artigos que compõem a *primeira parte* desta publicação enfatizam a *Política de saúde, a Ética e o Serviço Social.*

No primeiro texto, Maria Inês Bravo e Maurílio Matos fornecem elementos de reflexão sobre o Serviço Social brasileiro na área da Saúde. Para tal, são desenvolvidas análises sobre a trajetória histórica da Saúde e do Serviço Social até os dias atuais, a fim de elencar os desafios postos na contemporaneidade para a implementação da Reforma Sanitária e do Projeto Ético-Político do Serviço Social. Os autores ressaltam que cabe aos assistentes sociais formular estratégias que busquem reforçar ou criar experiências nos serviços que efetivem o direito social à saúde, em uma ação articulada com outros profissionais que defendam o aprofundamento do Sistema Único de Saúde. Destacam ainda, que o trabalho do assistente social na área da saúde que queira ter como norte o Projeto Ético-Político deve, necessariamente, estar articulado ao Projeto da Reforma Sanitária.

Tendo como referência a democratização da saúde, o segundo texto, elaborado por Ana Vasconcelos, Fátima Masson, Juliana Menezes, Rafaela Vasconcelos e Sara Ferreira, faz uma análise dos códigos de ética das oito principais profissões de saúde: assistente social, enfermeiro, farmacêutico, fonoaudiólogo, médico, nutricionista, odontólogo e psicólogo. O texto ressalta que os assistentes sociais formam a única categoria profissional que obteve avanços na definição de um projeto de profissão. As demais ainda mantêm códigos de ética contraditórios e baseados em princípios predominantemente abstratos e conservadores, desvinculados dos interesses da maioria dos brasileiros usuários dos serviços de saúde.

A *segunda parte* deste livro, composta de três artigos, enfrenta o debate referente à *análise da implementação de Políticas e Programas de Saúde*, um dos temas significativos para a área.

O texto de Andréa de Sousa Gama sistematiza as principais contribuições do enfoque pautado nas relações de gênero e chama a atenção dos leitores para as inúmeras potencialidades de utilização desta abordagem na avaliação da qualidade da atenção em serviços de saúde reprodutiva. O artigo traz uma síntese analítica acerca da produção acadêmica e dos desafios metodológicos no campo da avaliação de qualidade em saúde e, além disso, indica a relevância de se incorporar a noção de integralidade como um requisito fundamental para o desenvolvimento de pesquisas avaliativas da atenção em saúde reprodutiva. Por fim, contribui, de forma bastante clara, com a proposição de caminhos metodológicos para a realização de pesquisas de avaliação da atenção em serviços de saúde reprodutiva, cuja preocupação central seja analisar a complexa interconexão entre gênero e iniquidades em saúde.

O texto de Giselle L. Monnerat, Rosimary G. de Souza e Mônica de C. M. Senna traz alguns elementos para a discussão do processo de implementação local do Programa Saúde da Família (PSF), de forma a contribuir para a elaboração de uma agenda de pesquisa em torno do tema. Parte-se dos estudos em torno da implementação, que trabalhos recentes têm tomado como parte integrante do processo decisório, recusando a noção clássica de ciclo político (*policy cycle*) pela qual a implementação é vista como uma etapa subsequente à formulação da política e esta, por sua vez, é concebida como uma instância racional e compreensiva. Essas análises consideram a implementação como um processo autônomo, durante o qual decisões cruciais são tomadas e não somente implementadas. Assim, a análise do PSF, a partir desta perspectiva, deve considerar tanto aspectos exógenos à política de saúde quanto aqueles internos ao setor, bem como características mais amplas e aquelas mais afeitas ao cenário local. Menos do que apresentar uma análise conclusiva, o que se propõe é apontar alguns aspectos tidos como cruciais para a investigação dos processos de constituição e formatação do programa ao nível local. Busca-se, portanto, resgatar elementos indispensáveis ao entendimento dos circuitos presentes no cenário municipal e que interferem no desenho e modo de operação do PSF.

O artigo de Mary Jane O. Teixeira e Sheila Torres Nunes tem a intenção de trazer para o debate o tema da interdisciplinaridade na saúde e, particularmente, no Programa Saúde da Família (PSF). Apresenta, inicialmente, um breve histórico e conceituação que permeiam a interdisciplinaridade, mediando com a discussão sobre o modelo assistencial de saúde, o conceito de saúde e a necessidade de articulação com os princípios do SUS, em especial, o controle social, apontando constantemente reflexões que a temática envolve. Elabora um breve resgate da histórica luta do setor saúde e de seu protagonismo, que colocou como projeto a conquista de uma sociedade democrática, e aponta a interdisciplinaridade como uma ferramenta para a construção deste espaço nas relações de trabalho, em busca desta utopia.

Na terceira parte são apresentados sete artigos que enfocam *a Saúde em diferentes dimensões* como o Envelhecimento, a Saúde Mental, a Dependência do Álcool e outras drogas, Gênero e Sexualidade, a Gravidez na Adolescência e as Relações entre Saúde e Trabalho.

No artigo de Alzira Tereza Garcia Lobato, a autora demonstra que as bases legais e normativas da política nacional do idoso já foram conquistadas e que, na atualidade, os principais desafios dizem respeito à sua implementação por meio de programas e serviços de caráter público, descentralizados e com controle social. A partir de uma experiência profissional, assinala a importância do trabalho do assistente social no desenvolvimento de ações de promoção da saúde deste segmento populacional, seja incentivando o associativismo e a sociabilidade, seja na perspectiva de motivar a participação nos conselhos de saúde. Nesta direção, reforça a necessidade de capacitação dos assistentes sociais no que se refere à questão do envelhecimento em nosso país, visto o crescente número de idosos na população, ao mesmo tempo que são poucos os indícios de reversão das históricas desigualdades sociais. Este cenário tende, então, a se traduzir em graves problemas sociais, dado que a longevidade aliada à situação de pobreza aumenta a vulnerabilidade e a possibilidade de exclusão social deste segmento populacional.

O artigo de Marco José de O. Duarte apresenta algumas considerações a respeito da produção do cuidado no campo da saúde mental, a partir de uma investigação pautada na análise dos discursos sobre o fazer e as práticas presentes no cotidiano das instituições psiquiátricas no Rio de Janeiro. Com base nas análises da micropolítica do cuidado em saúde mental e das mudanças técnico-assistenciais propostas pelo movimento da reforma psiquiátrica, fundado no paradigma da desinstitucionalização e outras correntes, o autor desenha as possibilidades de mudança e as contradições recorrentes no campo frente a ainda hegemônica ordem médico-psiquiátrica. Diferentemente da perspectiva tradicional, a proposta de trabalho cuidador centrado no usuário busca, não sem conflitos, construir um novo modo de olhar e cuidar do outro no território dos serviços.

O artigo de Laís Helena Pinto Veloso, Jane Carvalho e Luciana Santiago, nos convida a uma reflexão sobre os limites conceituais da atual política nacional antidrogas na qual persistem noções repressivas e moralizadoras, que interferem substancialmente no modo de encaminhar as ações educativas entre as pessoas que apresentam problemas com drogas. Com base na análise da produção teórica recente, as autoras defendem o desenvolvimento de um trabalho educativo baseado na ideia de redução de danos, cujo princípio ordenador ancora-se na visão de que o uso de drogas está conectado aos processos históricos, culturais, sociais e políticos nos quais se inserem os sujeitos que fazem uso de drogas. Diferentemente da perspectiva tradicional, e ainda hegemônica, que tem como alvo principal de ação a substância química — a droga —, a proposta de trabalho na perspectiva de redução de danos tem o potencial de identificar as diferentes modalidades de relação que os sujeitos estabelecem com a droga e inovar nas possibilidades de ação educativa, pautada na autonomia responsável e no respeito à alteridade humana.

O texto de Claudete J. de Oliveira aborda algumas das mais recentes respostas do Estado brasileiro frente ao crescente consumo de álcool e outras drogas, através das políticas públicas implementadas pela Secretaria Nacional Antidrogas (Senad) e pelo Ministério da Saúde, revelando que o país, embora esteja avançando na discussão desta temática, ainda não conseguiu romper com paradigmas conservadores no trato da questão. A autora situa as contradições entre os fundamentos teórico-políticos da Política do Ministério da Saúde para Atenção Integral dos Usuários de Álcool e outras Drogas e da Política Nacional Antidrogas (PNAD), ambas conduzidas pelos últimos governos, ressaltando que a PNAD defende a ideia de uma sociedade sem drogas, enquanto a política do Ministério da Saúde estrutura-se pela concepção de Redução de Danos, priorizando a singularidade do indivíduo, e considerando suas condições socioculturais.

O texto de Eliana Azevedo Pereira de Mendonça propõe um campo de reflexões sobre as práticas educativas no interior do Programa de Assistência Integral à Saúde da Mulher, na direção do seu fortalecimento como sujeito da saúde. Essas práticas nesse trabalho são tidas como uma tecnologia capaz de ultrapassar um discurso tão somente normatizador sobre o corpo para abrir um espaço para a intersubjetividade no processo de conhecimento. No sentido de pensar a matéria-prima das práticas educativas, a autora busca apoio na teoria das representações sociais, enfocando a linguagem como prática social. Considerando a centralidade do eixo educação, na perspectiva de intervenção nos níveis de prevenção e promoção da saúde, o texto sinaliza para a desconstrução do paradigma cientificista, que leva à reprodução de uma realidade tornada fragmentada, e que gera práticas especializadas e hierarquizantes. Nesse sentido, apropria-se dos estudos de gênero, tanto para a crítica aos pensamentos racionalista e positivista presentes em dado discurso pedagógico, como para a interpretação da sexualidade na menopausa e a criação do espaço grupal como espaço institucional integrador e valorizado pelas mulheres.

Partindo de uma experiência de assessoria a uma equipe de Serviço Social de uma unidade de saúde do município do Rio de Janeiro, Alany Pinto Caldeira, Aline Maria Thuller de Aguiar, Carina Leone Veiga e Thaís Geovanna Castro da Rocha analisam os resultados de um estudo com adolescentes grávidas, usuárias de uma Clínica de Obstetrícia. Um dos elementos necessários para estimular a reflexão profissional é o conhecimento da população usuária. Assim, a partir da apreensão de aspectos do seu cotidiano, o texto objetiva instrumentalizar os profissionais de saúde, para conhecerem a realidade e as expectativas das adolescentes, de modo que possam empreender ações articuladas com as condições de vida, trabalho, cultura, desejos e interesses de adolescentes pertencentes aos segmentos menos favorecidos da classe trabalhadora.

O artigo de Carmen Raymundo aborda as condições de vida e de trabalho de crianças e adolescentes, oriundos da atividade laboral de catar lixo em Itaoca, São Gonçalo/RJ. A pesquisa teórica e empírica orienta-se por um duplo viés: situar o trabalho infanto-juvenil no interior do movimento da produção e reprodução capitalista, e compreender as contradições que as constituem. Na atualidade, essas se expressam por meio das transformações no mundo do trabalho, e em novas relações entre Estado e sociedade. A autora destaca como uma das consequências de maior relevância, no universo das crianças e adolescentes das camadas subalternizadas, diante da agudização da questão social, a inserção precoce nas atividades laborativas, evidenciando os custos trazidos por essa inserção no processo saúde-doença.

Este é, em síntese, o conteúdo desta coletânea que convidamos o leitor a apreciar por intermédio de suas críticas e sugestões.

As organizadoras

Parte I

Política de saúde, ética e Serviço Social

Reforma sanitária e projeto ético-político do Serviço Social: elementos para o debate

Maria Inês Souza Bravo
Maurílio Castro de Matos

Apresentação

Este artigo é fruto de reflexões sobre as características do Serviço Social brasileiro na saúde e quais os desafios que a atualidade apresenta para os profissionais da área. Visa contribuir para o fortalecimento do projeto ético-político profissional do Serviço Social e o projeto da Reforma Sanitária, e está estruturado em quatro partes. Na primeira e segunda, são desenvolvidas análises panorâmicas sobre a trajetória histórica da Saúde e do Serviço Social, sendo que na primeira parte é abordado o período de 1930 a 1979, e na segunda os anos 1980 e 1990. A terceira parte tem por objetivo desenvolver uma reflexão sobre os desafios postos na atualidade para o Serviço Social na área da saúde e, para tanto, busca uma interlocução com alguns autores da área que refletiram sobre o tema. Por fim, na última parte do artigo, a partir de uma leitura da realidade, se faz uma análise — mesmo que inicial — sobre a política de saúde no governo Lula e também são apresentadas algumas questões e proposições sobre o Serviço Social na Saúde, tomando como referência — e não por acaso — os princípios fundamentais do atual Código de Ética dos Assistentes Sociais.

1. Panorama da Saúde e do Serviço Social no período de 1930 a 1979

Neste item será enfocado o início da intervenção do Estado na saúde na década de 1930, bem como a consolidação da política de saúde no período de 1945 a 1964 e as alterações ocorridas com o golpe militar de 1964. Após a caracterização da política de saúde, nessas conjunturas, vai-se fazer uma relação com o Serviço Social, que surge também nos anos 30, sofrendo as influências sócio-históricas da época.

É no bojo do processo histórico-econômico e político que marcou a conjuntura brasileira dos anos 30 que ocorre a formulação da política de saúde,[1] que teve caráter nacional — como as demais políticas sociais — e foi organizada em dois subsetores: o de saúde pública e o de medicina previdenciária.

A saúde pública foi predominante até meados dos anos 60 e teve como características: ênfase nas campanhas sanitárias; a interiorização das ações para as áreas de endemias rurais e a criação de serviços de combate às endemias. A medicina previdenciária teve como marco a criação dos Institutos de Aposentadorias e Pensões (IAPs) que substituíram as Caixas de Aposentadorias e Pensões (CAPs) criadas em 1923. O modelo previdenciário teve orientação contencionista, ao contrário do modelo abrangente das CAPs. Ou seja, em que pese a inclusão de outras categorias profissionais, houve nos IAPs uma redução da oferta de serviços prestados. Para Oliveira e Teixeira (1986), um dos determinantes para a diminuição dos gastos foi, sem dúvida, o rápido crescimento dos assalariados urbanos.

---

1. Diversos autores ressaltam que a "questão social" neste período precisava ser enfrentada de forma mais sofisticada, transformando-se em questão política e não de polícia, com a intervenção estatal e a criação de novos aparelhos que contemplassem os assalariados urbanos, que se caracterizavam como atores importantes no cenário político nacional (Braga e Góes de Paula, 1986; Cerqueira Filho, 1982; Santos, 1979 e Bravo, 1991).

A política de saúde esboçada a partir de 1930 foi consolidada no período de 1945 a 1964.[2] Neste momento, segundo Oliveira e Teixeira (1986), houve um crescimento relativo dos gastos da previdência social com a assistência médico-hospitalar. A política de saúde teve como características gerais a racionalização administrativa e a atribuição de maior sofisticação às campanhas sanitárias. Continuou organizada nos dois subsetores (saúde pública e medicina previdenciária). A medicina previdenciária só vai sobrepujar a saúde pública a partir de 1966, apesar de seu predomínio anunciar-se desde o início da década de 1960. O que se evidencia é que, apesar das pressões, a assistência médico-previdenciária era formada basicamente pelos serviços próprios dos Institutos. As formas de compra dos serviços médicos de terceiros aparecem como minoritárias, situação que vai ser completamente diferente no regime que se instalou no país após 1964.

A instauração da ditadura militar no pós-1964 expressou a derrota das forças democráticas, sendo o desfecho da crise de uma forma de dominação burguesa no Brasil.[3] O Estado vai intervir na questão social por meio do binômio repressão-assistência, burocratizando e modernizando a máquina estatal com a finalidade de aumentar o poder de regulação sobre a sociedade, de reduzir as tensões sociais e de conseguir legitimidade para o regime.

A política de saúde no período de 1964 a 1974 desenvolve-se com base no privilegiamento do setor privado, articulada às tendências da política econômica implantada. Suas principais características foram: a extensão da cobertura previdenciária, a ênfase na prática médica curativa orientada para burocratização do setor, a criação do complexo médico-industrial e a diferenciação de atendimento à clientela (Oliveira e Teixeira, 1986).

A partir de 1974, o bloco de poder, por não ter conseguido consolidar sua hegemonia ao longo de dez anos, modificou gradualmente sua relação

---

2. O Estado a partir de 1945, e especialmente em 1950, vai aumentar os gastos estatais na área social através de políticas sociais. Entretanto, não consegue estender suas proposições a todos os segmentos sociais, nem universalizar as medidas, gerando efetivos direitos ao trabalhador.

3. Os problemas estruturais foram aprofundados, tornando-se mais complexos. Segundo Fernandes (1986), a ditadura foi um meio de impedir que a revolução nacional e democrática interferisse negativamente na eclosão do capitalismo monopolista.

com a sociedade civil. A política de saúde, neste período, enfrentou permanente tensão entre os interesses dos setores estatal e empresarial e a emergência do movimento sanitário. Nesta contradição, algumas medidas de saúde pública foram retomadas, embora de forma limitada.

A partir do que foi evidenciado na implantação, desenvolvimento e alteração da política de saúde no Brasil nas diversas conjunturas, de 1930 a 1979, vai-se ressaltar o Serviço Social na saúde nesses períodos.[4]

O surgimento e o desenvolvimento do Serviço Social no período de 1930 a 1964, bem como a ação profissional na área da saúde, mostram algumas evidências significativas.

A conjuntura de 30 a 45 caracteriza o surgimento da profissão no Brasil, com influência europeia e a área da saúde não foi a que concentrou maior quantitativo de profissionais, apesar de algumas Escolas terem surgido motivadas por demandas do setor. A formação profissional também se pautou, desde o seu início, em algumas disciplinas relacionadas à Saúde.

A expansão do Serviço Social no país, entretanto, ocorre a partir de 1945, relacionada às exigências e necessidades de aprofundamento do capitalismo no Brasil e às mudanças que ocorreram no panorama internacional, em função do término da Segunda Guerra Mundial. Nessa década, a ação profissional na Saúde também se amplia, transformando-se no setor que mais absorveu os assistentes sociais. A influência norte-americana na profissão substituiu a europeia, que marcou a conjuntura anterior, tanto no nível da formação profissional — com alteração curricular — como nas instituições prestadoras de serviços. O marco desta mudança de influência situa-se no Congresso Interamericano de Serviço Social realizado em 1941, em Atlantic City (EUA). Posteriormente, foram criados diversos mecanismos de interação mais efetiva, como o oferecimento de bolsas aos profissionais brasileiros e a criação de entidades. Os assistentes sociais brasileiros começaram a defender que o ensino e a profissão nos Estados Unidos haviam atingido um grau mais elevado de sistematização; ademais, ali, na ação profissional, o julgamento moral com relação à população-cliente era substituído por uma análise de cunho psicológico.

4. Serão utilizadas nesta análise as questões apontadas na tese de doutorado de Bravo (1991).

Uma indagação merece ser destacada em função do objeto deste artigo: *Por que o Serviço Social na área de Saúde transformou-se no principal campo de absorção profissional?*

Além das condições gerais que determinaram a ampliação profissional nesta conjuntura, o "novo" conceito de Saúde, elaborado pela Organização Mundial de Saúde (OMS), em 1948, enfocando os aspectos biopsicossociais, determinou a requisição de outros profissionais para atuar no setor, entre eles o assistente social. Este conceito surge de organismos internacionais, vinculado ao agravamento das condições de saúde da população, principalmente dos países periféricos, e teve diversos desdobramentos. Um deles foi a ênfase no trabalho em equipe multidisciplinar — solução racionalizadora —, que permitiu: suprir a falta de profissionais com a utilização de pessoal auxiliar em diversos níveis; ampliar a abordagem em Saúde, introduzindo conteúdos preventivistas e educativos; e criar programas prioritários com segmentos da população, dada a inviabilidade de universalizar a atenção médica e social.

O assistente social enfatizou a prática educativa com intervenção normativa no modo de vida da "clientela", com relação aos hábitos de higiene e saúde, e atuou nos programas prioritários estabelecidos pelas normatizações da política de saúde.

Outro fator importante refere-se à consolidação da Política Nacional de Saúde no país com ampliação dos gastos com a assistência médica, pela previdência social. Esta assistência, por não ser universal, gerou uma contradição entre a demanda e o seu caráter excludente e seletivo. O assistente social vai atuar nos hospitais colocando-se entre a instituição e a população, a fim de viabilizar o acesso dos usuários aos serviços e benefícios. Para tanto, o profissional utiliza-se das seguintes ações: plantão, triagem ou seleção, encaminhamento, concessão de benefícios e orientação previdenciária.

Os benefícios passaram a ser custeados total ou parcialmente pelos próprios beneficiários. Na lógica da estruturação de tais serviços, não há o componente distributivista, mas existe a preocupação de favorecer o capital. O conceito que passa a reger os programas assistenciais é o de salário social indireto, que incorpora ao salário vários serviços ao trabalhador que a "coletividade paga", com vistas à utilização futura. O piso salarial é rebaixado à medida que engloba os demais benefícios e o trabalhador paga os serviços pelas deduções salariais diretas, pela elevação do custo de vida, com a contribuição dos empregadores transferida para os preços dos produtos e através dos impostos e taxas recolhidos pelo poder público (Iamamoto e Carvalho, 1982).

As propostas racionalizadoras na Saúde, que surgem a partir da década de 1950 — principalmente nos Estados Unidos, como a "medicina integral", a "medicina preventiva" e seus desdobramentos a partir de 1960, como a "medicina comunitária" — não tiveram repercussão no trabalho dos assistentes sociais na saúde no Brasil. Os profissionais mantiveram como *locus* central de sua ação os hospitais e ambulatórios, apesar de os Centros de Saúde, segundo Costa (1986), serem criados a partir de meados da década de 1920. Neles, os serviços básicos eram a higiene pré-natal, infantil e pré-escolar, a tuberculose, a verminose e o laboratório; e as atividades tinham como proposta fundamental introjetar, na população, educação sanitária por intermédio de educadores de higiene, professores instruídos em assuntos sanitários, como também testar formas específicas de descentralização do trabalho sanitário nas grandes cidades. Os centros de saúde contavam, para o desenvolvimento de suas atividades, com médicos, enfermeiras e visitadoras. Os assistentes sociais não foram absorvidos neste espaço senão muito mais tarde, em 1975. A esta constatação cabe a pergunta: *Por que os assistentes sociais na saúde priorizaram suas ações no nível curativo e hospitalar?* Para responder à questão, levantam-se algumas hipóteses. A exigência do momento concentrava-se na ampliação da assistência médica hospitalar e os profissionais eram importantes para lidar com a contradição entre a demanda e o seu caráter excludente e seletivo. Nos centros de saúde, os visitadores conseguiam desenvolver as atividades que poderiam ser absorvidas pelo assistente social. Outro componente relaciona-se à pouca penetração da ideologia desenvolvimentista no trabalho profissional na saúde. Uma ação considerada importante para os assistentes sociais é a viabilização da participação popular nas instituições e programas de saúde. Esta atividade, entretanto, só teve maior repercussão na profissão nos trabalhos de Desenvolvimento de Comunidade (DC). O Serviço Social Médico, como era denominado, não atuava com procedimentos e técnicas do DC, mas sim, e prioritariamente, com o Serviço Social de Casos, orientação inclusive da Associação Americana de Hospitais e da Associação Americana de Assistentes Médico-Sociais.[5] A participação só era visualizada na dimensão individual, ou seja, o engajamento do "cliente no tratamento".

O Serviço Social sofreu profundas transformações, no pós-1964, que tiveram rebatimento no trabalho do assistente social na área da saúde.

A profissão, do seu desenvolvimento até os anos 60, não teve polêmica de relevo que ameaçasse o bloco hegemônico conservador, que dominou tanto a produção do conhecimento como as entidades organizativas[6] e o trabalho profissional. Alguns assistentes sociais com posições progressistas questionavam a direção do Serviço Social, mas não tiveram condição de alterá-la. Nos anos 1960, esta situação começou a se modificar, surgindo um debate na profissão, que questionava o seu conservadorismo. Essa discussão não surgiu de forma isolada, mas com o respaldo das questões levantadas pelas ciências sociais e humanas, principalmente em torno da temática do "desenvolvimento" e de suas repercussões na América Latina.[7] Esse processo de crítica foi abortado pelo golpe militar de 64, com a neutralização dos protagonistas sociopolíticos comprometidos com a democratização da sociedade e do Estado (Bravo, 1996).

A modernização conservadora implantada no país exigiu a renovação do Serviço Social, face às novas estratégias de controle e repressão das classes trabalhadoras efetivadas pelo Estado e pelo grande capital, bem como para o atendimento das novas demandas submetidas à racionalidade burocrática.

---

5. Esta Associação publicou, em 1949, algumas diretrizes a serem aplicadas pelos assistentes sociais nos hospitais, nas clínicas e nos sanatórios.

6. A primeira entidade da categoria dos assistentes sociais foi a Associação Brasileira de Assistentes Sociais (ABAS), criada em 1940, que tinha seções em quase todos os estados brasileiros. A Associação de Ensino (ABESS) foi criada em 1946. As demais entidades surgiram a partir de meados dos anos 50 e 60 e foram: associações profissionais e sindicatos e o Conselho Federal de Assistentes Sociais, em 1962.

7. Na América Latina, a crítica ao Serviço Social se explicita com o "movimento de reconceituação" a partir de 1965, cujo eixo do debate centrava-se na contestação do Serviço Social importado com práticas assistenciais e ajustadoras.

O principal veículo responsável pela elaboração teórica do Serviço Social, no período de 1965 a 1975, foi o Centro Brasileiro de Cooperação e Intercâmbio em Serviços Sociais (CBCISS), que difundiu a "perspectiva modernizadora" no sentido de adequar a profissão às exigências postas pelos processos sociopolíticos emergentes no pós-1964 (Netto, 1996). Esta perspectiva teve, como núcleo central, a tematização do Serviço Social como integrador no processo de desenvolvimento, com aportes extraídos do estrutural-funcionalismo norte-americano, sem o objetivo de questionar a ordem sociopolítica, e sim, com a preocupação de inserir a profissão numa moldura teórica e metodológica.

O Serviço Social na saúde vai receber as influências da modernização que se operou no âmbito das políticas sociais, sedimentando sua ação na prática curativa, principalmente na assistência médica previdenciária — maior empregador dos profissionais. Foram enfatizadas as técnicas de intervenção, a burocratização das atividades, a psicologização das relações sociais e a concessão de benefícios. Foi utilizada uma terminologia mais sofisticada e coerente com o modelo político-econômico implantado no país (Bravo, 1996).

Na distensão política, 1974-1979, o Serviço Social na saúde não se alterou, apesar do processo organizativo da categoria, do aparecimento de outras direções para a profissão,[8] do aprofundamento teórico dos docentes e do movimento geral da sociedade. O trabalho profissional continuou orientado pela vertente "modernizadora". As produções teóricas, apesar de restritas na área, também não romperam com essa direção. Ressalta-se como exceção a essa tendência um artigo publicado na revista *Serviço Social & Sociedade*,[9] por Nicoletti (1979), que enfoca a planificação em saúde e a participação comunitária, abordando questões presentes no debate do movimento sanitário (Bravo, 1996).

---

8. A renovação do Serviço Social no Brasil ocorre a partir de meados dos anos 1970. Segundo Netto (1996), pode-se identificar três tendências em disputa: a modernizadora com influências do funcionalismo, a de reatualização do conservadorismo com recurso à fenomenologia e a de intenção de ruptura responsável pela interlocução com o marxismo. Essas tendências refletirão no Serviço Social, as forças que tensionaram e dinamizaram a sociedade brasileira a partir deste período.

9. A revista *Serviço Social & Sociedade* é uma publicação da Cortez Editora. Sua primeira edição é de 1979, a seguinte data de 1980.

2. As alterações na política de saúde e no Serviço Social nos anos 1980 e 1990

A década de 1980, no Brasil, foi um período de grande mobilização política, como também de aprofundamento da crise econômica que se evidenciou na ditadura militar.[10] Nessa conjuntura, há um movimento significativo na saúde coletiva, que também ocorre no Serviço Social, de ampliação do debate teórico e da incorporação de algumas temáticas como o Estado e as políticas sociais fundamentadas no marxismo.[11]

O movimento sanitário, que vem sendo construído desde meados dos anos 1970, conseguiu avançar na elaboração de propostas de fortalecimento do setor público em oposição ao modelo de privilegiamento do produtor privado.

Em 1986, aconteceu a 8ª Conferência Nacional de Saúde, que é o marco histórico mais importante na trajetória da política pública de saúde neste país. Reuniu cerca de 4.500 pessoas, sendo mil delegados, para discutir os rumos da saúde no país. O temário teve como eixos: "Saúde como direito de cidadania", "Reformulação do Sistema Nacional de Saúde" e "Financiamento Setorial". Foi aprovada nesta Conferência a bandeira da Reforma Sanitária, bandeira esta configurada em proposta, legitimada pelos segmentos sociais representativos presentes ao evento. O relatório desta Conferência, transformado em recomendações, serviu de base para a negociação dos defensores da Reforma Sanitária na reformulação da Constituição Federal.

No que tange ao modelo de proteção social, a Constituição Federal de 1988 é a mais progressista, e nela a Saúde, conjuntamente com a Assistência Social e a Previdência Social, integra a Seguridade Social. À Saúde

---

10. Apesar de entre 1979 e 1985 o país ter sido presidido pelo general Figueiredo, esta gestão diferenciou-se dos governos militares anteriores, já que neste período ficou evidenciada a incapacidade da ditadura continuar como tal, frente à articulação e mobilização de setores da sociedade civil, principalmente do movimento popular, e o acúmulo de forças da resistência democrática (Netto, 1996).

11. O movimento sanitário consiste na organização dos setores progressistas de profissionais de saúde pública, que colocou em debate a relação da prática em saúde com a estrutura de classes da sociedade.

coube cinco artigos (arts. 196-200), que determinam que esta é um direito de todos e dever do Estado, e estatuem a integração dos serviços de saúde de forma regionalizada e hierárquica, constituindo um sistema único.

É evidente que esta conquista não foi fácil, visto que, durante o processo que levou a ela, foi visível a polarização da discussão da saúde em dois blocos antagônicos: um formado pela Federação Brasileira de Hospitais (FBH) e pela Associação das Indústrias Farmacêuticas (internacionais), que defendia a privatização dos serviços de saúde, e outro denominado Plenária Nacional da Saúde, que defendia os ideais da Reforma Sanitária, que podem ser resumidos como: a democratização do acesso, a universalidade das ações e a descentralização com controle social.[12] A premissa básica é a compreensão de que a saúde é um direito de todos e um dever do Estado. A vitória das proposições da Reforma Sanitária deveu-se à eficácia da Plenária, por sua capacidade técnica, à pressão sobre os constituintes e mobilização da sociedade, e à Emenda Popular assinada por cinquenta mil eleitores e cento e sessenta e sete entidades (Teixeira, 1989; Bravo, 1996).

Uma questão importante de ser clareada é identificar qual a preocupação da categoria dos assistentes sociais naquele momento.

Sem dúvida, o Serviço Social está recebendo influências desta conjuntura (de crise do Estado brasileiro, de falência da atenção à saúde e do movimento de ruptura com a política de saúde vigente e construção de uma reforma sanitária brasileira), mas, por outro lado, está passando por um processo interno de revisão, de negação do Serviço Social Tradicional (anterior à década de 1980), havendo, assim, uma intensa disputa pela nova direção a ser dada à profissão.

O processo de renovação do Serviço Social no Brasil está articulado às questões colocadas pela realidade da época, mas, por ter sido um movimento de revisão interna, não foi realizado um nexo direto com outros debates, também relevantes, que buscavam a construção de práticas democráticas, como o movimento pela Reforma Sanitária. Na nossa análise,

12. A categoria controle social significa a participação da sociedade civil na elaboração, implantação e fiscalização das políticas públicas, de maneira que se compreenda que o público deve ser expressão do conjunto das necessidades apresentadas pelos diferentes segmentos da sociedade.

esses são os sinalizadores para o descompasso da profissão com a luta pela assistência pública na saúde (Bravo, 1996). No entanto, é importante identificar como se deu a relação do Serviço Social com o Movimento da Reforma Sanitária, na década de 1980. É impossível falar do Serviço Social sem se referenciar aos anos 80. Estes são fundamentais para o entendimento da profissão hoje, pois significa o início da maturidade da tendência atualmente hegemônica na academia e nas entidades representativas da categoria — intenção de ruptura — e, com isso, a interlocução real com a tradição marxista. No entanto, os profissionais desta vertente se inserem, na sua maioria, nas Universidades, onde, dentro do processo de renovação da profissão, pouco efetivamente intervêm nos serviços. (Netto, 1996 e Bravo, 1996). Se o Serviço Social cresceu na busca de fundamentação e consolidação teóricas, poucas mudanças consegue apresentar na intervenção. Sem dúvida, para se avançar hoje na profissão, se faz necessário recuperar as lacunas da década de 1980. E a intervenção é uma prioridade, pois poucas alterações trouxeram os ventos da vertente intenção de ruptura para o cotidiano dos serviços. Este fato repercute na atuação do Serviço Social na área da saúde — o maior campo de trabalho.

Num balanço do Serviço Social na área da Saúde dos anos 1980, mesmo com todas essas lacunas no fazer profissional, observa-se uma mudança de posições, a saber: a postura crítica dos trabalhos em saúde apresentados nos Congressos Brasileiros de Assistentes Sociais de 1985 e 1989; a apresentação de alguns trabalhos nos Congressos Brasileiros de Saúde Coletiva; a proposta de intervenção formulada pela ABESS, ANAS e CFAS para o Serviço Social do INAMPS; e a articulação do CFAS com outros conselhos federais da área da saúde[13] (Bravo, 1996).

Os avanços apontados são considerados insuficientes, pois, o Serviço Social na área da saúde chega à década de 1990 ainda com uma incipiente alteração da prática institucional; continua, como categoria, desarticulado do Movimento da Reforma Sanitária, e com isso, sem nenhuma

---

13. Associação Nacional dos Assistentes Sociais (ANAS), entidade atualmente desativada, que congregava os Sindicatos de Assistentes Sociais do país. Conselho Federal de Assistentes Sociais (CFAS), denominado desde 1993 como Conselho Federal de Serviço Social (CFESS). Associação Brasileira de Ensino de Serviço Social (ABESS), designada desde 1997 como Associação Brasileira de Ensino e Pesquisa em Serviço Social (ABEPSS).

explícita e organizada ocupação na máquina do Estado pelos setores progressistas da profissão (como estava sendo o encaminhamento da Reforma Sanitária); e insuficiente produção sobre "as demandas postas à prática em saúde" (Bravo, 1996).

Para analisar o Serviço Social e a Saúde nos anos 1990, faz-se necessário ter em mente ser este o período de implantação e êxito ideológico do projeto neoliberal no país, o qual o governo de Fernando Collor de Mello foi o primeiro a tentar implementar. Numa análise que já realizamos desta década (Matos, 2000; Bravo e Matos, 2001) afirmamos que no Brasil existem duas inflexões que são fundamentais. A primeira é o Plano Real e a segunda é a contrarreforma do Estado defendida pelo governo FHC e seus intelectuais.

O projeto político-econômico consolidado no Brasil, nos anos 1990, projeto neoliberal, confronta-se com o projeto profissional hegemônico no Serviço Social,[14] tecido desde a década de 1980, e com o projeto da Reforma Sanitária. A partir desta contradição surgem algumas questões: Como, numa realidade político-conjuntural adversa, construir e concretizar uma prática que garanta um Estado participativo, formulador de políticas sociais equânimes, universais, não discriminatórias? Como ficam o Serviço Social e os defensores da reforma sanitária nesta trincheira?

Nas proposições referentes à política de saúde, o projeto da reforma sanitária é questionado e consolida-se, na segunda metade dos anos 1990, o projeto de saúde articulado ao mercado ou privatista. Este último, pautado na política de ajuste, tem como tendências a contenção dos gastos com a racionalização da oferta e a descentralização com isenção de responsabilidade do poder central. Ao Estado cabe garantir um mínimo aos que não podem pagar, ficando para o setor privado o atendimento aos cidadãos consumidores. Como principais características destacam-se: o caráter focalizado para atender às populações vulneráveis, a desconcentração dos serviços e o questionamento da universalidade do acesso.

14. Pelo que já foi explicitado nesse texto, o projeto profissional hegemônico do Serviço Social foi sendo construído, articuladamente com as lutas mais gerais da sociedade, e procurou romper com a herança conservadora da profissão. Seus principais formuladores foram as entidades da categoria e os profissionais vinculados à academia, tendo como marco o III Congresso Brasileiro de Assistentes Sociais, de 1979, conhecido como "congresso da virada".

A partir do exposto, identificou-se, já nos anos 90, que os dois projetos políticos em disputa na área da saúde, o projeto privatista e o projeto da reforma sanitária apresentaram diferentes requisições para o Serviço Social[15] (Bravo, 1998).

O projeto privatista requisitou, e vem requisitando, ao assistente social, entre outras demandas: seleção socioeconômica dos usuários, atuação psicossocial por meio de aconselhamento, ação fiscalizatória aos usuários dos planos de saúde, assistencialismo através da ideologia do favor e predomínio de abordagens individuais.

Entretanto, o projeto da Reforma Sanitária vem apresentando como demandas que o assistente social trabalhe as seguintes questões: busca de democratização do acesso às unidades e aos serviços de saúde, atendimento humanizado, estratégias de interação da instituição de saúde com a realidade, interdisciplinaridade, ênfase nas abordagens grupais, acesso democrático às informações e estímulo à participação cidadã.

3. A recente produção do Serviço Social sobre a área da Saúde[16]

Visando compreender de que maneira o Serviço Social vem buscando produzir conhecimento e estratégias sobre a área da saúde, neste item serão utilizadas referências bibliográficas que buscaram pensar e/ou intervir no Serviço Social na saúde, a partir da realidade do final dos anos 90. A análise vai partir de três dimensões da profissão: a acadêmica, a política e o trabalho profissional nas instituições.

No aspecto acadêmico, tomar-se-á como referência a dissertação de mestrado de Matos (2000).[17] A indagação consiste em identificar qual o raio de influência do projeto da reforma sanitária e do projeto ético-político

---

15. Como será afirmado adiante, tal disputa, e em consequência, as requisições para a profissão continuam presentes.

16. Este item é resultado parcial de pesquisa desenvolvida pelos autores acerca da produção do conhecimento do Serviço Social sobre a área da saúde que tem como fontes as dissertações de mestrado e as teses de doutorado.

17. Uma versão condensada da parte da dissertação aqui abordada foi publicada em forma de artigo. Ver Matos (2003).

do Serviço Social no trabalho dos assistentes sociais na saúde. A busca desta resposta poderia ser realizada por diferentes caminhos. Optou-se por investigar o *debate* profissional. Assim, é que esse debate foi compreendido através da apreensão da reflexão escrita e, para tanto, foram pesquisados os artigos publicados na revista de maior circulação na área — *Serviço Social & Sociedade* —, bem como as comunicações apresentadas no mais importante congresso da categoria — o Congresso Brasileiro de Assistentes Sociais.

Pode-se afirmar que, na maioria, o debate do Serviço Social na Saúde vem acompanhado de uma referência ao projeto da Reforma Sanitária e ao projeto ético-político profissional, por mais que, muitas das vezes, não explicitamente. Entretanto, ficou patente a dificuldade da maioria dos pesquisadores em realizar — pelo menos é o que está posto na sistematização escrita — um trabalho que efetuasse reflexões acerca do cotidiano, e que estivesse norteado pelo projeto ético-político profissional e o da Reforma Sanitária. Ao contrário, foram os trabalhos que não realizavam tais reflexões sobre o cotidiano os que conseguiam obter tal articulação.

No aspecto político, será resgatada aqui a contribuição de Souza (2001),[18] em sua dissertação de mestrado sobre a contribuição política e profissional dos Assistentes Sociais aos Conselhos de Saúde,[19] e será realizada uma análise do relatório final da gestão 1999-2002 do CFESS (Conselho Federal de Serviço Social).

Souza (2001) estudou todo o material sobre controle social na saúde publicado no âmbito do Serviço Social, bem como as comunicações apresentadas nos congressos da categoria, na década de 1990. Também aproveitou a realização do Encontro Estadual de Seguridade Social, em 2000, no Rio de Janeiro, que contou com a presença de 800 participantes para aplicar um questionário entre os assistentes sociais presentes.

O resultado a que a autora chegou nos informa uma tendência otimista do Serviço Social, já que há uma preocupação com o controle social

18. Parte destas ideias está presente no artigo redigido pela autora, em parceria com Bravo. Ver Bravo e Souza (2002).

19. Os Conselhos de Saúde são fóruns deliberativos, compostos por gestores, trabalhadores e usuários, regulamentados nacionalmente através da Lei n. 8.142/90 e pela Resolução n. 33 do Conselho Nacional de Saúde, 1993.

da política de saúde e o potencial de contribuição que a profissão pode proporcionar.

Sobre a concepção dos conselhos, presente nos trabalhos escritos pelos assistentes sociais ou no resultado dos questionários, a autora identificou duas tendências: o otimismo utópico e o pessimismo realista (com duas subtendências: conselho como espaço de cooptação ou conselho como um espaço tenso e contraditório, mas com potencial democratizante).

Apesar do resultado otimista, Souza (2001) apresenta algumas preocupações: poucos trabalhos de assessoria aos conselhos desenvolvidos por assistentes sociais, pouca participação dos assistentes sociais de unidades de saúde nos conselhos e uma incidência pequena (uma assistente social) participante de conselho com uma concepção de saúde voltada para o mercado.

O Conselho Federal de Serviço Social é, sem dúvida, a entidade nacional de representação desta categoria. Assim sendo, examinar as suas frentes de ação política é identificar qual tem sido a bandeira organizativa desta profissão. Um dos eixos de suas frentes foi "Trabalho, direitos e democracia: a resistência ao neoliberalismo", por meio do qual é reafirmada a defesa das políticas públicas, sendo o compromisso com a seguridade social pública uma estratégia central. Para tanto, essa luta não se dá de uma maneira endógena, mas sim, em articulação com outros trabalhadores, em que os espaços de controle social são fundamentais. Daí, pode-se observar que no período que o relatório cobre (1999-2002), o CFESS participou de diversos espaços: do Conselho Nacional de Saúde — CNS (representando o conjunto dos trabalhadores da saúde), bem como da 11ª Conferência Nacional de Saúde, do II Encontro Nacional de Conselheiros de Saúde, da Plenária Nacional de Saúde, da Plenária Nacional dos Conselhos de Saúde e das Conferências Nacionais de Vigilância Sanitária e de Saúde Mental.

O CFESS na arena da saúde, tal qual nas outras áreas das políticas sociais públicas, possui reconhecimento como entidade que tem como estratégia o fortalecimento da política pública, na perspectiva da democratização do Estado e da sociedade brasileira. Durante o período que o relatório compreende, cabe destacar a intervenção da entidade no debate acerca da Norma Operacional Básica sobre Recursos Humanos (NOB-RH);

sobre o impacto dos cursos sequenciais (que a Lei de Diretrizes e Bases da Educação propõe) na área da saúde; o aprofundamento da questão da humanização e acessibilidade no CNS; a intervenção, em conjunto com outras entidades, para a legalização dos cursos de residência para os profissionais não médicos; a discussão sobre a relevância do assistente social na composição das equipes do PSF (Programa de Saúde da Família), enquanto estratégia de melhoria da qualidade do atendimento e não por uma questão corporativista (o que culminou com a aprovação de uma moção sobre esse ponto na XI Conferência Nacional de Saúde) e o incentivo à qualificação da atuação do Assistente Social na área, do qual o documento "Assistente Social: trabalhador da saúde" é um exemplo.

Portanto, fazendo um paralelo entre as conclusões de Souza (2001) e o relatório do CFESS, pode-se considerar que, na atualidade, tem-se uma entidade forte e combativa na defesa das políticas públicas, inclusas as da saúde. Entretanto, esta realidade e predisposição de luta nos espaços de controle social (no qual os Conselhos são estratégicos) ainda não foram apropriadas pelos Assistentes Sociais e nem incorporadas como atividade integrante do seu trabalho.

No aspecto do trabalho desenvolvido nos serviços, é a tese de doutorado de Vasconcelos (1999)[20] e a dissertação de mestrado de Costa (1998),[21] que apresentam as ferramentas para a análise. Vasconcelos (1999) entrevistou 78 assistentes sociais que trabalham na rede de saúde do município do Rio de Janeiro e concluiu que há uma diferença muito grande entre a intenção e o discurso dos Assistentes Sociais e o trabalho desenvolvido. Pois, os assistentes sociais verbalizam um compromisso com a população usuária, mas não conseguem transformá-lo em prática concreta. Assim, estes profissionais ainda reforçam os objetivos da instituição e não os do projeto ético-político da profissão.

Costa (1998) realizou um estudo com o objetivo de identificar por que os profissionais do Serviço Social reiteram um discurso de imprecisão da profissão e de desqualificação técnica na área da saúde, apesar de este

20. Publicado em forma de livro no ano de 2002. Ver Vasconcelos (2002).

21. Uma versão condensada da parte da dissertação aqui abordada foi publicada em forma de artigo. Ver Costa (2000).

ser a quarta maior categoria no âmbito do SUS. Assim, tomou como universo de sua pesquisa os serviços públicos de saúde de Natal (RN). A autora parte do princípio de que só se pode pensar o trabalho dos assistentes sociais, tomando como marco de análise o trabalho coletivo em saúde. A partir daí, Costa (1998) afirma que a legitimidade do Serviço Social na saúde se dá pelo avesso, pois esta profissão vem tendo sua utilidade nas contradições fundamentais da política de saúde. Ou seja, a requisição para o trabalho do Serviço Social vem acontecendo a partir das lacunas geradas pela não implementação do SUS. Mas, isto não vem sendo encarado pelos profissionais de Serviço Social como trabalho, daí a imprecisão discursada pelos mesmos. Obviamente, a autora acredita na possibilidade de uma outra ação do Serviço Social na área da saúde, mas considera que a superação do modelo médico hegemônico, com vistas à efetivação do projeto da reforma sanitária, é essencial para a reconstrução dos processos de trabalho em saúde, em que se insere o trabalho dos Assistentes Sociais.

Observa-se, tanto nas dissertações de Matos (2000), de Souza (2001) e de Costa (1998), como na tese de doutoramento de Vasconcelos (1999), que o desafio em comum identificado pelos autores é a necessidade de se consolidar a ruptura com o Serviço Social tradicional, para tanto se faz necessário fortalecer o projeto de "intenção de ruptura", responsável pela construção do atual projeto ético-político profissional e, em especial, avançá-lo para os serviços, para o cotidiano de trabalho do assistente social.

4. Desafios postos na atualidade para o Serviço Social na Saúde

Ao analisar a trajetória do Serviço Social na área da saúde, principalmente nos anos 90, identifica-se que alguns desafios ainda estão postos na atualidade.

A eleição de Luís Inácio Lula da Silva, em 2002, para a presidência da República, foi o resultado da reação da população brasileira às medidas implantadas no período anterior. No seu programa de governo, a saúde é entendida como um direito fundamental e há o compromisso em garantir o acesso universal, equânime e integral às ações e serviços de saúde.

O Ministério da Saúde tem apontado como principais desafios: a incorporação da agenda ético-política da Reforma Sanitária; a construção de novos modelos de fazer saúde com base na integralidade, a intersetorialidade e a atuação em equipe; o estabelecimento da cooperação entre ensino-gestão-atenção; o controle social e a supressão dos modelos assistenciais verticais e voltados somente para a assistência médica. Como principais diretrizes para a atual gestão são destacadas: a ampliação do atendimento no SUS, de modo especial na atenção básica; o combate às endemias; e a melhoria do acesso aos medicamentos.

Algumas estratégias também têm sido ressaltadas para viabilização dos objetivos e metas a serem alcançados, cabendo destacar: a política de educação para o SUS (mudança na prática e formação); a capacitação continuada de conselheiros de saúde; o acesso à informação; a ênfase na educação para saúde; a ampliação das contratações de agentes comunitários de saúde e a efetivação de outras contratações (auxiliar e técnico de saneamento, agentes de vigilância sanitária e agentes de saúde mental); e o fortalecimento do Programa de Saúde da Família, transformando os polos de capacitação específicos em capacitação de recursos humanos.

A análise que se faz, por conseguinte, após esses meses de governo é que a política macroeconômica do governo anterior foi mantida. As políticas sociais estão fragmentadas e subordinadas à lógica econômica. Nessa setorização, a concepção de seguridade social não foi valorizada. Com relação à política da saúde, alguns aspectos positivos e negativos podem ser salientados.

Como aspecto positivo ressalta-se: o retorno da concepção de Reforma Sanitária; as alterações na estrutura organizacional do Ministério da Saúde; a escolha de profissionais comprometidos com a Reforma Sanitária para ocupar o segundo escalão do Ministério; a convocação extraordinária da 12ª Conferência Nacional de Saúde; a participação do ministro da saúde nas reuniões do Conselho Nacional de Saúde; e a escolha do representante da CUT para assumir a secretaria executiva do Conselho Nacional de Saúde.

Como aspectos negativos cabe sinalizar: a não referência à concepção de Seguridade Social, inscrita na Constituição de 1988, que é mencionada apenas no Programa de Governo; a não implementação do Conselho de

Seguridade Social; a continuidade e ampliação de contratação de agentes comunitários como também de outras categorias (auxiliar e técnico de saneamento, agentes de vigilância sanitária, agentes de saúde mental); aumento de verba insignificante, 22 bilhões para 29 bilhões, seguido de corte; e a falta de articulação com as Políticas de Assistência Social e Previdência Social.

A partir do exposto, considera-se que na atualidade os dois projetos referidos anteriormente ainda estão em disputa: o projeto da reforma sanitária *versus* o projeto privatista. O atual governo ora fortalece o primeiro projeto, ora mantém a focalização e o desfinanciamento, características do segundo projeto.

O Serviço Social não passa ao largo desta tensão. Ao mesmo tempo que a década de 1990 é marcada pela hegemonia da tendência de intenção de ruptura e, não por acaso, seja o Serviço Social uma profissão já em sua maioridade intelectual. É também, nesta mesma década, que se identifica a ofensiva conservadora a essa tendência. A crítica à tendência de intenção de ruptura não se posiciona como antimarxista, mas sim afirma que o marxismo não apresenta respostas para o conjunto dos desafios postos à profissão pela contemporaneidade. Segundo Netto (1996a), as críticas apresentam em comum o fato de apontarem como problemas o dogmatismo, quando de fato trata-se de ortodoxia, e os equívocos da tradição marxista, quando na realidade tratar-se-ia de possíveis lacunas desta tradição no âmbito do Serviço Social.

Na saúde, onde esse embate claramente se expressa, a crítica ao projeto hegemônico de profissão passa pela reatualização do discurso da cisão entre o estudo teórico e a intervenção, pela descrença na possibilidade da existência de políticas públicas e, sobretudo, na suposta necessidade da construção de um saber específico na área da saúde, que caminha tanto para a negação da formação original em Serviço Social como deslancha para um trato exclusivo de estudos na perspectiva da divisão clássica da prática médica.

Sobre o último eixo assinalado, cabe aqui apresentar três expressões. A primeira é a constatação de que ainda existe na categoria segmentos de profissionais que, ao realizarem a formação em saúde pública, passam a não se identificar mais como assistentes sociais, recuperando uma autoapresentação de sanitaristas. A segunda tendência, na atualidade com mais vigor, é a de resgatar no exercício profissional um privilegiamento da intervenção no âmbito das tensões produzidas subjetivamente pelos sujeitos e que tem sido autodenominada pelos seus executores como Serviço Social Clínico. E, por fim, percebe-se gradativamente o discurso da necessidade da criação de entidades ou da realização de fóruns de capacitação e debates dedicados à importância da produção do conhecimento sobre o Serviço Social nas diferentes áreas de especialização da prática médica.

Sobre esses pontos, cabem algumas reflexões. O problema não reside no fato dos profissionais de Serviço Social buscarem estudos na área da saúde. O dilema se faz presente quando este profissional, devido aos méritos de sua competência, passa a exercer outras atividades (direção de unidades de saúde, gerência dos dados epidemiológicos etc.), e não mais as identifica como as de um Assistente Social. Assim, o profissional recupera — por vezes impensadamente — uma concepção de que fazer Serviço Social é exercer apenas o conjunto de ações que historicamente lhe é dirigido na divisão do trabalho coletivo em saúde.

Uma outra questão é a tentativa de obscurecer a função social da profissão na divisão social e técnica do trabalho, pois o problema não está no domínio de teorias que abordam o campo *psi* ou sobre doenças, mas sim quando este profissional se distancia, no cotidiano de seu trabalho profissional, do objetivo da profissão, que na área da saúde passa pela compreensão dos aspectos sociais, econômicos, culturais que interferem no processo saúde-doença e a busca de estratégias para o enfrentamento destas questões. O exercício profissional do assistente social não se reduz à ação exclusiva sobre as questões subjetivas vividas pelo usuário e nem pela defesa de uma suposta particularidade do trabalho desenvolvido pelos assistentes sociais nas diferentes especialidades da medicina. Esta última perspectiva fragmenta a ação do assistente social na saúde e reforça a concepção de especialização nas diversas patologias médicas. O trabalho do assistente social na saúde deve ter como eixo central a busca criativa e incessante da incorporação destes conhecimentos, articulados aos princípios do projeto da reforma sanitária e pelo projeto ético-político do Serviço Social. É sempre na referência a estes dois projetos que se poderá ter a compreensão se o profissional está de fato dando respostas qualificadas às necessidades apresentadas pelos usuários do Serviço Social.

Assim, compreende-se que cabe ao Serviço Social — numa ação necessariamente articulada com outros segmentos que defendem o aprofundamento do Sistema Único de Saúde (SUS) — formular estratégias que busquem reforçar ou criar experiências nos serviços de saúde que efetivem o direito social à saúde, atentando para o fato de que o trabalho do assistente social na saúde que queira ter como norte o projeto-ético político profissional tem que, necessariamente, estar articulado ao projeto da reforma sanitária (Matos, 2003). Considera-se que o nosso código de ética apresenta ferramentas fundantes para o trabalho dos Assistentes Sociais na saúde. Destacam-se entre seus 11 princípios fundamentais:

"Defesa intransigente dos direitos humanos e recusa do arbítrio e do autoritarismo"

"Posicionamento em favor da equidade e justiça social, que assegure universalidade de acesso aos bens e serviços relativos aos programas e políticas sociais, bem como sua gestão democrática"

"Articulação com os movimentos de outras categorias profissionais que partilhem dos princípios deste código e com a luta geral dos trabalhadores"

"Compromisso com a qualidade dos serviços prestados à população e com o aprimoramento intelectual, na perspectiva da competência profissional"

Ou seja, pensar hoje uma atuação competente do Serviço Social na área da saúde, a nosso ver, é:

- Estar articulado e sintonizado ao movimento dos trabalhadores e de usuários que lutam pela real efetivação do SUS;
- Facilitar o acesso de todo e qualquer usuário aos serviços de saúde da Instituição, bem como de forma crítica e criativa não submeter a operacionalização de seu trabalho aos rearranjos propostos pelos governos que descaracterizam a proposta original do SUS;
- Tentar construir e/ou efetivar, conjuntamente com outros profissionais, espaços nas unidades de saúde que garantam a partici-

pação popular nas decisões a serem tomadas. Bem como levantar discussão e defesa da participação crítica também dos funcionários nesses espaços;

- Estar sempre disposto a procurar reciclagem, buscar assessoria técnica e sistematizar o trabalho desenvolvido, bem como estar atento sobre a possibilidade de investigações sobre temáticas relacionadas à saúde.

Enfim, não existem fórmulas prontas na construção de um projeto democrático e a sua defesa não deve ser exclusividade apenas de uma categoria profissional. Por outro lado, não se pode ficar acuado frente aos obstáculos que se apresentam na atualidade e nem desconsiderar que há um leque de pequenas, mas não menos importantes, atividades e alternativas a serem desenvolvidas pelos profissionais de Serviço Social. Mais do que nunca, os assistentes sociais estão desafiados a encarar a defesa da democracia, das políticas públicas e a consubstanciar um trabalho — no cotidiano e na articulação com outros sujeitos que partilhem destes princípios — que faça frente ao projeto neoliberal, já que este macula direitos e conquistas defendidos pelos seus fóruns e pelas legislações normativas da profissão. É nas palavras leves da poesia que se encontra a dimensão do desafio: "Quebrando pedras, plantando flores" (Cora Coralina).

Referências bibliográficas

BONETTI, Dilséa et al. (Orgs.). *Serviço Social e ética*: convite a uma nova práxis. São Paulo: Cortez, 1996.

BRAGA, José Carlos; GÓES DE PAULA, Sérgio. *Saúde e previdência*. São Paulo: Cebes/Hucitec, 1986.

BRASIL. *Constituição da República Federativa do Brasil*. Brasília: Senado, 1988.

BRAVO, Maria Inês Souza. *Questão da saúde e Serviço Social. As práticas profissionais e as lutas no setor*. Tese (Doutorado) — Pontifícia Universidade Católica, São Paulo 1991. (Mimeo.)

______. *Serviço Social e reforma sanitária*: lutas sociais e práticas profissionais. São Paulo: Cortez; Rio de Janeiro: UFRJ, 1996.

BRAVO, Maria Inês Souza. Superando desafios: o Serviço Social na saúde na década de 90. In: *Superando Desafios — Cadernos do Serviço Social do Hupe*, Rio de Janeiro, UERJ, n. 3, 1998.

______; MATOS, Maurílio Castro. A saúde no Brasil: reforma sanitária e ofensiva neoliberal. In: BRAVO, Maria Inês; PEREIRA, Potyara. *Política social e democracia*. São Paulo: Cortez; Rio de Janeiro: UERJ, 2001.

______; SOUZA, Rodriane de Oliveira. Conselhos de saúde e Serviço Social: luta política e trabalho profissional. In: *Ser social* — Revista do Programa de Pós-Graduação em Política Social, Brasília, UnB, n. 10, 2002.

CERQUEIRA FILHO, Gisálio. *A "questão social" no Brasil. Crítica do discurso político*. Rio de Janeiro: Civilização Brasileira, 1982.

CFESS. *Código de ética do assistente social*. 3. ed. rev. e atual. Brasília: CFESS, 1997.

______. *Brasil, mostra tua cara — Relatório final — gestão 1999-2002*. Rio de Janeiro/ Brasília: CFESS, 2002.

CORALINA, Cora. *Meu livro de cordel*. Rio de Janeiro: Global, 1985.

COSTA, Maria Dalva H. *Os elos invisíveis do processo de trabalho em saúde*: um estudo sobre as particularidades do trabalho dos assistentes sociais nos serviços públicos de saúde nos anos 90 em Natal (RN). Dissertação (Mestrado) — UFPE, Recife: 1998. (Mimeo.)

______. O trabalho nos serviços de saúde e a inserção dos(as) assistentes sociais. *Serviço Social & Sociedade*, São Paulo, Cortez, n. 62, 2000.

COSTA, Nilson R. *Lutas urbanas e controle sanitário*. Rio de Janeiro: Vozes, 1986.

FERNANDES, Florestan. *Nova república?* Rio de Janeiro: Zahar, 1986.

GUIMARÃES, Reinaldo; TAVARES, Ricardo (Orgs.). *Saúde e sociedade no Brasil*: anos 80. Rio de Janeiro: Relume/Dumará, Abrasco, IMS-UERJ, 1994.

IAMAMOTO, Marilda Villela. *O serviço social na contemporaneidade*: trabalho e formação profissional. São Paulo: Cortez, 1998.

______; CARVALHO, Raul. *Relações sociais e serviço social no Brasil*. São Paulo: Cortez/Celats, 1982.

LUZ, Madel Therezinha. Notas sobre as políticas de saúde no Brasil de "transição democrática" — anos 80. In: *Revista Physis*, Rio de Janeiro, Relume/Dumará e IMS-UERJ, n. 1, 1991.

MATOS, Maurílio Castro. *O debate do serviço social na saúde na década de 90*: sua relação com o projeto ético-político profissional e com o projeto da reforma sanitária. Dissertação (Mestrado) — Rio de Janeiro: ESS-UFRJ. 2000. (Mimeo.)

MATOS, Maurílio Castro. O debate do serviço social na saúde na década de 90. *Serviço Social & Sociedade*, São Paulo, Cortez, n. 74, 2003.

MENDES, Eugênio Vilaça. As políticas de saúde no Brasil nos anos 80: a conformação da reforma sanitária e a construção da hegemonia do projeto neoliberal. In: MENDES, Eugênio Vilaça (Org.). *Distrito Sanitário — O processo social de mudança das práticas do Sistema Único de Saúde*, 4. ed. São Paulo/Rio de Janeiro: Hucitec/Abrasco, 1999.

NETO, Eleutério Rodrigues. A Reforma Sanitária e o Sistema Único de Saúde: suas origens, suas propostas, sua implantação, suas dificuldades e suas perspectivas. In: *Incentivo à participação popular e o controle social no SUS*. Brasília: Ministério da Saúde/Brasil, 1994.

NETTO, José Paulo. *Ditadura e Serviço Social*: uma análise do Serviço Social no Brasil pós-64. São Paulo: Cortez, 1996.

______. Transformações societárias e Serviço Social — notas para uma análise prospectiva da profissão no Brasil. *Serviço Social & Sociedade*. São Paulo: Cortez, n. 50, 1996a.

NICOLETTI, Lenita. Planificação em saúde e participação comunitária. *Serviço Social & Sociedade*, São Paulo, Cortez, n. 1, 1979.

OLIVEIRA, Jaime A.; TEIXEIRA, Sônia. M. F. *(Im)previdência social*: 60 anos de história da previdência no Brasil. Rio de Janeiro: Vozes/Abrasco, 1986.

PALOCCI FILHO, Antônio (Coord.). *Programa de governo*. Coligação Lula Presidente. São Paulo, 2002.

______. A política de Saúde — Um Brasil para todos. *Saúde em Debate*, n. 62, Rio de Janeiro, Cebes, set./dez., 2002.

SADER, Emir; GENTILI, Pablo (Orgs.). *Pós-neoliberalismo*: As políticas sociais e o Estado democrático, 3. ed. Rio de Janeiro: Paz e Terra, 1996.

SANTOS, Wanderley Guilherme. *Cidadania e justiça*. Rio de Janeiro: Campus, 1979.

SOUZA, Rodriane de Oliveira. *Serviço social na saúde*: contribuições políticas e profissionais ao exercício do controle social. Dissertação (Mestrado) — ESS-UFRJ, Rio de Janeiro, 2001 (Mimeo.)

TEIXEIRA, Sônia Fleury. A política de saúde na transição conservadora. *Saúde em debate*, Londrina, Cebes, n. 26, 1989.

VASCONCELOS, Ana Maria. *Tendências da prática profissional do Assistente Social na atenção à saúde no município do Rio de Janeiro*. Tese (Doutorado) — ESS-UFRJ, Rio de Janeiro, 1999 (Mimeo.)

______. *A prática do Serviço Social*: cotidiano, formação e alternativas na área da saúde. São Paulo: Cortez, 2002.

Profissões de saúde, ética profissional e seguridade social

Ana Maria de Vasconcelos
Fátima de Maria Masson
Juliana S. Bravo de Menezes
Rafaela Esteves Vasconcelos
Sara Tavares Ferreira

Apresentação

Este artigo resulta da análise dos códigos de ética dos seguintes profissionais de saúde reconhecidos pelo Conselho Nacional de Saúde/1997: assistente social, enfermeiro, farmacêutico, fonoaudiólogo, médico, nutricionista, odontólogo e psicólogo. Pretende responder em que medida as referências para a prática na saúde, constantes nesses códigos, expressam os princípios contidos e os desafios decorrentes da legislação da saúde (Constituição de 1988 e suas leis complementares), em alguns casos reprimida e/ou limitada e, em outros, observada na implantação do Sistema Único de Saúde, ao longo dos últimos quinze anos. Excetuando a categoria dos assistentes sociais, que obteve avanços na definição de um projeto de profissão articulado às necessidades e interesses históricos da classe trabalhadora, as demais profissões mantêm, ainda, códigos de ética contraditórios e baseados em princípios predominantemente abstratos e conservadores, descolados dos interesses da maioria dos brasileiros usuários de seus serviços de saúde. Tendo negada a sua condição de cidadão de direitos, os trabalhadores são considerados, de forma e intensidade diferentes pelas diversas profissões, como "usuários", "pacientes", "enfermos" e/ou "clientes" e, assim, objeto de modificação e de conhecimento, tanto quanto a própria doença; são também considerados pelos assistentes sociais como sujeitos.

1. Saúde e profissões de saúde

O Sistema Único de Saúde, mesmo que não tenha sido implantado na sua plenitude como garante, ainda, a Constituição de 1988, guarda ganhos para a classe trabalhadora brasileira.[1] Como política descentralizada, com a execução dos serviços, prioritariamente, pelos municípios, constitui-se, dentro da Seguridade Social, a única política pública universal, mantendo Conselhos de Saúde funcionando nos três níveis do sistema e financiamento,[2] ainda que não respeitados, garantidos legalmente.

O Conselho Nacional de Saúde, no sentido de possibilitar o acesso à saúde[3] como direito de todos e dever do Estado, reforçando a noção ampliada da compreensão da relação saúde/doença como decorrência das condições de vida e trabalho, assim como, o acesso igualitário de todos aos serviços de promoção e recuperação da saúde, reconheceu treze profissões de saúde. Assim, respeitando a "integralidade das ações,[4] a parti-

1. Consideramos integrantes da classe trabalhadora brasileira todos que não sejam donos ou gerentes do capital. Ver Antunes, 1995.

2. Financiamento: 58% (federal); 18% (estadual) e 24% (municipal): PEC n. 29/2000, ameaçada pela reforma fiscal de 2003.

3. "A saúde é um direito fundamental do ser humano, devendo o Estado promover as condições indispensáveis ao seu pleno exercício... (e) tem como fatores determinantes e condicionantes, entre outros, a alimentação, a moradia, o saneamento básico, o meio ambiente, o trabalho, a renda, a educação, o transporte, o lazer e o acesso aos bens e serviços essenciais; os níveis de saúde da população expressam a organização social e econômica do país" (Lei n. 8.080, de 19 de setembro de 1990).

4. Na Lei n. 8.080, integralidade da assistência é entendida como um conjunto articulado e contínuo das ações e serviços preventivos e curativos, individuais e coletivos, exigidos para cada caso em todos os níveis de complexidade do sistema.

cipação social", afirmando a "importância da ação interdisciplinar no âmbito da saúde e reconhecendo como imprescindíveis, as ações realizadas por diferentes profissionais", são reconhecidos como profissionais de saúde os assistentes sociais, os biólogos, os profissionais de educação física, os enfermeiros, os farmacêuticos, os fisioterapeutas, os fonoaudiólogos, os médicos, os médicos veterinários, os nutricionistas, os odontólogos, os psicólogos e os terapeutas ocupacionais (CNS, Resolução n. 218, de 6/3/1997).

A necessidade desta resolução, após nove anos da aprovação da Constituição Federal, que incorpora princípios, concepções e estratégias da Reforma Sanitária, revela a dificuldade por parte das diferentes profissões de saúde em pautar o cotidiano da prática na saúde por algumas daquelas estratégias, relacionadas, não só ao reconhecimento da imprescindibilidade das ações realizadas por diferentes profissões de nível superior na efetivação da saúde como direito social, o que requer ações interdisciplinares, mas também, à consciência sanitária e ao controle social.[5]

No âmbito do sistema de saúde público e particular,[6] na maioria das vezes, as ações de saúde não têm assegurado os direitos garantidos pela Constituição e suas leis complementares,[7] revelando, no decorrer destes últimos quinze anos, mais perdas do que ganhos, como demonstra o quadro de saúde da maioria da população brasileira.

A direção dada pelos profissionais à prática na saúde tem demonstrado, com frequência, um desprezo pelas ações de educação e saúde, pela organização da participação no controle social dos serviços prestados, ou seja, pela participação dos trabalhadores na formulação e execução de

5. Estas afirmações tomam como base os estudos realizados por Bravo (1996) e Vasconcelos (2000), com assistentes sociais, e o estudo em andamento com diferentes profissionais de saúde (vide nota 12).

6. A saúde e os serviços de saúde, na Constituição Federal, são considerados de relevância pública cabendo ao poder público dispor, nos termos da lei, sobre sua regulamentação, fiscalização e controle, devendo sua execução ser feita diretamente ou através de terceiros, e também, por pessoa física ou jurídica de direito privado, integrando uma rede regionalizada e hierarquizada, constituindo um Sistema Único de Saúde (SUS) (Constituição Federal arts. 197, 198).

7. Podemos citar aqui não só a Lei Orgânica da Saúde, as Normas Operacionais Básicas e a NOAS como as Constituições Estaduais, as Leis Orgânicas dos Municípios, o Estatuto da Cidade etc.

políticas públicas e na elaboração de planos, programas e projetos municipais como garantido na lei. Esse descuido na ocupação organizada e coletiva desses espaços, como os Conselhos de Saúde[8] nas suas diferentes instâncias, revela um desconhecimento da Constituição e de suas leis complementares e de todas as suas conquistas legais, o que ocasiona a perda de oportunidades em tê-las como instrumento de defesa de ações na direção dos interesses dos usuários, contribuindo para dificultar, ainda mais, a plena realização da democracia participativa.[9]

Diante desse quadro, surge um ponto de interrogação: como efetivar o Projeto de Reforma Sanitária[10] se grande parte dos profissionais de saúde que estão em contato cotidiano com a população usuária desconhece a essência da proposta do SUS, principalmente, os princípios e diretrizes que poderiam referenciar uma prática na direção dos interesses dos trabalhadores? Este estado de coisas resulta na ignorância dos espaços coletivos, dentre eles os Conselhos de Política e de Direitos, como órgãos importantes de representação dos interesses coletivos e de defesa do espaço público. A participação consciente e organizada dos usuários e profissionais pode resultar numa grande contribuição para a realização do controle e fiscalização das Políticas Públicas.

Outro empecilho na realização dos princípios da legislação da saúde deve-se ao modelo médico-hegemônico que direciona suas ações para as atividades da clínica médica curativa individual, o que acaba por secun-

---

8. Pela Lei n. 8.142, de 28/12/1990, regulamentada no Conselho Nacional de Saúde pela Resolução n. 33 de 1992, "a representação total dos Conselhos deve ser distribuída da seguinte forma: 50% de usuários, 25% de trabalhadores da saúde e 25% de prestadores de serviços (público e privado)".

9. Essas afirmações têm como base os estudos realizados por Vasconcelos entre os assistentes sociais (2002) e os profissionais de saúde dos hospitais universitários do município do Rio de Janeiro (em andamento: 2000).

10. No final da década de 1970, ganha destaque, na relação Estado/Sociedade, o movimento pela democratização da saúde, que envolvendo intelectuais/profissionais de saúde, movimentos sociais e estudantes criou condições para a construção do projeto da Reforma Sanitária brasileira. Este movimento teve como princípio uma crítica à concepção de saúde restrita à dimensão biológica e individual, bem como a afirmação da relação entre organização social, organização dos serviços de saúde e prática médica, tendo como fundamento a determinação social da doença para se pensar a prática na saúde. Tem como uma de suas estratégias fundamentais o Sistema Único de Saúde. A esse respeito dentre diversos autores destacamos: Bravo (1996), Fleury (1989 e 1997).

darizar e desqualificar as ações e atividades profissionais que não se constituem objeto de práticas privilegiadas por esse modelo assistencial. Incluem-se aí, as ações de promoção e educação em saúde, atividades básicas das demais categorias de profissionais de saúde, como é o caso das ações dos assistentes sociais e dos próprios médicos que se dedicam a essas ações.

Entendemos que este problema é a expressão mais evidente da relação entre projetos societários e projetos profissionais, que expressam a dimensão política da luta pela hegemonia de projetos de classe. Se os projetos profissionais expressam os objetivos, valores, função social, conhecimentos teóricos, os códigos de ética das profissões, além de conterem aspectos legais do exercício profissional, têm nos seus princípios fundamentais um campo importante de debate, ao procurarem assegurar uma direção social para um segmento da sociedade que se propõe, a partir da apropriação, crítica de conhecimentos que a humanidade vem produzindo ao longo de sua história, prestar um serviço à sociedade. Por outro lado, os "valores de natureza explicitamente ética" que contemplam os projetos de profissão "não se esgotam" nos Códigos: "a valoração ética atravessa o projeto profissional como um todo" (Netto, 1999, p. 98).

Hoje, na saúde, dois polos se contrapõem — o PROJETO de REFORMA SANITÁRIA e o PROJETO PRIVATISTA (Bravo e Matos, 2001).[11] Diante dessa realidade, os profissionais de saúde se encontram frente a um desafio: como fortalecer o comprometimento com um Estado verdadeiramente democrático de direito, com a democratização das informações e a transparência na utilização de recursos e ações do governo e melhoria da qualidade dos serviços prestados à população?

No âmbito de uma pesquisa entre os profissionais de saúde dos hospitais universitários públicos do município do Rio de Janeiro,[12] frente

11. Quanto ao Projeto de Reforma Sanitária, vide nota 10. O Projeto Privatista, hegemônico a partir da década de 1990, "está pautado na política de ajuste neoliberal que tem como principais tendências: a contenção dos gastos com a racionalização da oferta, a descentralização com isenção de responsabilidade do poder central e a focalização" (Bravo e Matos, 2001, p. 200).

12. A pesquisa "A Prática dos Profissionais de Saúde no município do Rio de Janeiro: Hospitais Universitários" (FSS/UERJ/Faperj/CNPq) objetiva identificar e analisar o movimento, o sentido e o significado da prática na saúde nos hospitais universitários, espaço onde convergem o ensino, a pesquisa e a extensão, evidenciando suas tendências e o seu papel no fortalecimento da Seguridade Social consignada na Constituição de 1988 — especialmente na implantação do

a estas questões, tornou-se necessária uma análise dos códigos de ética das profissões pesquisadas. Objetiva-se apreender em que medida as referências para a prática profissional constantes de cada código expressam os princípios e desafios postos pela legislação da saúde, expressa na Constituição Federal de 1988. Constituição esta, que, ainda que se mostre conservadora em relação à propriedade privada — o que afeta diretamente os interesses históricos da classe trabalhadora, principalmente nas questões relacionadas à distribuição da riqueza socialmente produzida e na propriedade da terra —, resultou num avanço significativo para a sociedade brasileira, tendo em vista, principalmente, a conquista de uma ampla participação e representatividade, que estratos da população, movimentos e classes sociais conquistaram com a elaboração, promulgação e cumprimento da lei.

A atual realidade brasileira demanda profissionais comprometidos em reforçar a vinculação entre ética, política, vida social e vida profissional, pois é uma realidade complexa e contraditória que exige um posicionamento ético de todos os cidadãos. A coerência entre dimensão social e profissional é imprescindível para a realização dos valores, o que faz do Código de Ética um instrumento fundamental no estabelecimento de normas que procurem garantir um suporte à prática profissional. Assim, cada categoria profissional poderá ter no seu Código de Ética um instrumento que possa respaldá-la na expressão da sua identidade ético-política e teórico-metodológica, frente à sociedade, e não somente um instrumento de caráter punitivo.

Para um profissional comprometido com os interesses históricos da classe trabalhadora, diante das consequências da exploração do trabalho, que se concretiza nas diferentes expressões da questão social, coloca-se a exigência de um compromisso radical com a autonomia, a emancipação e a plena expansão dos indivíduos sociais; com a garantia dos direitos civis, sociais e políticos da classe trabalhadora; com a socialização da

---

Sistema Único de Saúde — ao assegurar a saúde como um direito de todos e dever do Estado. Encontra-se em fase de coleta de dados e tem apresentado resultados parciais em encontros científicos. Este artigo resulta de estudo realizado por alguns dos integrantes da equipe da pesquisa e, em parte, apresentado em eventos científicos. A partir deste estudo foi realizado um Trabalho de Conclusão de Curso na FSS/UERJ por Claudia dos Santos Souza em 2000.

participação política e da riqueza socialmente produzida; com a democracia e com a concretização de uma nova ordem social sem dominação-exploração de classe, etnia e gênero, numa articulação clara com as forças sociais, locais, regionais, nacionais e internacionais que compactuam com essa direção social.[13]

Mas, diante da qualidade histórica da formação dos profissionais de saúde, nossa pergunta resume-se a: até que ponto os Códigos de Ética analisados estão, pelo menos, comprometidos com as garantias Constitucionais, mais especificamente com o Título VIII, Capítulo II da Seguridade Social?

Para que possamos apreender, por parte de cada profissão, aspectos que possam expressar esse possível compromisso, vamos buscar, em cada código de ética analisado, além de aspectos gerais que possam contextualizá-los, sua concepção de sociedade, de saúde e de usuário, seus princípios fundamentais e aspectos relacionados a direitos, deveres e proibições que se destaquem.

Diante das exigências de tal questão, pudemos analisar, dentre as treze profissões, os seguintes Códigos de Ética: do assistente social, do enfermeiro, do farmacêutico, do fonoaudiólogo, do médico, do nutricionista, do odontólogo e do psicólogo. Dentre estas, estão as categorias de maior expressão numérica na saúde e outras, que, mesmo minoritárias, relacionam-se a questões centrais na atenção à saúde como é o caso da nutrição e da farmácia.[14]

2. Os Códigos de Ética dos profissionais de saúde

2.1 O Código de Ética do assistente social

As reformulações ocorridas em 1986 (a grande ruptura da categoria com princípios conservadores) e 1993 foram resultantes de um processo

13. Princípios que constam do Código de Ética do assistente social.

14. Não foram analisados os códigos das seguintes profissões: biólogos, profissionais de educação física, fisioterapeutas, veterinários, terapeutas ocupacionais.

que mobilizou parte expressiva da categoria profissional no Brasil. Desse processo, resultaram produções que procuram orientar e esclarecer os assistentes sociais quanto ao seu Código de Ética.[15]

O Código, a partir de onze "Princípios Fundamentais", como um conjunto orgânico e articulado de princípios, apresenta quatro Títulos subdivididos em trinta e seis artigos: Disposições gerais; Dos direitos e responsabilidades gerais; Das relações profissionais (com usuários, instituições empregadoras, com os outros profissionais, com as entidades da categoria e demais organizações da sociedade civil, do sigilo profissional; relações com a justiça); Da observância, penalidades, aplicação e cumprimento deste Código.

Os princípios fundamentais são: "liberdade como valor ético central e as demandas políticas a ela inerentes — autonomia, emancipação e plena expansão dos indivíduos sociais"; "a defesa intransigente dos direitos humanos e recusa do arbítrio e do autoritarismo"; "ampliação e consolidação da cidadania [...] com vistas à garantia dos direitos civis, sociais e políticos das classes trabalhadoras"; "defesa e aprofundamento da democracia enquanto socialização da participação política e da riqueza socialmente produzida"; "posicionamento em favor da equidade e justiça social, que assegure universalidade de acesso aos bens e serviços relativos aos programas e políticas sociais, bem como sua gestão democrática"; "empenho na eliminação de todas as formas de preconceito"; "garantia do pluralismo através do respeito às correntes democráticas e compromisso com constante aprimoramento intelectual"; "compromisso com a qualidade dos serviços prestados à população"; "articulação com os movimentos sociais de outras categorias"; "exercício do Serviço Social sem ser discriminado nem discriminar". Por fim, destaca-se a "opção por um projeto profissional vinculado ao processo de construção de uma nova ordem societária, sem dominação-exploração de classe, etnia e gênero", o que deixa clara uma concepção que coloca em questão a organização social vigente.

Ainda que não seja uma profissão exclusivamente da saúde, o código, ao se posicionar em favor da equidade e justiça social que assegure

15. Tomamos como referência estas produções para a realização desta análise, como explicitado na bibliografia.

universalidade de acesso aos bens e serviços relativos aos programas e políticas sociais, bem como sua gestão democrática, referenda os ganhos constitucionais na Seguridade Social.

A partir do conjunto de princípios, percebe-se o usuário como um sujeito de direitos, o que resulta em compromissos explicitados em oito deveres: 1) contribuir para a viabilização da participação efetiva da população nas decisões institucionais; 2) garantir a plena informação na assistência, respeitando democraticamente as decisões do usuário, mesmo que sejam contrárias aos valores e às crenças individuais dos profissionais; 3) democratizar as informações e o acesso aos programas disponíveis no espaço institucional; 4) devolver as informações colhidas nos estudos e pesquisas para que possam ser utilizadas no fortalecimento de seus interesses; 5) garantir informação plena a respeito de uso de registros, pesquisas etc; 6) criar mecanismos que venham desburocratizar a relação com os usuários visando à agilização e qualidades dos serviços prestados; 7) esclarecer o usuário sobre objetivos e amplitude da ação profissional; 8) fornecer à população usuária, quando solicitado, informações sobre o trabalho do Serviço Social, resguardando o sigilo profissional.

O código reconhece e considera a sociedade civil, os movimentos populares e as organizações da classe trabalhadora no sentido de respeitar a autonomia destes organismos, apoiar e/ou participar dos que lutam "pela consolidação e ampliação da democracia e dos direitos de cidadania".

Este código destaca-se dos demais pelo compromisso de contribuir para a viabilização da participação efetiva da população usuária nas decisões institucionais, reafirmando um dos dois grandes avanços da Constituição Federal: a universalização dos direitos sociais e a possibilidade de controle social, por parte dos segmentos populares, por meio dos Conselhos de direito e de política.

Podemos afirmar que este código encontra-se em sintonia com as garantias constitucionais, na defesa de princípios e valores de ordem humanística, libertária, democrática e igualitária. O referendo às garantias constitucionais e ao acesso às políticas sociais como direito do cidadão e dever do Estado coloca-o em destaque.

2.2 O Código de Ética do enfermeiro

Este código de ética teve sua última reformulação em 1993, cinco anos após a Constituição de 1988. Tendo como tarefa a reformulação do Código de Deontologia de Enfermagem (1975), que ainda é tomado como referência. Em resolução específica, amplia aos atendentes de enfermagem e assemelhados todos os preceitos contidos no código. Após um preâmbulo, apresenta cem artigos divididos em nove capítulos relativos a princípios fundamentais, direitos, responsabilidades, deveres, proibições, infrações e penalidades.

A maioria dos artigos está relacionada às responsabilidades, aos deveres, às proibições, às infrações e penalidades ao profissional de enfermagem (84%), restando nos capítulos relacionados aos princípios fundamentais e aos direitos, apenas quinze artigos que garantem a participação do enfermeiro em sociedades de interesse à saúde; à autonomia profissional; à obtenção das informações sobre o diagnóstico dos pacientes e à busca por melhores condições de assistência, de trabalho e remuneração. Observa-se, portanto, uma tendência à normatização e à penalização dos profissionais de enfermagem.

No seu preâmbulo, ao levar "em consideração, prioritariamente, a necessidade e o direito de Assistência de Enfermagem a população" e "centrado na clientela [...] pressupõe que os agentes de Trabalho da Enfermagem estejam aliados aos usuários na luta por uma assistência de qualidade sem riscos e acessível a toda a população".

Mostra considerar a sociedade capitalista como um dado da realidade ao propor uma "prestação de serviços ao ser humano, no seu contexto e circunstância de vida".

Nos seus seis princípios fundamentais, destaca-se o compromisso com a "saúde do ser humano e da coletividade" para participar "como integrante da sociedade, das ações que visem satisfazer as necessidades de saúde da população [...] na promoção, proteção e recuperação da saúde e reabilitação das pessoas", respeitando "a vida, a dignidade e os direitos da pessoa humana, em todo seu ciclo vital, sem discriminação de qualquer natureza". Buscando exercer suas atividades com justiça, competência, responsabilidade e honestidade, o enfermeiro "presta assistência à saúde visando à promoção do ser humano como um todo". Assim, concebendo o usuário de forma abstrata como "ser humano" e "coletividade", ainda que se aproxime de alguns aspectos isolados da Constituição Federal, não assume, com clareza, um compromisso com a saúde como um direito do cidadão e dever do Estado.

Os artigos relacionados aos direitos, responsabilidades e deveres profissionais e proibições estão centrados na atenção prestada pelo enfermeiro diretamente ao usuário, de forma isolada, com exceção de alguns artigos relativos à pesquisa, o que reforça uma concepção de enfermagem distante e/ou não considerando as questões relacionadas à saúde pública. O código coloca-se contra a eutanásia, os maus tratos e o aborto e, neste caso, sem fazer referência aos interesses e necessidades das usuárias, afirma que "nos casos previstos em Lei, o profissional deverá decidir, de acordo com a sua consciência, sobre a sua participação ou não no ato abortivo".

Dentre os direitos, responsabilidades e deveres profissionais, destacam-se respectivamente: "participar de movimentos reivindicatórios por melhores condições de assistência, de trabalho e remuneração"; "assegurar ao cliente uma Assistência de Enfermagem livre de danos decorrentes de imperícia, negligência ou imprudência"; "prestar informações adequadas ao cliente e à família a respeito da assistência de enfermagem e os possíveis benefícios, riscos e consequências".

2.3 O Código de Ética do farmacêutico

O Código de Ética (CE) do Farmacêutico teve sua última revisão no ano de 1996, nove anos após a Constituição de 1988. É dividido em seis seções, seis capítulos e 28 artigos: os princípios fundamentais, os direitos do farmacêutico, o exercício profissional, a responsabilidade profissional, a remuneração profissional, a publicidade e os trabalhos científicos, a pesquisa farmacêutica, a perícia farmacêutica, as relações intra e interprofissionais, as relações com os conselhos e as disposições gerais.

Predominam os artigos referentes aos deveres, às obrigações e às proibições aos profissionais: *o dever* do farmacêutico no Capítulo III do exercício profissional; *o que vem a ser vetado* ao profissional nas Seções II, III, IV, V e VI, respectivamente da responsabilidade profissional, da remuneração profissional, da publicidade e dos trabalhos científicos, da pesquisa farmacêutica, da perícia farmacêutica; e, *as obrigações* do farmacêutico no Capítulo V das relações com os Conselhos.

Nos treze princípios fundamentais, destaca-se a farmácia definida como "uma profissão a serviço do ser humano (tendo) por fim a promoção, proteção e recuperação da saúde individual e coletiva". Ainda são considerados princípios: o "respeito à vida humana e liberdade de consciência nas situações de conflito entre ciência e os direitos fundamentais do homem, mantendo o princípio básico de que o homem é o sujeito através do qual se expressa a totalidade única da pessoa"; a dimensão ética da profissão está determinada "em benefício do ser humano, da coletividade e do meio ambiente, sem discriminação"; o exercício da farmácia "com honra, dignidade" a partir de boas condições de trabalho e justa remuneração pelo seu desempenho; "zelar pelo perfeito desempenho ético [...] e pelo prestígio e bom conceito da profissão"; o aprimoramento contínuo "a serviço da saúde, da sua pátria e da humanidade"; o sigilo; a negação de objetivos puramente mercantilistas, comerciais e/ou religiosos. O código mostra-se articulado às garantias constitucionais ao colocar como princípio a obrigação de denúncia às autoridades sobre fatos prejudiciais à saúde e à vida, e a necessidade "do farmacêutico [...] assumir sua parcela de responsabilidade em relação à assistência farmacêutica, à educação sanitária e à legislação referente à saúde".

Dentre as profissões analisadas é a única que se coloca, explicitamente, tanto nos princípios como nos deveres (Art. 1º e 15º) em relação à promoção, proteção e recuperação da saúde individual e coletiva e à prevenção.

Quanto à relação farmacêutico/"pacientes", o código a define como uma relação não apenas de ordem profissional, mas também de natureza moral e social, sem discriminação. Outras questões de interesse dos pacientes/usuários estão relacionadas: à garantia do sigilo; à busca de condições que beneficiem o usuário ou a coletividade; ao dever de respeitar o direito do usuário de conhecer o medicamento que lhe é dispensado e de decidir sobre sua saúde; ao dever de informar e assessorar o paciente sobre a utilização correta do medicamento; ao dever de observar com rigor científico qualquer tipo de medicina alternativa procurando melhorar a assistência ao paciente; à proibição de praticar atos que caracterizem danos, imperícia, imprudência e negligência; à proibição de promover pesquisa na comunidade sem o seu conhecimento e sem que o objetivo seja a proteção ou a promoção à saúde, respeitadas as particularidades da região.

Observa-se que no decorrer do código existem poucos artigos que tratam diretamente dos interesses mais corporativos da categoria profissional.

2.4 O Código de Ética do fonoaudiólogo

Este Código foi reformulado e aprovado em 1995, sete anos após a Constituição de 1988. Está dividido em 17 capítulos e 54 artigos, por meio dos quais são regulamentados: as disposições preliminares; os princípios gerais; os direitos fundamentais; as responsabilidades gerais; as responsabilidades para com o cliente; as responsabilidades nas relações com outros fonoaudiólogos; as responsabilidades e relações com as instituições empregatícias e outras; as relações com outras profissões, com as associações representativas e com a justiça; o sigilo profissional; as comunicações científicas e as publicações; a publicidade profissional e atuação comercial; os honorários profissionais; as relações com a saúde pública e coletiva; a observância, aplicação e cumprimento do código de ética e as disposições legais.

Elege como princípios gerais: "a não discriminação"; o "bem-estar dos clientes"; o "melhor serviço possível"; "exercer a fonoaudiologia com honra, dignidade e responsabilidade"; o "aprimoramento profissional". Destaca-se, aqui, uma preocupação com os interesses e necessidades dos usuários dos serviços prestados pelo fonoaudiólogo em contradição com princípios gerais e abstratos. O "cliente" é definido como a pessoa e/ou seu representante legal, entidade ou organização a quem o fonoaudiólogo presta serviços profissionais.

A saúde, para os fonoaudiólogos, é entendida apenas como "um bem-estar (físico, psicológico e social)". O Código reforça a relação profissional com os usuários num eixo restrito apenas ao indivíduo que contratou os serviços do profissional.

Destacam-se ainda a preocupação com o "aprimoramento profissional"; a "participação na elaboração de política de saúde junto às autoridades competentes, na organização, implantação e execução de projetos de Educação, Saúde Pública e Coletiva, nas áreas da comunicação oral e escrita, voz e audição que visem à pesquisa, promoção de saúde, prevenção, diagnóstico, habilitação e reabilitação"; o direito do "cliente à informação das relações que seu quadro clínico tem" diante das influências e consequências sociais do problema de saúde.

2.5 O Código de Ética do médico

Este Código passou por reformulação em dezembro de 1987, ano consecutivo à VIII Conferência Nacional de Saúde. Revogou o antigo Código Brasileiro de Deontologia Médica de 1984 e o Código de 1965. De sua aprovação, em 1988, até a formulação da proposta do "Ato Médico"[16] em 2001, foram encontradas 1.627 resoluções que regulamentam, definem e ou defendem o ato e a prática médica, com destaque para alguns aspectos relacionados a questões éticas.

Na saúde, é o mais extenso dos Códigos. Possui cento e quarenta e cinco artigos distribuídos em quatorze capítulos: princípios fundamentais, direitos do médico, responsabilidade profissional, direitos humanos, relação com os pacientes e familiares, doação e transplante de órgãos e tecidos, relação entre médicos, remuneração profissional, segredo médico, atestado e boletim médico, perícia médica, pesquisa médica, publicidade e trabalhos científicos e disposições gerais. Excetuando princípios, direitos e responsabilidades, todos os demais capítulos estão relacionados somente a proibições.

O código não se coloca com clareza perante a sociedade à qual o médico presta seus serviços. Aceitando-a como dada, prioriza questões

16. O Ato Médico — Projeto de Lei (PL) n. 025/2002, "objetivando definir o ato profissional de médico", encontra-se na Câmara, para ser votada, a regulamentação da profissão médica.

relativas ao tratamento de doenças e à defesa de seus profissionais e/ou da profissão.

Dentre os dezenove princípios fundamentais destacam-se: "uma profissão a serviço da saúde do ser humano e da coletividade sem discriminação de qualquer natureza"; "zelo"; "respeito pela vida humana"; "capacidade profissional"; "honra e dignidade em resposta à remuneração justa e condições de trabalho"; "zelar e trabalhar pelo perfeito desempenho ético da medicina e pelo prestígio e bom conceito da profissão"; "uso do progresso da ciência em benefício do paciente"; "solidariedade com os movimentos da própria profissão"; "respeito mútuo entre os diferentes profissionais tendo como base o bem-estar do paciente". Mais do que princípios, são artigos prescritivos; estão no campo do dever médico, no caso, dever com a própria categoria profissional, com o paciente, com a vida e com o ser humano, com a saúde do trabalhador e a saúde pública. Diríamos que, nesse código, no *campo dos princípios* — onde se busca a coexistência da moral com indicativos do *devir* —, encontramos, na verdade, o predomínio do *dever ser*. Elege princípios, que, ou se mostram abstratos e a-históricos, ou revelam uma preocupação com a própria corporação médica, buscando a sua valorização e/ou valorizando-a.

Por outro lado, seu avanço em relação ao código anterior (1984) merece ser lembrado quando verificamos os novos artigos que mudam e dão nova forma ao código da medicina. Estes artigos introduzem questões relativas aos compromissos e parcela de responsabilidade da prática médica com a saúde pública e com a autonomia do "paciente". Mas, mantém uma priorização na atenção individualizada da medicina ao tratar o "paciente" como indivíduo isolado.

Desse modo, a saúde é considerada de forma individualizada em detrimento da saúde coletiva, pública e de direito. A prática médica é destinada à pesquisa e ao tratamento do "paciente"/"enfermo" na busca de seu "bem-estar". Ainda que afirme que "o alvo de toda a atenção do médico é a saúde do ser humano, em benefício da qual deverá agir com o máximo de zelo e o melhor de sua capacidade profissional", percebe-se uma concepção de saúde como ausência de doença, visto que, além de não se referir em nenhum momento à promoção e prevenção, refere-se à proteção contra as doenças somente quando envolve a pesquisa (o objetivo da pesquisa deve ser a proteção à saúde pública). Por outro lado, responsabiliza o médico por "deixar de esclarecer o paciente sobre as determinantes sociais, ambientais ou profissionais de sua doença".

Sobre o uso do progresso da ciência em benefício do paciente, destaca-se a ausência de referência aos efeitos que o conhecimento médico científico tem nas relações entre as classes sociais e os diferentes países — ricos e pobres —, tema frequente sobre as diferenças no acesso a bens alcançados pelo conhecimento científico, como exemplo o debate sobre patentes dos medicamentos para a AIDS.

O código apresenta um capítulo inovador destinado aos Direitos Humanos. Constitui-se de dez artigos, dentre os quais, três fazem referência ao "paciente", mostrando uma preocupação com os direitos individuais no tratamento de doenças e não uma preocupação com um sujeito de direitos e com a saúde coletiva. De certa forma, o Código de Ética do médico brasileiro avança neste aspecto, reconhecendo o direito do paciente de participar, mesmo que só individualmente, das decisões do profissional e/ou da equipe médica responsável pelo seu diagnóstico e tratamento. Avança ainda, no que se refere a compromissos com a saúde pública e a saúde do trabalhador.

Como direito do médico, destaca-se a recusa de realização de atos médicos que, embora permitidos por lei, sejam "contrários aos ditames de sua consciência", aqui, numa clara alusão ao direito ao aborto, hoje, em alguns casos, permitido por lei.

O Código não faz referência direta a deveres, mas a ações pelas quais o médico pode ser responsabilizado. A maioria dos 17 artigos do capítulo III — responsabilidade profissional — trata da qualidade de ocupação do espaço profissional (abandono de plantões, delegação de poderes etc.), destacando-se quatro referências aos usuários: "praticar atos profissionais danosos ao paciente, que possam ser caracterizados como imperícia, imprudência ou negligência"; "receitar ou atestar de forma secreta ou ilegível, assim como assinar, em branco, folhas de receituários, laudos, atestados ou quaisquer outros documentos médicos". Dois outros artigos fazem referência a objetivos e atribuições do SUS em relação à saúde do trabalhador: "deixar de esclarecer o trabalhador sobre condições de trabalho que ponham em risco sua saúde, devendo comunicar o fato aos responsáveis, às autoridades e ao Conselho Regional de Medicina" e "deixar de esclarecer o paciente sobre as determinantes sociais, ambientais ou profissionais de sua doença".

Os quinze artigos do capítulo referente à relação com os pacientes e familiares tratam dos direitos individuais do paciente/família, estritamente, na consulta médica.

2.6 O Código de Ética do nutricionista

O Código de Ética dos Nutricionistas foi aprovado em 1993, ou seja, cinco anos após a aprovação da Constituição de 1988. Está dividido em apresentação, cinco capítulos e 23 artigos, por meio dos quais são regulamentados: os princípios fundamentais; o exercício profissional (deveres, direitos, as proibições, os honorários profissionais, os trabalhos científicos e da publicidade); as relações profissionais (com nutricionistas e outros profissionais, com as instituições empregadoras e outras, com entidades da categoria e demais organizações da classe trabalhadora); as penalidades; as disposições gerais.

Destaca como princípios fundamentais: "contribuir para promover, preservar e recuperar a saúde do Homem"; "obtenção de meios que garantam ao ser humano condições de satisfação das suas necessidades alimentares e nutricionais"; "bem-estar do indivíduo e da coletividade, empenhando-se na promoção da saúde, em especial quanto à assistência alimentar e nutricional"; "atualização e ampliação de seus conhecimentos técnicos e científicos"; "agir de modo criterioso e transformador, de acordo com os padrões socioculturais do meio em que estiver atuando, acatando os preceitos legais e respeitando os direitos do indivíduo, sem praticar discriminação de qualquer natureza"; "pautar a sua atuação profissional na análise crítica da realidade política, social e econômica do País".

Dos seis princípios fundamentais, cinco deles atribuem ao profissional de nutrição deveres. Compromete o nutricionista com a "obtenção de meios que garantam ao ser humano condições de satisfação das suas necessidades alimentares e nutricionais" — sendo este indivíduo explicitado no artigo, como um ser humano — atribuindo ao nutricionista grande responsabilidade com a saúde do homem — em sentido geral —, sem afirmar princípios que protejam os cidadãos, reais, das consequências das desigualdades sociais no quadro nutricional das diferentes classes sociais.

Ao dirigir sua ação para a "satisfação das necessidades alimentares do ser humano", negligencia as indicações que demandam os princípios dispostos na legislação de saúde. Não contempla direção para contribuir na promoção de políticas e programas voltados para o desafio urgente de eliminar a fome — questão ausente em todo o código — que atinge contingente expressivo da população brasileira.

Tendo como princípio básico o bem-estar do indivíduo e da coletividade, o código contraria a concepção de saúde assegurada na Lei Orgânica: saúde como resultado das condições de trabalho, de vida e estilo de vida de uma dada população.

Não há nenhum capítulo dedicado à relação do nutricionista com os usuários, o que denota uma preocupação restrita apenas à relação entre os profissionais, à profissão, à categoria e à ciência.

Ainda que, segundo o próprio código, o profissional deva pautar a sua atuação profissional na análise crítica da realidade do País, não trata das mediações necessárias para o acesso amplo ao alimento, o que poderia ser objeto de compromisso ético por meio do conhecimento, formação, e proposição de uma profissão compromissada com a realidade da população brasileira. Assim, poderão estar colocadas as possibilidades dessa categoria assumir compromissos na direção de um padrão nutricional democrático na sociedade brasileira.

2.7 Código de Ética do odontólogo

Este código de ética foi revisto e aprovado em 2003, quinze anos após a Constituição Federal. Contém quarenta e oito artigos divididos em: disposições preliminares; direitos fundamentais; deveres fundamentais; auditorias e perícias odontológicas; relacionamento com o paciente, com a equipe de saúde; o sigilo profissional; honorários; especialidades; odontologia hospitalar; entidades com atividades no âmbito da odontologia;

responsável técnico; magistério; entidades da classe; comunicação; anúncio, propaganda e publicidade; pesquisa científica; penas e suas aplicações; entrevista; publicação científica; e disposições finais.

As referências à saúde aparecem na indicação de que "a profissão se exerce em benefício da saúde do ser humano e da coletividade, sem discriminação de qualquer forma ou pretexto" e no dever de "zelar pela saúde e dignidade do paciente".

O usuário é tratado ora como "paciente", ora como "ser humano", o código não fornece elementos que possibilitem uma concepção de sociedade.

Trata-se de um código preocupado com os interesses da categoria profissional. Observa-se no Art. 5°, onde são indicados os deveres fundamentais do odontólogo, que, dos seus 17 incisos, 9 expressam interesses da categoria, como, por exemplo: "zelar pelo prestígio e bom conceito da profissão"; "assegurar as condições para o desempenho da profissão"; "exercer a profissão com comportamento digno"; "manter atualizados os conhecimentos profissionais"; "propugnar pela harmonia na classe". Por outro lado, destaca-se como uma das únicas categorias na saúde, preocupada com "a saúde coletiva ao colocar como dever a promoção da saúde coletiva no desempenho de suas funções, cargos e cidadania, independentemente de exercer a profissão no setor público ou privado". São considerados deveres profissionais articulados aos interesses dos usuários, ainda: "zelar pela saúde e dignidade do paciente"; "elaborar e manter atualizados prontuários de pacientes"; "apontar falhas nos regulamentos e nas normas das instituições em que trabalhe quando as julgar indignas [...] ou prejudiciais aos pacientes"; "garantir acesso do paciente ao prontuário".

Observa-se que há uma predominância de artigos relacionados às infrações/penalidades éticas aos profissionais quanto: à prática na auditoria/perícia; ao sigilo; aos honorários; ao exercício do magistério; às entidades da classe; ao anúncio/propaganda/publicidade; à publicação e pesquisa científicas. Na relação com o paciente e com a equipe de saúde, destacam-se infrações/penalidades relacionadas à discriminação, ao exagero no diagnóstico, ao abandono de tratamento, ao uso de técnicas sem comprovação científica, ao desvio de paciente de colega.

2.8 O Código de Ética do psicólogo

O primeiro Código de Ética Profissional do psicólogo foi aprovado em 1979. Contudo, esse código não contemplava todas as possibilidades de atuação profissional, pois se baseava eminentemente na área de atuação clínica. Em 1987, houve uma reformulação do Código de Ética, sendo este o que está em vigor até o presente momento.

Este código apresenta, inicialmente, uma exposição de motivos e cinquenta artigos divididos em: princípios fundamentais; responsabilidades gerais; responsabilidades e relações com instituições empregadoras e outras, com outros profissionais ou psicólogos, com a categoria; relação com a justiça; o sigilo; comunicações científicas e da divulgação ao público; a publicidade profissional; honorários profissionais; observância, aplicação e cumprimento do código de ética.

Os princípios fundamentais do Código de Ética são: "o psicólogo baseará o seu trabalho no respeito à dignidade e integridade do ser humano"; visa "a promover o bem-estar do indivíduo e da comunidade"; "desenvolver o sentido de uma responsabilidade profissional por meio de um constante desenvolvimento pessoal, científico, técnico e ético"; "compreenderá uma análise crítica da realidade política e social"; "estará a par dos estudos e pesquisa mais atuais de sua área, contribuirá pessoalmente para o progresso da ciência psicológica e será um estudioso das ciências afins"; "criação de condições que visem a eliminar a opressão e a marginalização do ser humano".

O código utiliza o termo "ser humano", não o entendendo como sujeito de direitos historicamente situado, como aponta a Constituição Federal de 1988. Além disso, em seus princípios fundamentais, apresenta contradições na medida em que se refere a conceitos abstratos e a-históricos como o respeito à dignidade e integridade do ser humano, ao mesmo tempo que ressalta a importância da análise crítica da realidade política e social e a eliminação da opressão e marginalização.

A concepção de saúde que está presente no código é voltada para promoção do bem-estar, baseada no conceito da Organização Mundial de Saúde de 1948. Esta visão se distancia do conceito ampliado que está posto na Constituição Cidadã de 1988 e na Lei Orgânica da Saúde (Leis n. 8.080/90 e n. 8.142/90).

O código, como um todo, é mais voltado para atender os interesses corporativos da categoria, fazendo pouca menção às necessidades da "pessoa atendida". Em 2003, este código estava sendo revisado, em razão dos "grandes avanços no âmbito da profissão, ocorridos nos últimos anos". Por deliberação do IV Congresso Nacional da Psicologia/2001, decidiu-se "convidar a categoria" para a realização de um "amplo processo de discussão sobre questões relativas à ética profissional [...] dentro de uma perspectiva cidadã". E "discutir o código de ética a partir de uma perspectiva cidadã significa que este instrumento deve estar em sintonia com as necessidades e a realidade da sociedade brasileira contemporânea" (*www.pol.org.br*).

3. Profissões de saúde e ética profissional

Como afirma Simões, "os setores liberais caracterizam-se pela formulação escrita de normas morais, numa codificação específica denominada 'ética profissional'" (Simões, 1990, p. 64). A ação realizada por esses profissionais não oferece condições de um controle direito e disciplinado do seu trabalho, como acontece com os demais trabalhadores nas fábricas e nos serviços. É um trabalho que só pode ser controlado, pelos segmentos da sociedade, interessados em seus serviços, indiretamente, segundo valores e juízos que são formalizados nos seus Códigos de Ética e, daí, a importância destes.

Para Barroco,

> [...] um código de ética representa uma exigência legal de regulamentação formal da profissão e, como tal, é um instrumento específico de explicitação dos deveres e direitos profissionais, ou seja, refere-se a uma necessidade formal de legislar sobre o comportamento dos profissionais. (Barroco, 2001, p. 81)

Ora, na medida em que, um sujeito coletivo — uma categoria profissional — afirma valores, deveres (com os usuários, com os demais profissionais), direitos, objetivos e funções profissionais em um Código de Ética, explicita, para a sociedade, ainda que em parte, um projeto de profissão,[17] que, embora sem uma opção clara, encontra-se articulado a projetos societários que, em processo de construção, representam interesses em disputa na sociedade.

Para Netto (1999),

> Os projetos profissionais têm, igualmente, ineliimináveis dimensões políticas, seja num sentido amplo (referido às suas relações com os projetos societários), seja num sentido restrito (referido às perspectivas particulares da profissão). Mas, nem sempre tais dimensões são explicitadas, especialmente quando elas apontam para direções conservadoras ou reacionárias. Um dos traços mais característicos do conservadorismo consiste na negação das dimensões políticas e ideológicas. Não foi por acaso que o grande pensador lusitano Antonio Sérgio, numa passagem inesquecível, observou algo como "aquele que diz não gostar de política, adora exercitar política conservadora". (Netto, 1999, p. 96)

Tratamos de profissões reguladas juridicamente, as quais exigem uma formação teórica e técnica de nível superior, o que supõe a apropriação de conhecimentos produzidos historicamente para a prestação de serviços à sociedade a partir de compromissos éticos, expressos nos seus Códigos de Ética.

Identificamos que, excetuando os assistentes sociais, que obtiveram avanços por intermédio de um debate sobre o direcionamento ético-político da categoria, as demais profissões de saúde mantêm, ainda, códigos de ética contraditórios e conservadores, descolados da realidade brasileira e dos interesses dos usuários de seus serviços. Encontramo-nos diante de Códigos de Ética que, ainda que contenham reformulações e/ou modificações após 1988, excetuando o do assistente social, apresentam características comuns.

---

17. Para Netto, "os projetos profissionais apresentam a autoimagem de uma profissão, elegem os valores que a legitimam socialmente, delimitam e priorizam os seus objetivos e funções, formulam os requisitos (teóricos, institucionais e práticos) para o seu exercício, preservam normas para o comportamento dos profissionais e estabelecem as balizas da sua relação com os usuários de seus serviços, com as outras profissões e com as organizações e instituições sociais, privadas e públicas (entre estas, também e destacadamente com o Estado, ao qual coube, historicamente, o reconhecimento jurídico dos estatutos profissionais)" (Netto, 1999, p. 95).

A partir de uma visão endógena da profissão e de uma aparente neutralidade, os códigos não contemplam uma visão de superação da sociedade atual, o que supõe a aceitação da sociedade como está dada e, em decorrência, as consequências de uma organização social que gera a sociedade mundial mais desigual de que se tem conhecimento.

Esse quadro exige ultrapassar a formação de profissionais simplesmente técnicos, treinados "para intervir num campo de ação determinando com a máxima eficácia operativa ou intelectual", ou seja, profissionais treinados, mais para a fidelidade e eficiência, do que para o pensamento independente. Faz-se necessário, priorizar a formação de profissionais com um perfil "que compreenda a lógica e as leis fundamentais da organização social capitalista, sua complexidade e contradições na geração da questão social e como essa lógica impacta as relações sociais e os indivíduos apreendendo os mecanismos de exploração e de dominação. A categoria central é trabalho e não a esfera da subjetividade" (Netto, 1996).

Ao procurarem situar-se diante da problemática dos valores, confundem princípios com objetivos, metas ou deveres. Dessa forma, ainda que não colocados explicitamente como fundamentais e, muitas vezes, presentes de forma isolada e dispersa ao longo do código, destacam-se princípios gerais e abstratos como "honra", "dignidade", "bem-estar do indivíduo e da comunidade", "respeito ao ser humano/vida humana", "integridade do ser humano", "zelo". São ainda apontados como princípios: "melhor serviço possível", "responsabilidade", "aprimoramento profissional", "desenvolvimento pessoal, científico, técnico, e ético", "análise crítica da realidade política e social", "contribuição para o progresso da ciência", "solidariedade com os movimentos da própria profissão", "respeito mútuo entre os diferentes profissionais", "zelar e trabalhar pelo desempenho ético e prestígio da profissão". Dentre os que podem ser considerados articulados aos interesses e necessidades dos usuários destacam-se, de forma isolada: "não discriminação", "sigilo", "criação de condições que visem a eliminar a opressão e a marginalização do ser humano", "uso do progresso da ciência em benefício do paciente". São princípios que, sem uma articulação entre eles, não representam um conjunto orgânico que expresse, com clareza a direção social de cada código, mas, mesmo assim, contém uma direção social.

Princípios como o dever da "honra e da dignidade" apresentam-se articulados a concepções filosóficas assentadas no neotomismo onde são consagrados valores abstratos de "bem comum" e "dignidade da pessoa humana". São princípios e conceitos abstratos e a-históricos que negam uma visão do homem historicamente situado. Desse modo, a moral defendida pela maioria dos Códigos, mesmo que de forma implícita, se apresenta de forma inerentemente ideológica e a-histórica. Uma moral produzida, principalmente, por condições de escassez e interesses em conflito, resultantes da sociedade capitalista que, tendo por base a exploração de uma classe sobre outra, produz antagonismos e dilemas que tanto obscurecem e falseiam quanto, no seu projeto inicial, prometeram resolver. O enfrentamento dessa sociedade exige não escolha de valores abstratos e aparentemente neutros, mas de valores que expressem necessidade de opções, escolhas, a partir de uma direção social consciente.

A ausência nos códigos de compromisso com princípios democráticos pode, em parte, apontar para a dificuldade de concretização de relações democráticas no âmbito da saúde, tanto no que se refere à relação com os usuários, como entre as diferentes profissões. Esse compromisso poderia fomentar práticas, no mínimo multiprofissionais, no sentido de superar o modelo hegemônico, o qual, centrado no médico, privilegia a doença. Da mesma forma, ao não considerarem princípios como liberdade, equidade e justiça social não se colocam próximos dos interesses e necessidades dos cidadãos. A moral da emancipação — como afirma Marx — exige a abolição das condições que determinam uma moral ideológica e a-histórica.

O sigilo profissional é uma questão observada pela integralidade dos códigos como dever, exceto para os assistentes sociais que o consideram um direito no sentido de proteger o usuário em tudo aquilo que o profissional tem conhecimento. Para todos, só pode ser quebrado quando trouxer prejuízo aos usuários ou à coletividade.

Todos os códigos identificam e regulamentam a preocupação com a formação e o ensino profissionais e seus aspectos éticos, exceto o de fonoaudiologia e o de ética médica, que tratam deste tema em resoluções especiais.

Os códigos ignoram, não só as mudanças de fundo constantes da Constituição Federal e suas leis complementares, mas, principalmente, sua concepção de saúde como resultado de condições de vida e de trabalho. Assim, não se encontram articulados à concepção de saúde explicitada na seguridade social que trata o cidadão, não apenas em seu aspecto exclusivamente biológico, mas concebe a saúde de forma integral, observando o sujeito como um todo, como sendo o resultado das condições de vida, de trabalho e estilo de vida de um determinado segmento social. A assistência à saúde, desse modo, é entendida como uma atividade dirigida à pessoa a partir de uma concepção isolada dos indivíduos.

Mesmo nos códigos que fazem referência às necessidades de saúde da população, o que possibilitaria uma direção mais crítica sobre o papel social da profissão, esta direção não se confirma, quando toma destaque a noção de "pessoa humana" e "ser humano". Salientamos que, para isto, seria necessário compreender a saúde inseparavelmente da questão social, consequentemente, na própria atenção prestada, ou seja, compreender as implicações políticas da prática profissional na sociedade, entendendo a saúde como uma questão coletiva. O código de ética médica, negando a condição do cidadão como sujeito de direitos, referindo-se, dentre outras coisas, "à dignidade essencial da pessoa enferma sobre a qual ela (a medicina) desempenha sua atividade", explicita, com clareza, sua concepção de saúde como ausência de doença.

Para o psicólogo, enfermeiro, fonoaudiólogo e nutricionista, o trabalhador é tido como cliente; para o médico, o farmacêutico e o odontólogo são tidos como paciente, sendo que, para o médico ainda como paciente/enfermo.[18] O código do assistente social refere-se à classe trabalhadora e/ou usuário.

Como visto acima, o código de ética médica, ao referir-se a paciente/cliente, explicita uma concepção de saúde como ausência de doença, referendada pelo "Ato Médico: Exposição de Motivos"/2001, principalmente quando afirma que:

> [...] a designação *paciente*, tradicionalmente atribuída aos clientes dos médicos (e de outros profissionais da saúde), importa em destacar o reconhecimento de sua qualidade de enfermo não só como objeto de uma atuação

18. Os códigos do odontólogo, do nutricionista e do farmacêutico fazem referência a *usuário* uma única vez, predominando a categoria *cliente/paciente*.

científico-técnica, mas, principalmente, como sujeito de uma interação interpessoal responsável e humana dirigida para libertá-lo do padecimento. Aliás, ao contrário do que muita gente parece pensar, o termo *paciente* provém de sofrente, molestado, afetado negativamente por uma enfermidade. Não tem qualquer conotação de passividade ou de dependência (nem com ter paciência, esperar passivamente, deixar-se levar, submeter-se ou agir pacientemente).

Perguntamo-nos qual tem sido a participação dos profissionais de saúde na sociedade? Como suas práticas participam na saúde da sociedade e qual a sua contribuição na superação da desigualdade de acesso aos recursos da/para saúde? Ao lado de outros determinantes, essas práticas participam do conjunto de condições e possibilidades com que os indivíduos de diferentes classes sociais e diferentes países contam no seu cotidiano para viver com saúde. E é na indagação permanente sobre as práticas profissionais e sociais que os princípios devem se constituir, na articulação entre valores éticos e realidade objetiva.

O usuário, na maioria dos códigos, é compreendido, como "cliente"/"paciente"/"ser humano"/"indivíduo"/"coletividade", atendido de forma particular, considerado a partir da instituição/organização/serviço onde o profissional presta assistência, e não como sujeito de direitos[19] situado historicamente. Assim, mesmo que a noção do "paciente", como sujeito de direitos, como consta na Constituição de 1988, venha mediando debates na área da saúde, não consta da maioria dos códigos e está longe de ser uma realidade na prática na saúde.

Como afirma Vasconcelos (2002), cliente é "um ator que atua, que representa, o qual, inserido no mercado e a partir de uma relação mercantilizada, consome um artigo, um bem, recebe algo". Por outro lado, con-

19. A esse respeito é importante destacar que, em fevereiro de 2002 é divulgada a Carta dos Médicos, um novo código de conduta profissional, o qual foi elaborado por médicos europeus e norte-americanos. Buscando um código de conduta para atender os pacientes do século XXI, a Carta reafirma a noção de que o paciente é sujeito autônomo cabendo ao doente, devidamente esclarecido sobre sua condição e as alternativas de tratamento, tomar decisões sobre a sua vida (*Folha de S.Paulo*, p. A15, 6 fev. 2002). Mesmo contendo uma série de princípios já discutidos, e mais do que adotados no Brasil, o documento é importante para os médicos brasileiros, pois oficializa pontos fundamentais, como a distribuição mais justa, racionalização de recursos e incorporação da tecnologia.

sidera usuários "os segmentos integrantes da classe trabalhadora, que enquanto sujeitos de direito, agem, empreendem ações, intervêm, lutam, reivindicam, implementam, no sentido de usufruir e/ou desfrutar de alguma coisa coletiva, ligada a um serviço público ou particular, dessa forma podendo demandar os serviços prestados" (Vasconcelos, 2002), e exercer sua autonomia.

Diante do exposto, ainda que a maioria dos códigos pareça estar interessada somente em regulamentar a profissão — e, por isso mesmo, prioriza a relação direta com os usuários de seus serviços — tanto o que afirmam como princípios, quanto as questões relativas a que denominam "enfermo, cliente, paciente, usuário" explicitam sua concepção de sociedade e de indivíduo. E mais, a maioria dos Códigos pouco avança em direção aos princípios da Seguridade Social. Exceto no do assistente social, não encontramos em nenhum deles referência ao acesso universal, à integralidade das ações em saúde e, principalmente, à participação popular no controle social, uma das grandes conquistas da Constituição.

É necessário observar que um Código de Ética não pode ser responsabilizado como o único e exclusivo agente capaz de consubstanciar valores e intenções que ele contém. Como afirma Paiva et al. (1996, p. 172), a "*qualidade da formação profissional, o nível de consciência política e de organização da categoria, o compromisso dos profissionais enquanto cidadãos e as condições objetivas que incidem sobre o desempenho profissional*" interferem diretamente na realização daqueles valores e intenções.

Ainda que um código seja uma referência progressista para uma categoria profissional, isso não significa que os profissionais realizem suas ações na direção do que está assegurado nele.[20] Faz-se necessária uma formação ético-política, para além da teórico-metodológica e técnico-operativa, e uma capacitação continuada que garanta intelectuais/profissionais críticos, que, habilitados para operar numa área particular,

20. É o que podemos perceber com relação aos próprios assistentes sociais, a partir de uma pesquisa realizada na SMS/RJ com assistentes sociais. Esta pesquisa realizou um estudo com 74 assistentes sociais da SMS/RJ objetivando apreender o movimento e as referências do trabalho realizado. Constata que, ainda que tomem como referência um compromisso explícito com os usuários de seus serviços, a maioria dos assistentes sociais não consegue transformar em ações concretas, na direção dos interesses e necessidades dos usuários, os princípios e objetivos contidos no Código de 1993. Conferir Vasconcelos (2002).

compreendam o sentido social da ação e a significância da área trabalhada no conjunto da problemática social (Netto, 1996); ou seja, profissionais capacitados a tomarem, não só um código progressista, mas também uma legislação que favoreça os interesses históricos da classe trabalhadora, como respaldo para a prática profissional; uma prática que expressa a complexidade de uma sociedade contraditória.

Para Netto,

> Os elementos éticos de um projeto profissional não se limitam a normalizações morais e/ou prescrição de direitos e deveres, mas envolvem ainda as escolhas teóricas, ideológicas e políticas das categorias e dos profissionais — por isso mesmo, a contemporânea designação dos projetos profissionais como projetos *éticos-políticos* revela toda a sua razão de ser: uma indicação ética só adquire efetividade histórica-concreta quando se combina com uma direção político-profissional. (Netto, 1999, p. 98-99)

Assim, ao se analisar um Código de Ética Profissional, a forma como este se posiciona frente às demandas da realidade social é que determinará se há um avanço, retrocesso ou inércia em relação àquelas demandas.

Desse modo Paiva afirma que:

> [...] a coerência entre a dimensão profissional e a vida social no seu significado mais amplo é, pois, fundamental para que os valores contenham maiores possibilidades de realização. É nesta direção que o Código de Ética assume importância fundamental, pois ele pode ser um instrumento legítimo para o estabelecimento de normas que busquem garantir (dentro de seus limites) um respaldo à prática profissional. Com isto, estamos fazendo referência à parte operativa do Código, que apresenta não só a tarefa de traduzir em deveres e direitos os valores eleitos pela categoria profissional, mas o desafio de torná-los o mais próximo possível da realidade cotidiana dos profissionais. A ideia é que eles vejam no Código não somente seu caráter punitivo, mas um instrumento privilegiado que permite à profissão expressar sua identidade ético-política à sociedade. (Paiva, 1996, p. 172-73)

Os Códigos de Ética Profissionais analisados no presente trabalho revelaram, com exceção do Código de Ética do assistente social, uma ruptura entre os valores adotados pelas categorias e as necessidades e os interesses históricos da classe trabalhadora, usuária de seus serviços.

A Constituição "cidadã" de 1988 representa um significativo avanço para a sociedade brasileira. É nela e em suas leis complementares, que podemos buscar referências e defesa da promoção da saúde como direito do cidadão e dever do Estado com prioridade para ações de prevenção — de doenças, danos, riscos e agravos — sem negligenciar o tratamento, favorecendo e viabilizando o acesso universal aos serviços, a atenção integral, o direito à informação, a participação da comunidade, a igualdade da assistência à saúde sem preconceitos ou privilégios de qualquer espécie e a integração das ações de saúde, meio ambiente e saneamento básico reforçando princípios e diretrizes da Seguridade Social (Lei n. 8.080 — LOS). A maioria das categorias profissionais não incorporou, aos seus códigos de ética, esses ganhos históricos, resultantes da luta de segmentos democráticos contra a ditadura e da consequente conquista e consolidação das liberdades políticas.

Mesmo que tenham passado por reformulações recentes, os códigos não expressam qualquer processo de renovação de sua direção social, exceto o do assistente social que, desde 1986, negou sua base filosófica tradicional, nitidamente conservadora, que norteava a "ética da neutralidade" afirmando a necessidade de um perfil profissional que exija uma formação generalista.

O profissional de saúde que estiver lendo esse artigo pode estar afirmando: "mas eu não concordo com a direção social contida no código de ética da minha categoria!" Mas, isso, não impede que, frente à sociedade, seja este o código de ética que o representa e representa sua profissão.

A revisão do código do assistente social — 1993 — resultou de uma grande mobilização da categoria, o que está sendo realizado pela Psicologia hoje. Perguntamo-nos, até quando as demais categorias profissionais vão se submeter a "códigos elaborados sem qualquer compromisso com a ciência e por grupos de notáveis que se arrogam em intérpretes dos melhores padrões morais profissionais" (Simões, 1990, p. 72) e que, sem qualquer consulta ao conjunto da categoria, passam a impor suas normas aos demais profissionais? Não podemos deixar de destacar que um processo, realizado coletivamente, guarda aspectos educativos que se revertem em ganhos para a própria categoria, que se enriquece participando do debate.

Referências bibliográficas

ANTUNES, R. *Adeus ao trabalho? Ensaio sobre as metamorfoses e a centralidade do mundo do trabalho*. São Paulo: Cortez/Unicamp, 1995.

BARROCO, M. L. S. "Bases Filosóficas para uma reflexão sobre ética e Serviço Social". In: BONETTI, D. A. et al. (Org.). *Serviço Social e Ética*: convite a uma nova práxis. São Paulo, Cortez/CFESS, p. 71-83, 1996.

BRASIL. Constituição da República Federativa do Brasil. Brasília: Senado, 1988.

BRAVO, M. I. S. *Serviço social e reforma sanitária*: lutas sociais e práticas profissionais. São Paulo: Cortez, Rio de Janeiro: UFRJ, 1996.

BRAVO, M. I. S.; MATOS, M. C. A saúde no Brasil — Reforma Sanitária e Ofensiva Neoliberal. In: BRAVO, M. I.; PEREIRA, P. A. P. *Política social e democracia*. São Paulo: Cortez, Rio de Janeiro: UERJ, 2001.

COSTA, M. D. H. O trabalho nos serviços de saúde e a inserção dos(as) assistentes Sociais. *Serviço Social & Sociedade*, São Paulo, Cortez, n. 62, mar. 2000.

FLEURY, S. *Democracia e saúde*: a luta do Cebes. São Paulo: Lemos Editorial, 1997.

NETTO, J. P. Transformações societárias e Serviço Social — notas para uma análise prospectiva da profissão no Brasil, *Serviço Social & Sociedade*, São Paulo, Cortez, n. 50, p. 87-132, abr. 1996.

______. A construção do projeto ético-político do Serviço Social frente à crise contemporânea. *Programa de capacitação continuada para assistentes sociais*. CFESS/ABEPSS-CEAD/UnB, Módulo 1, 1999, p. 93-110.

PAIVA, B. A. et al. Reformulação do código de ética: pressupostos históricos, teóricos e políticos. In: BONETTI, D. A. et al. (Orgs.). *Serviço Social e Ética*: convite a uma nova práxis. São Paulo: Cortez/CFESS, 1996, p. 159-173.

PAIVA, B. A.; SALES, M. A. A nova ética profissional: práxis e princípios. In: BONETTI, D. A. et al. (Orgs.). *Serviço Social e Ética*: convite a uma nova práxis. São Paulo: Cortez/CFESS, 1996, p. 174-208.

SIMÕES, C. O drama do cotidiano e a teia da história-direito, moral e ética do trabalho. *Serviço Social & Sociedade*, São Paulo, Cortez, n. 32, p.52-73, 1990.

______. A Ética das Profissões. In: BONETTI, D. A. et al. (Orgs.). Serviço Social & ética: convite a uma práxis. São Paulo: Cortez/CFESS, 1996. p. 60-70.

VASCONCELOS, A. M. *A prática dos profissionais de saúde no Município do Rio de Janeiro. Hospitais Universitários*. Projeto de Pesquisa. Rio de Janeiro: Faculdade de Serviço Social/UERJ/Faperj/CNPq, 2000.

______. *A prática do Serviço Social*: cotidiano, formação e alternativas na área da saúde. São Paulo: Cortez, 2002.

Documentos

CFESS. Código de Ética Profissional do assistente social/1993 e Lei n. 8.662/1993, que regulamenta a profissão de Serviço Social. Brasília: 1993.

______. Resolução 383/99 — Caracteriza o assistente social como profissional de saúde, 29 mar. 1999.

CFE. Código de Ética da Enfermagem. Brasília: 1993.

CFF. Código de Ética Farmacêutica. Brasília: 1996.

CFFa. Código de Ética do Fonoaudiólogos. Brasília: 1995.

CFM. Ato Médico. Anexo: Exposição de motivos. Resolução n. 1.627/2001.

CFM. Código de Ética Médica. 1988.

CFN. Código de Ética dos Nutricionistas. 1993.

CFO. Código de Ética Odontológica. 2003.

CFP. Código de Ética da Psicologia. 1987.

CONSELHO NACIONAL DE SAÚDE, Resolução n. 218, de 6 mar. 1997.

MINISTÉRIO DA SAÚDE. Lei Orgânica da Saúde: Lei n. 8.080/90, de 19 set. 1990. Dispõe sobre as condições para a promoção, proteção e recuperação da saúde, a organização e o funcionamento dos serviços correspondentes e trata de outras providências. Brasília: 1990.

______. Lei n. 8.142 de 28 dez. 1990. Dispõe sobre a participação da comunidade na gestão do Sistema Único de Saúde (SUS) e sobre as transferências intergovernamentais de recursos financeiros na área da saúde e trata de outras providências. Brasília: 1990.

Endereços Internet

www.portalmedico.org.br

www.pol.org.br

www.saude.gov.br

www.conselho.saude.gov.br/pgresolução196.htm

www.abem/educmed.org.br

Parte II

Análise da implementação de políticas e programas de saúde

Gênero e avaliação da qualidade da atenção em serviços de saúde reprodutiva

Andréa de Sousa Gama

Introdução

Este artigo pretende contribuir para o debate atual sobre a avaliação da qualidade da atenção em saúde e, mais especificamente, em serviços de saúde reprodutiva, tomando como referência as reflexões no campo das relações de gênero. O texto busca inicialmente sistematizar as principais contribuições advindas de uma ótica de gênero, e mostrar a relevância dessa perspectiva no campo da saúde. Mostra, também, um conjunto de aspectos que norteiam uma dada definição de avaliação da qualidade da atenção em saúde reprodutiva, para então discutir o conceito de gênero e seu potencial explicativo na qualidade da atenção. Finalmente, a partir da análise descrita, o texto sugere algumas recomendações metodológicas de avaliação da qualidade da atenção em saúde reprodutiva para aqueles interessados em superar alguns dos limites das concepções sanitaristas clássicas, que pouco conseguem atingir o âmbito da lógica assistencial.

Durante várias décadas, ignorou-se as influências socioeconômicas como determinantes da situação de saúde das populações. Atualmente, ainda permanecem muitas reticências para reconhecer que a construção social do feminino e do masculino, o que chamamos de sistemas de gênero, determina a condição social de mulheres e homens e, também, que dada a desigualdade de poder entre eles, o gênero como fator explicativo da situação de saúde das mulheres é da maior importância. Aquino (1995) afirma que as teorias de gênero evidenciam hierarquias e subordinações, buscando entender como estas se reproduzem e, particularmente, como se articulam com as iniquidades em saúde.

Ao longo da década de 1990, os relatos de mulheres vinculadas aos movimentos sociais, ONGs que trabalham em saúde, e a produção acadêmica mais recente vêm expressando frustrações pelos atropelos de que são objeto os serviços de saúde. As experiências de discriminação, violência e mal-estares psicossociais relatados pelas mulheres que procuram os serviços públicos de saúde aparecem como fonte de tensões e iniquidades frente às suas necessidades nos diferentes contextos sociais (Xavier, 1989; Diniz, 1996; Giffin, 1999; d'Oliveira e Schraiber, 1999). Também, e não menos importante, foi a deterioração da qualidade da atenção nos serviços, como resultado da diminuição do gasto social em saúde determinada pelas recentes políticas de ajuste.

Estudos internacionais também vêm apontando que a saúde das mulheres é fortemente afetada pela extensão e pela qualidade dos serviços de saúde. Esses estudos identificam maiores iniquidades de gênero no acesso aos serviços e na forma com que homens e mulheres são tratados pelos sistemas de saúde. Em primeiro lugar, as mulheres são as maiores usuárias dos serviços de saúde, bem como compõem a maior parte dos trabalhadores do sistema, entretanto, elas ainda estão pouco representadas nos processos de decisão e de formulação de políticas públicas de saúde. Em segundo lugar, pouco cuidado é dispensado às desigualdades e às diferentes necessidades entre homens e mulheres na definição da qualidade da atenção em saúde, ou seja, aos aspectos de gênero. Nesse sentido, os serviços de saúde da mulher seriam mais adequados se não estivessem subordinados a um modelo masculino de significação da saúde e da doença, traduzido, por exemplo, nos processos de medicalização da vida reprodutiva da mulher (Kojo-Austin, Malin e Hemminki, 1993; Van Wijk, 1996; Barker, 1998).

Essas reflexões são também fruto dos Encontros, Seminários Regionais e das Conferências Internacionais (Beijing e Cairo), que apontam cada vez mais a qualidade da atenção como uma temática relevante a ser incorporada nas diversas experiências locais que põem em curso novos modelos de atenção às mulheres.

Estudos mais sistemáticos sobre a avaliação da qualidade da atenção desenvolvidos a partir de metodologias quantitativas e/ou qualitativas — realizadas por meio de análises documentais, entrevistas, grupos focais, observação, pesquisa-ação — e pelos mais diferentes atores — pesquisadores, profissionais de saúde, participantes de movimentos sociais — poderão apresentar a complexidade e a multidimensionalidade das relações existentes entre os serviços de saúde e os resultados esperados. Por exemplo, ainda que se possa esperar que programas de Planejamento Familiar permitam uma escolha livre e informada sobre contracepção, somente a partir de estudos de avaliação da qualidade da atenção poderemos visualizar os processos de desenvolvimento desses programas e os impactos promovidos na direção da diminuição das desigualdades de gênero.

A despeito da extrema relevância em trazer para o debate uma avaliação das questões de natureza administrativa dos serviços, da organização interna das instituições e do impacto da produção e distribuição de serviços de saúde reprodutiva, reconhece-se cada vez mais a necessidade de se efetuar investigações acerca da referida má qualidade da atenção em serviços de saúde reprodutiva. Essas análises podem subsidiar a construção de novos indicadores de qualidade da atenção, diferentes daqueles com que se avalia tradicionalmente a saúde. A incorporação da categoria gênero na avaliação de qualidade permite mostrar uma nova dimensão da desigualdade social e explicar situações e fenômenos que não teriam visibilidade sem este enfoque.

Esse enfoque tem o potencial de revelar maiores iniquidades no acesso aos serviços e na forma com que homens e mulheres são tratados pelo sistema de saúde, evidenciando o pouco cuidado que é dispensado às desigualdades e às diferentes necessidades entre homens e mulheres na definição da qualidade da atenção. Da mesma forma, é possível dar visibilidade à subordinação dos serviços de saúde a um modelo masculino de significação da saúde e da doença, traduzido, por exemplo, nos processos de medicalização da vida reprodutiva e nas relações hierárquicas entre profissionais de saúde e usuárias.

A avaliação em saúde, quando incorpora as relações de gênero, deve voltar-se, ainda, para captar mudanças nas condições de saúde das mulheres, bem como nos aspectos inerentes ao seu lugar social subordinado, superando, dessa forma, a concepção de avaliação como simples medida de desvio entre o esperado e o realizado no campo das políticas de saúde.

A partir desta visão, nosso ponto de partida retrata que o enfoque biomédico dos serviços de saúde reprodutiva, inscrito numa cultura patriarcal dos sistemas de gênero, ao não incorporar compreensivamente os aspectos objetivos e subjetivos implícitos na situação de saúde das mulheres, nem as necessidades destas que se ocultam por trás do motivo da consulta, estabelece uma relação incompleta com as mesmas. Em consequência, as experiências que essas mulheres vivem em sua relação com os serviços de saúde são de não satisfação de suas necessidades e expectativas, o que condiciona a não incorporação de comportamentos favoráveis para a sua saúde — entendida a partir da noção de integralidade —, assim como também dificulta a incorporação de elementos que favoreçam o exercício de seus direitos em saúde, particularmente, em saúde reprodutiva e sexual (Matamala, 1995).

Dessa forma, algumas questões se colocam: como se reproduzem ou se desconstroem os sistemas de gênero na cotidianidade dos serviços de saúde reprodutiva? Como é que isso se vincula com a qualidade de vida e a saúde integral das mulheres? Como é que percebem tais processos os trabalhadores(as) de saúde e usuárias que protagonizam as interações no sistema de saúde? De que maneira as usuárias do sistema público de saúde exercem seus direitos sexuais e reprodutivos? Tomam realmente decisões autônomas? Quais são as consequências de suas decisões reprodutivas — de suas gestações, gravidezes não desejadas, abortos? Qual é o impacto do seu tipo de trabalho? Quais são as consequências deixadas pelas situações de violência vividas? Como elas percebem a qualidade da atenção recebida? Como se evidenciam as características do processo de medicalização do corpo feminino? (Gama, 2000).

Em relação aos trabalhadores(as) de saúde: como esses profissionais percebem os processos de reprodução e desconstrução dos sistemas de gênero? O que pensam das usuárias e por quê? Que mulheres preferem como "pacientes" e por quê? Qual a visão destes profissionais com respeito à qualidade da atenção? Como eles percebem as relações que estabelecem com as usuárias e o seu impacto na qualidade da atenção? Como encaram a subjetividade das mulheres? Existe uma valorização de seus conhecimentos e experiências em saúde? Promove-se ou ignora-se seus direitos nos serviços? Incorpora-se a dimensão da sexualidade na assistência? São potencializadas suas decisões ou se assumem condutas coercitivas? Em que condições trabalham e como essas influenciam nas suas interações com as usuárias? Como percebem a sua própria condição de gênero? (Gama, 2000).

Portanto, fazer essas perguntas equivale a reorientar as propostas consideradas clássicas na avaliação da qualidade de serviços de saúde, bem como insere um novo olhar para a pesquisa avaliativa em saúde.

1. Por que um olhar de gênero?

As elaborações sobre gênero são muitas, mas se baseiam, essencialmente, na ruptura com uma visão que considerava a condição feminina como natural e determinada pela biologia, para ser contextualizada socialmente, ou seja, para ser encarada como um fenômeno social.

A produção ideológica, que recria as diferenças de gênero baseadas em atributos físicos ou biológicos, foram os elementos principais que o ressurgimento do movimento de mulheres nos anos sessenta tentou superar. Ressaltamos que o conceito de gênero serviu para romper com essa tradição e, ao mesmo tempo, para tentar transformá-la.

O impacto do princípio feminista de que o "pessoal é político" pode ser medido no descortinamento da condição feminina, demonstrando, por exemplo, que associadas à divisão social do trabalho e às desigualdades entre as classes, operam-se outras divisões como a divisão sexual do trabalho, do poder e do prazer, pelas quais caberiam à mulher, ressaltando a posição de classe, os trabalhos mais mal remunerados, o não ter fala e visibilidade, a não decisão (ou sua limitação) sobre o seu corpo e sexualidade e a restrição a viver sob a égide de estereótipos bem definidos (Gama, 1997).

O processo de socialização de gênero, ao condicionar de maneira proeminente as identidades feminina e masculina, estabelece as bases de uma desigualdade de poder. A família, a escola, os meios de comunicação, a linguagem, os símbolos e mitos, o sistema jurídico-político, a divisão social do trabalho, o sistema de parentesco, as instituições médicas, cumprem seu papel socializador, tanto na organização, como na regulação e reprodução das relações de gênero.

Corrêa (1994) resume alguns conteúdos-chave que as iniciativas centradas nas relações de gênero sintetizam: "*a) desfazem o corpo como destino; b) recolocam a questão dos afetos e paixões no contexto contemporâneo associado ao princípio organizativo da intersubjetividade; c) decifram símbolos e representações normativas bem como organizações e instituições que estruturam e reproduzem as relações de gênero; d) articulam a antiga tensão entre o público e o privado na medida em que a palavra de ordem "o privado é político" redimensionou tanto as experiências femininas como as análises referentes ao campo feminista e as colocadas nas chamadas teorias gerais*" (Corrêa, 1994, p. 23).

Ao sistema de relações de poder entre homens e mulheres se coadunam outros eixos analíticos baseados na classe social, raça/etnia, geração e orientação sexual, avançando em uma compreensão teórica complexa e em constante construção.

O conceito de gênero traz ainda importantes contribuições na discussão das esferas sociais da reprodução e da sexualidade. Podemos destacar, em primeiro lugar, a crítica à compreensão naturalizada da reprodução e da sexualidade, tratadas como dimensões biológicas da esfera privada da vida dos indivíduos, como se nessa arena não se inscrevessem relações de poder, hierarquia e violência (Diniz, 1996).

O processo histórico de medicalização do corpo feminino traduz exemplarmente essa ideia de que existe uma natureza biológica determinante da condição feminina. É justamente por meio desta concepção que a medicina apropriou-se do corpo das mulheres (Vieira, 1999).

Uma segunda contribuição advém da discussão sobre a patologização da reprodução. "*A reflexão feminista veio problematizar o que as práticas médicas definem como seu objeto de trabalho e questionar as bases históricas e políticas da concepção do feminino como 'fisiologicamente patológico'. A patologização da gestação e do parto, por exemplo, articulada à construção médico-científica do feminino como normalmente defeituoso e dependente da tutela médico-cirúrgica, orienta-se, no século XX, por um modelo de assistência à gestação e ao parto como evento de risco*" (Diniz, 1996, p. 181-182). A tecnologia médica se apresenta, nesse sentido, como uma possível resposta para o controle desse risco. Esta lógica, levada ao extremo, passa a justificar a utilização incondicional de toda e qualquer tecnologia médica, a despeito de qualquer indicação clínica mais precisa (Scavone, 1985).

Uma terceira contribuição é a busca das dimensões relativas aos aspectos socioculturais e emocionais implicados nos processos em saúde. Significa dizer que nos processos saúde-doença estão presentes os contextos culturais e as diversas formas de dominação que conferem especificidades ao adoecimento das mulheres, bem como estão presentes outros fatores ligados às determinações de gênero.

Por fim, uma perspectiva de gênero também é propositiva no sentido de sugerir modelos de mudança cultural que desconstruam as iniquidades, operacionalizados por meio de políticas, programas, planos que facilitem ou abram espaço ao empoderamento das mulheres, que modifiquem os estereótipos masculinos e femininos, erodindo as atuais hierarquias e abrindo possibilidades para que homens e mulheres tenham uma vida mais igualitária.

Portanto, avaliar a qualidade da atenção em saúde reprodutiva, a partir de uma perspectiva de gênero, significa atingir o âmbito da lógica assistencial, em que se expressam com mais força essas iniquidades. Isso significa colocar em relevo os espaços das micropolíticas em saúde ao recuperar o potencial crítico que inspirou a construção do Programa de Assistência Integral à Saúde da Mulher (PAISM). Nesse sentido, duas perguntas não podem estar ausentes numa avaliação de serviços de saúde a partir do gênero: uma atenção pode reforçar ou debilitar as desigualdades de gênero? Realiza ou não o direito à saúde e, mais especificamente, os direitos reprodutivos e sexuais?

2. De que qualidade da atenção estamos falando?

Avaliar implica primeiro a existência de uma noção de "bom", de "adequado", e esta definição nunca foi fácil. A grande dificuldade em se decidir sobre o que avaliar estaria calcada na dificuldade em se formular qual seria a função dos serviços de saúde. O que é um "bom" serviço de saúde? Afinal, de que qualidade da atenção estamos falando?

A qualidade da atenção é uma noção complexa e multidimensional. Nesse sentido, faz-se necessário identificar os elementos que a configuram. Estes podem aparecer como categorias, mas não podem ser concebidos como se ocorressem de maneira unidimensional ou isoladamente. Cada elemento inclui variáveis que devem ser vistas coletivamente, inseridas que estão em um conjunto complexo, dinâmico e contraditório.

Avedis Donabedian (1991), um dos pioneiros na conceitualização da qualidade da atenção, define a qualidade de uma ação em saúde como uma propriedade de ou um juízo sobre alguma unidade definível da atenção. Propõe três dimensões para aproximar-se da avaliação de qualidade, por intermédio da estrutura, processo e resultados.

Alguns autores distinguem, ainda, a qualidade dos serviços da qualidade da atenção em saúde. Com frequência, quem se refere à qualidade dos serviços alude à maneira como os formuladores ou gestores de políticas ou programas de saúde convertem seus recursos em serviços. Nessa direção, a tendência é dar ênfase aos componentes da dimensão de estrutura. Já aqueles que se referem à qualidade da atenção centram suas análises no que realmente se provém nos serviços, destacando os seus aspectos institucionais e privilegiando a dimensão de processo.

No que diz respeito à Saúde Reprodutiva, colocar a problemática em torno da qualidade da atenção tem permitido iniciar mudanças nos programas existentes na área, encaminhando-os por meio do marco dos Direitos Sexuais e Reprodutivos.

Com esse objetivo, utilizamos a perspectiva teórico-metodológica de Maria Isabel Matamala (1995) que, a nosso ver, traz contribuições vitais para aqueles interessados em desenvolver estudos dessa natureza.

Qualidade da atenção neste trabalho é aquela que promove, facilita e garante os maiores níveis de saúde integral ou bem-estar integral das mulheres. Consideramos que a saúde integral e desenvolvimento são pressupostos fundamentais que devem ser considerados no momento da programação e avaliação da qualidade da atenção.

A partir de uma noção de saúde integral, a qualidade da atenção estará referida ao conjunto de aspectos sociais, psicológicos, biológicos, sexuais, ambientais e culturais do bem-estar. Será, então, de boa qualidade a atenção que incorpora/resolve estes aspectos nas circunstâncias concretas de cada demanda. Isto implica superar o enfoque biologicista com que aborda a saúde o modelo médico predominante.

O bem-estar que deve promover uma atenção em saúde de boa qualidade, resulta de:

- *"La resolución de las necesidades de prevención o sanación de las personas que consultan, lo que supone un balance a nivel de las distintas dimensiones de su salud integral, así como la puesta en juego de capacidades técnicas/humanas por parte de las personas prestadoras.*
- *La satisfacción de las expectativas de las personas consultantes, cuestión que está fuertemente condicionada por el contexto psico-social y cultural de las mismas, y en consecuencia, por su mayor o menor capacidad para ser sujetas de deseo, lo que está relacionado con su mayor o menor grado de individuación y autodeterminación.*
- *El reconocimiento, la promoción u el respeto de los derechos humanos de la población usuaria. Esto sitúa la calidad de la atención en un marco ético y, a la vez, establece diferencias con las conceptualizaciones de calidad de la atención basadas en criterios estrictamente económicos y administrativos.*
- *El empoderamiento (empowerment) de las personas consultantes, cuestión que supone esfuerzos que contribuyan a desconstruir las relaciones sociales jerárquicas en términos de género, edad, etnia, clase, orientación sexual, etc. y que, como expresión de ello, aumentan los grados de autodeterminación de esas personas"* (Matamala et al., 1995, p. 18).

Em consonância com o que foi assinalado anteriormente e com o enfoque de gênero, uma atenção de boa qualidade em saúde reprodutiva é aquela que, junto com a resolução do motivo da consulta, contribua para modificar a subvaloração das mulheres, assim como para promover a apropriação de sua corporalidade e o exercício dos seus direitos.

Em geral, os sistemas de saúde avaliam a atenção que oferecem com base em índices de saúde tradicionais, por meio da garantia de eficiência com predominante recorte biomédico. Não se incorpora a satisfação de necessidades e o exercício de direitos das usuárias. Algumas vezes, realizam-se avaliações da satisfação destas, por intermédio de inquéritos de satisfação dos usuários que, ao não incorporarem uma visão de gênero, não dão conta de suas expectativas — pois por meio destes inquéritos, eles "não decidem", "não desejam" e "pedem pouco" — garantindo-se, dessa forma, avaliações autocomplacentes.

Possibilitar o gozo da saúde reprodutiva e sexual das mulheres como parte da sua saúde integral também é um objetivo das políticas de saúde. A transformação da condição feminina é entendida como um processo que necessita verificar-se em todos os planos que compõem a vida social: econômico, cultural, político etc. Para isso, é necessário que haja um esforço essencial do Estado, por meio das políticas públicas, em que não podem estar ausentes o asseguramento dos gastos em saúde, o término das distâncias entre os serviços de saúde públicos e privados, a participação da sociedade, entre outros.

Alcançar menores índices de pobreza (ou sua erradicação) também está associado ao empoderamento das mulheres, aspecto indispensável para que se alcance a igualdade de gênero. Ao mesmo tempo, o desenvolvimento fica truncado sem uma transformação nas condições sociais, políticas e jurídicas das mulheres.

Segundo J. G. Figueroa (1994), assiste-se cada vez mais a uma aparente contradição entre o Estado (que consagra o direito à saúde) e suas instituições, que, com relativa frequência, violam estes mesmos direitos. Essa contradição se observa entre os prestadores de serviços e as usuárias na medida em que desenvolvem uma relação de autoritarismo e submissão que resulta pouco benéfica para a saúde, além de reproduzir as condições de desigualdades existentes.

Desta forma, a qualidade da atenção passa a ser um indicador da consistência do modelo de desenvolvimento econômico-social que se leva a cabo no país.

3. O gênero e seu potencial explicativo na qualidade da atenção

Pela importância que tem a Saúde Reprodutiva para a dignidade humana, "*os sistemas de saúde devem prover as garantias necessárias para que as mulheres possam praticar e gozar de suas relações sexuais, possam passar pelo processo de gestação e parto sem complicações, regular sua fecundidade sem problemas para a saúde e sentir-se seguras ao ter relações sexuais*" (Bilac e Rocha, 1998, p. 11).

Alcançar isso supõe reconhecer a iniquidade dos sistemas de gênero e, em consequência, a necessidade de modificá-lo por intermédio de esforços concretos. Na busca pela equidade de gênero em saúde, a incorporação do marco ético dos Direitos Sexuais e Reprodutivos passa a constituir-se em requisito de toda proposta de qualidade da atenção à saúde reprodutiva.

O sistema e cada um dos prestadores contribuem para a promoção e o respeito aos direitos sexuais e reprodutivos das usuárias ou retroalimenta as iniquidades que limitam seu bem-estar? Esta pergunta mostra a necessidade de operacionalizar esses conceitos que, traduzidos em normas e ações concretas, devem ser perceptíveis no cotidiano da assistência.

No que se refere às usuárias dos serviços, quando a demanda de atenção se inscreve no âmbito da saúde reprodutiva ou da sexualidade, se fazem presentes, ainda, os condicionamentos de gênero a respeito desses temas, que incluem a aproximação ao seu próprio corpo. Acompanham as mulheres suas negações, seus medos, suas incertezas, suas diferentes formas de subordinação, sua dupla moral sexual e suas vivências de violência física, psicológica ou sexual, dentro ou fora de casa. A isso, somam-se as dificuldades operacionais e financeiras da maioria das mulheres que procuram o sistema público de saúde.

Em relação aos prestadores de serviços de saúde aproximadamente 70% são mulheres (Lopes, 1996). As mulheres trabalhadoras de saúde concentram-se principalmente nos setores paramédicos e administrativos, e enfrentam desfavoráveis condições de vida e de trabalho. A falta de infraestrutura dos serviços, os salários insuficientes, a escassez de pessoal e as cargas de trabalho excessivas determinam condições de trabalho desfavoráveis, que atentam contra a sua própria saúde. Isso sem falar na sobrecarga física e psicológica da dupla jornada de trabalho. O *stress* laboral e outras manifestações de dano biopsicossocial têm sido reportados por numerosas trabalhadoras de saúde (Lopes, 1996).

A partir disso, é possível entender que as inadequadas condições de trabalho, a falta de estímulos e oportunidades para o seu desenvolvimento técnico e pessoal e a subvaloração social do trabalho que muitas vezes desempenham, para uma considerável quantidade de mulheres trabalhadoras de saúde, são fontes de frustrações, assim como de reprodução de sua baixa autoestima. Quem não se sente dignificada em seu trabalho dificilmente poderá oferecer a acolhida que necessitam as usuárias, e mais, muitas vezes, tendem a devolver suas próprias carências sob a forma de um tratamento inadequado e que não contribui para o bem-estar daquelas que o demandam.

Por outro lado, a formação acadêmica reforça nos trabalhadores de saúde sua autoestima e seu poder, uma vez que os capacita a uma autoridade moral e técnica que tende a gerar a dependência daqueles que se dirigem aos serviços (Schraiber, 1995).

Consideramos que os fatores acima destacados influenciam sobremaneira as dinâmicas, tanto da relação trabalhador(a) de saúde/usuária, como das relações institucionais das práticas de saúde. Lo Cicero (1993) destaca que esses processos são moldados e afetados por diferenças de gênero, mas que a aderência ao modelo biomédico gera uma certa homogeneização nas práticas que reproduzem as desigualdades de gênero. Nesse ponto, é importante refletir sobre as representações que os trabalhadores(as) de saúde têm a respeito das mulheres demandantes, na medida em que, por sua vez, determinam as representações sociais acerca das necessidades de saúde das mesmas.

4. Formas de aproximação a partir do gênero para avaliar a qualidade da atenção

A partir de um enfoque de gênero, consideramos que a qualidade da atenção pode ser estudada em dois planos que podem ser abordados separadamente ou de maneira complementar:

1. *O plano da reprodução ou desconstrução cotidiana dos sistemas de gênero*, identificando aqueles aspectos do processo de atenção que reforçam ou tendem a minorar este sistema de desigualdade baseado nos sexos. A

reprodução se realizará por meio de vários mecanismos que vão do processo de medicalização do corpo feminino à mensagens explícitas ou implícitas de natureza diversa que retroalimentam os estereótipos masculino e feminino, mantendo desta forma a situação de iniquidade.

Esta aproximação não requer necessariamente a comparação entre mulheres e homens. A partir do desvelamento do caráter reprodutor das desigualdades de gênero presente nas instituições médicas, podem ser estudadas situações que não têm necessária correlação com o sexo oposto como são o parto, o aborto, o câncer de mama, entre outras. Exemplos de significados a serem buscados são a culpabilização da sexualidade, a prescrição autoritária de métodos contraceptivos, a violência institucional na assistência etc.

2. *O plano da identificação de iniquidades entre mulheres e homens*, que ocorrem no processo de atenção em situações comparáveis. Busca-se dar visibilidade às manifestações de desigualdade, em situações comparáveis, como podem ser a atenção entre eles no planejamento familiar, infertilidade, em doenças sexualmente transmissíveis e Aids, nas doenças cardiovasculares, mentais e outras.

Neste plano, pode-se comparar desde a forma como os profissionais de saúde atendem as mulheres e homens, até a acuidade e oportunidade com que efetuam os diagnósticos em um ou outro sexo, em uma situação de saúde similar. Por conseguinte, o interesse fundamental não está em indagar as mensagens e mecanismos com que a instituição de saúde reforça as desigualdades de gênero, mas sim as formas concretas com que se expressam no processo de atenção às diferenças entre mulheres e homens condicionadas pela cultura androcêntrica.

Reiteramos que a avaliação da qualidade da atenção pode ser abordada em um desses planos ou em ambos.

5. Na busca da construção de uma proposta de metodologia qualitativa para a avaliação da qualidade da atenção em saúde reprodutiva

O esforço que empreendemos reside em sistematizar algumas bases para a operacionalização de uma proposta de metodologia qualitativa de avaliação de serviços e ações de saúde.

Tomamos como base a perspectiva dialética no campo da análise organizacional proposta por Deslandes (1997), associada ao desafio da incorporação de indicadores próximos à uma ótica de gênero.

Em primeiro lugar, devemos destacar a importância da análise das estruturas e do funcionamento institucional para a compreensão do "movimento" do serviço. O que queremos dizer é que a estrutura e o funcionamento não são realidades formais, mas fruto das atividades e relações dos atores envolvidos e, portanto, permeados por contradições que devem ser analisadas. A unidade para a análise é a totalidade que o serviço representa.

Essa totalidade refere-se à "atuação do serviço", que corresponde à rede de relações internas e externas, estruturas e processos que constituem aquela prática institucional. *"A categoria 'atuação do serviço' retém não somente a base empírica das ações (registro de casos, atendimentos, procedimentos efetuados, caracterização da população-alvo e outras atividades), como também contempla as relações que fundam a estrutura do serviço, seus processos e ainda inclui o conjunto de representações articuladas pelos atores sociais sobre esta ação"* (Deslandes, 1997, p. 106).

Podemos, então, sintetizar uma proposta metodológica por intermédio das seguintes fases.

1. Conhecimento aprofundado da atuação do serviço ou ação que se pretende analisar

Esta fase eminentemente descritiva busca conhecer os objetivos institucionais, os programas, as normas técnicas e operacionais de atendimento às situações em estudo, os dados estatísticos, as estratégias e dinâmicas de atendimento, as características da população, a cobertura, a utilização e os recursos. Busca-se relacionar esses conteúdos com o desempenho dos(as) trabalhadores(as) de saúde, e com a atenção recebida pelas mulheres, assim como identificar aspectos de conteúdo ou de forma que limitam a qualidade da atenção, desde um enfoque de gênero.

Esta fase permite, ainda, a identificação das contradições existentes, assim como fornece novos problemas à investigação.

A categoria *acesso* toma uma dimensão fundamental para a avaliação dos serviços de saúde reprodutiva.

A expansão do acesso aos serviços de saúde, tanto no nível primário, quanto no hospitalar, tem sido um dos principais objetivos das políticas de saúde no Brasil nas últimas décadas. Na direção deste objetivo, os indicadores de avaliação mais utilizados dizem respeito à existência de infraestrutura física e humana e a frequência de utilização ou cobertura dos mesmos.

A avaliação do acesso em saúde serve para determinar se as mulheres contam com facilidades ou dificuldades para ascender ao sistema e à prestação de serviços de saúde. A existência de constrangimentos na atenção ou de prolongadas esperas, a adequação dos sistemas de referência e contrarreferência para outros estabelecimentos de saúde ou assistenciais expressam os esforços realizados pelo sistema (Silver, 1999).

No caso da assistência em saúde da mulher, o acesso é um indicador importante da qualidade da atenção com impactos profundos no bem-estar biopsicossocial das mulheres.

2. Análise da correlação existente entre o projeto institucional do serviço e as políticas públicas que conformam aquela área de atuação

Esta fase pretende analisar as racionalidades técnicas e políticas que sustentam o projeto institucional, bem como as contradições nele inseridas.

No caso da assistência em saúde da mulher, busca-se relacionar aos objetivos, diretrizes, princípios e projetos de distintos atores sociais envolvidos na constituição e desenvolvimento do Programa de Assistência Integral à Saúde da Mulher (PAISM), e de outras legislações sanitárias direcionadas a este grupo, a concretização e o desenvolvimento de ações que levem em conta as relações de gênero.

Sucintamente, isto significa:

a) O estabelecimento de uma outra relação entre profissionais de saúde e usuárias, buscando entender como as desigualdades de gênero se expressam e se articulam com as iniquidades em saúde;

b) O respeito e o desenvolvimento dos direitos de cidadania das usuárias e, mais especificamente, dos Direitos Sexuais e Reprodutivos;
c) A incorporação da sexualidade como um aspecto inerente aos processos em saúde da mulher;
d) A efetividade das práticas educativas como um espaço de fortalecimento individual e coletivo;
e) A integralidade como um modo de organizar as práticas e o processo de trabalho em saúde (Pinheiro e Matos, 2001).

3. Conhecimento empírico da atuação que se avalia

Esta é a fase de trabalho de campo. Busca-se conhecer o cotidiano do serviço ou ação de saúde, observando a ação concreta dos atores envolvidos, o contexto laboral, os relacionamentos e antagonismos existentes entre eles. Pretende-se, ainda, analisar as representações e práticas dos atores sociais (trabalhadores de saúde, usuárias, gestores e outros) acerca da assistência (e da sua qualidade) que se quer avaliar.

Destacamos aqui cinco categorias sugeridas por Matamala (1995). São elas:

a) Dignificação

É o resultado da interação entre a instituição de saúde e usuárias que se traduz efetivamente no fortalecimento individual e coletivo das mulheres e no seu empoderamento que, por sua vez, se traduz em autodeterminação.

b) Consciência e respeito aos direitos, em particular, os direitos sexuais e reprodutivos

É a capacidade de se assumir como sujeito de direitos, exercendo-os e defendendo-os, assim como de promover, reconhecer, defender e aceitar o exercício dos direitos das usuárias.

c) Competência técnica

É a capacidade do sistema de saúde e dos seus integrantes de garantir conhecimentos, habilidades, recursos e tecnologia de acordo com o desenvolvimento científico e humano da sociedade, assim como de aplicá-los para resolver as necessidades e demandas biomédicas, psicológicas, sociais, ambientais, culturais e sexuais que supõe o bem-estar das mulheres, levando em conta suas particulares circunstâncias. Por conseguinte, a competência técnica, a partir do pressuposto da integralidade, deve incorporar e inter-relacionar, no processo de atenção, todos os aspectos já assinalados como necessidades de saúde.

d) Relação interpessoal

É a articulação ou desarticulação que se produz no processo de interação que protagonizam trabalhadores de saúde e usuárias. Está condicionada por uma série de fatores como formação, identidade de gênero, habilidade comunicacional, caráter do cuidado, emoções, racionalidade, hierarquias de poder, busca da integralidade e contexto institucional em que as interações ocorrem. A relação vinculante — positiva ou negativa — que se estabelece condiciona, tanto a adesão e o protagonismo das usuárias a respeito do cuidado individual e coletivo de sua saúde, como o distanciamento dessas premissas nas instituições de saúde.

e) Potenciação de comportamentos favoráveis

É a capacidade do serviço e de seus integrantes de gerar, por meio da interação entre trabalhadores de saúde e usuárias, resultados que se traduzam na observância das recomendações e em mudanças referidas a percepções, valores e comportamentos das mulheres, os quais contribuem para o cuidado de sua saúde. Estas mudanças se evidenciam por intermédio de diversos signos de empoderamento das mulheres sobre sua saúde e seus direitos sexuais e reprodutivos.

Esses comportamentos favoráveis, como são resultado dos esforços desenvolvidos pela assistência, supõem um período de intervalo que permita a observação do impacto da atenção recebida, que pode ser identificada através do seguimento.

As técnicas de coleta de dados podem ser as mais diversas, como: análise de fontes secundárias, entrevista, observação direta, grupos focais, análise de prontuário (através de amostragem) e as entrevistas de seguimento.

4. A análise propriamente dita

Esta fase de confecção do relatório/diagnóstico busca articular os conhecimentos teóricos aos problemas empíricos visando propor ações técnicas e políticas. O compromisso de compartilhar o conhecimento produzido com os sujeitos sociais envolvidos também deve ser um objetivo a ser perseguido.

Esperamos ter apresentado uma proposta de avaliação para aqueles interessados em superar alguns dos limites das concepções sanitaristas clássicas, que pouco conseguem atingir o âmbito da lógica assistencial. O objeto que se avalia (processos e práticas em saúde) situa-se em um campo interdisciplinar por definição. A ótica de gênero vem fomentar a natureza de complexidade do campo da avaliação em saúde.

Referências bibliográficas

AQUINO, Estela M. L. A questão do gênero em políticas públicas de saúde: situação atual e perspectivas. In: SILVA, A. L.; LAGO, M. C. S.; RAMOS, T. R. O. (Orgs.). *Falas de gênero*: teorias, análises, leituras. Santa Catarina: Mulheres, 1995. p.161-72.

BARKER, Kristin K. A ship upon a stormy sea: the medicalization of pregnancy. *Soc. Sci. Med.*, v. 47, n. 8, p. 1067-76, 1998.

BILAC, Elisabete D.; ROCHA, M. Isabel Baltar (Orgs.). *Saúde reprodutiva na América Latina e no Caribe*: temas e problemas. Campinas: PROLAP, ABEP, NEPO/UNICAMP, São Paulo: Editora 34, 1998.

CORRÊA, Sonia. *Gênero*: reflexões conceituais, pedagógicas e estratégicas. Recife: SOS Corpo, 1994. (Mimeo.)

DESLANDES, Suely F. Concepções em pesquisa social: articulações com o campo da avaliação em serviços de saúde. *Caderno Saúde Pública*, Rio de Janeiro, v. 13, n. 1, p. 103-07, jan./mar. 1997.

DINIZ, Simone G. *O que funciona e o que é justo*: notas sobre violência na assistência ao parto. São Paulo: FMUSP/CFSS, 1996.

D'OLIVEIRA, Ana Flávia L.; SCHRAIBER, Lilia B. Violência de gênero, saúde reprodutiva e serviços. In: GIFFIN, K.; COSTA, S. H. *Questões de saúde reprodutiva*. Rio de Janeiro: Fiocruz, 1999.

DONABEDIAN, Avedis. *La calidad de la atención médica. Definición y métodos de evaluación*. Ediciones científicas La Prensa Mexicana, 1991.

FIGUEROA, Juan Guillermo. *Derechos reproductivos y el espacio de las instituciones de salud*: algunos apuntes sobre la experiencia mexicana. 1994. (Mimeo.)

GAMA, Andréa de S. *Gênero e Aids*: um estudo dos aspectos socioculturais e geracionais da sexualidade feminina em camadas de baixa renda. Dissertação (Mestrado) — ENSP/Fiocruz, Rio de Janeiro, 1997.

______. *Perspectiva de gênero e qualidade da atenção pré-natal*: a relação entre trabalhadores de saúde e usuárias. Projeto de pesquisa, 2000. (Mimeo.)

GIFFIN, Karen; COSTA, Sarah. *Questões de saúde reprodutiva*. Rio de Janeiro: Fiocruz, 1999.

KOJO-AUSTIN, H.; MALIN, M.;HEMMINKI, E. Women's satisfaction with maternity health care services in Finland. *Soc. Sci. Med.*, n. 37, p. 633-638, 1993.

LO CICERO, A. K. *Explainin excessive rates of cesareans and other childibirth interventions*: contribution from contemporany theories of gender and psychology development. Soc. Sci. Med. v. 37, n. 6, p. 126,1993.

LOPES, Marta J. M. Divisão do trabalho e relações sociais de sexo: pensando a realidade das trabalhadoras no cuidado de saúde. In: LOPES, M. J. M.; MEYER, D. E.; WALDOW, V. R. *Gênero e saúde*. Porto Alegre: Artes Médicas, 1996. p. 55-62.

MATAMALA, Maria Isabel et al. *Calidad de la atención, Género, ?Salud Reproductiva de las mujeres?* Relatório de pesquisa. Comusams-ACHNU, 1995.

PINHEIRO, Roseni; MATTOS, Rubem A. *Os sentidos da Integralidade na atenção e no cuidado à saúde*. Rio de Janeiro: UERJ-IMS/Abrasco, 2001.

SCAVONE, Lucila. Múltiplas faces da maternidade. *Cadernos de pesquisa*, São Paulo, Fundação Carlos Chagas, n. 54, p. 37-49, ago. 1985.

SCHRAIBER, Lilia B. Políticas públicas e planejamento nas práticas de saúde. *Saúde em debate*, n. 47, jun. 1995.

SILVER, Lynn D. O direito à saúde ou a medicalização da mulher? Implicações para a avaliação dos serviços de saúde para mulheres. In: GIFFIN, K.; COSTA, S. H. *Questões de saúde reprodutiva*. Rio de Janeiro: Fiocruz, 1999.

VAN WIJK, Cecile M. T. G.; VAN VLIET, Katja P.; KOLK, Annemarie M. Gender perspectives and quality of care: towards appropriate and adequate health care for women. *Soc. Sci. Med.*, v. 43, n. 5, p. 707-20, 1996.

VIEIRA, Elisabeth M. A medicalização do corpo feminino. In: GIFFIN, K.; COSTA, S. H. *Questões de saúde reprodutiva*. Rio de Janeiro: Ed. Fiocruz, 1999.

XAVIER, D., ÁVILA, M. B.; CORREA, S. Questões feministas para a ordem médica: o feminismo e o conceito de saúde integral. In: LABRA, M. Eliana (Org.). *Mulher, saúde e sociedade no Brasil*. Rio de Janeiro: Vozes, 1989.

Entre a formulação e a implementação: uma análise do programa saúde da família

Giselle Lavinas Monnerat
Mônica de C. M. Senna
Rosimary G. de Souza

Introdução

A década de 1990 é marcada pela introdução de uma série de mudanças significativas no desenho organizacional da política de saúde brasileira. A implantação do Sistema Único de Saúde (SUS) e a operacionalização de alguns de seus princípios básicos ao longo do período tiveram como eixo central o aprofundamento do processo de descentralização em direção aos municípios. Com efeito, quando comparados ao final da década anterior, os cerca de 5.500 municípios brasileiros passaram a assumir, de uma forma inédita, um conjunto de atribuições e responsabilidades pela gestão e provisão de serviços de saúde.

A partir da segunda metade dos anos 1990, o avanço da municipalização caminhou *pari passu* à adoção, pelo nível federal, de um conjunto de medidas de fortalecimento da atenção básica em saúde e de incentivos à assunção, por parte dos municípios, da responsabilidade plena pelas ações de atenção básica em seu território. Dentro deste contexto, o Programa Saúde da Família (PSF) configura-se como estratégia prioritária para estruturação dos sistemas municipais de saúde com o objetivo de reorientar o modelo de atenção e imprimir uma nova dinâmica de organização dos serviços e ações de saúde (Brasil/Ministério da Saúde, 1998).

O êxito dos mecanismos de indução para a adoção do PSF pelos municípios é inegável: em dezembro de 2000, o PSF estava implantado em 3.090 do total de municípios do país, com um montante de 10.473 equipes constituídas e uma cobertura de 22% da população brasileira (Sousa et al., 2000). No entanto, é forçoso reconhecer que a implementação do programa se deu em meio a uma variedade de contextos marcados pelas profundas desigualdades sociais, econômicas e regionais que moldam a realidade brasileira, forjando um cenário complexo e heterogêneo e abrindo espaço para as mais diversas experiências de implantação do PSF. Análises sobre a implementação do programa exigem considerar, necessariamente, variáveis relacionadas a tais contextos e suas implicações na operacionalização da política.

Sob essa perspectiva, este artigo pretende trazer alguns elementos para a discussão do processo de implementação local do Programa Saúde da Família, de forma a contribuir para a elaboração de uma agenda de pesquisa em torno do tema. Parte-se do entendimento de que os estudos em torno da implementação do programa devem considerar tanto aspectos exógenos à política de saúde quanto aqueles internos ao setor; características mais amplas e aquelas mais afeitas ao cenário local. Assim, menos do que apresentar uma análise conclusiva sobre o PSF, o que se propõe aqui é apontar alguns aspectos tidos como cruciais para a investigação dos processos de constituição e formatação do programa no nível local. Busca-se, assim, resgatar elementos indispensáveis ao entendimento dos circuitos presentes no cenário municipal e que interferem no desenho e modo de operação do programa.

1. Políticas sociais em Estados Federativos

Nos anos 1980, o processo de redemocratização, marcado pela revitalização da sociedade civil e constituição de novos atores, recoloca a demanda por uma nova institucionalidade das políticas sociais, que se traduz na consagração dos princípios da descentralização e do controle social. Tais proposições indicam alternativas progressistas para a necessária reforma do Estado e para a superação das tradicionais modalidades de relação Estado/Sociedade.

O fundamento da proposta de uma nova engenharia institucional está baseado no consenso em torno do diagnóstico das políticas sociais desenvolvidas na ditadura militar: excessiva centralização do processo decisório no governo federal, superposição e fragmentação dos programas sociais e ausência de mecanismos que favorecessem a participação popular na formulação e implementação dos programas sociais. Na época, acreditava-se que estas mudanças seriam suficientes para democratizar o Estado e alcançar maior equidade no desenvolvimento das políticas sociais, com base na responsabilização pública e em patamares de igualdade e universalidade.

O fato é que a Constituição Federal de 1988 definiu um novo pacto federativo que resultou em grandes transformações quanto à transferência de capacidade decisória, funções e recursos para os estados e, fundamentalmente, para os municípios. Mas também é fato que a descentralização de corte municipalizante acarretou a indefinição das competências e atribuições dos estados, criando um vazio no que se refere a medidas que atenuem as desigualdades regionais. Com efeito, tais mudanças exigiram um processo de transição em que a instituição de novas relações intergovernamentais esteve condicionada à capacidade de negociação de diversos conflitos e interesses. Em que pesem as prerrogativas constitucionais, a divisão de responsabilidades e atribuições entre níveis de governo tem sido envolvida nos conflitos resultantes da barganha federativa e da competitividade eleitoral democrática. No entanto, é inegável que o processo de redefinição de atribuições e competências, ocorrido nos anos 1990, modificou radicalmente o padrão centralizado de produção de políticas, especialmente nas áreas sociais (Senna, Souza e Monnerat, 2003).

Diversos trabalhos empíricos realizados ao longo dos anos 1990 demonstram a heterogeneidade de experiências que se devem a algumas variáveis, tais como: capacidade de articulação de atores relevantes nas arenas setoriais, capacidade técnica e política de estados e municípios para levarem adiante o processo de implementação de políticas, adoção por parte do governo federal de mecanismos de financiamento atraentes, características do poder local, dentre muitas outras questões. Com efeito, não há dúvida de que a área da saúde foi a que mais avançou, justamente por reunir várias das condições acima mencionadas.

No tocante às mudanças na relação Estado/Sociedade, é inequívoco o avanço na direção da constituição de esferas públicas para a deliberação e fiscalização das políticas de corte social, sendo emblemático o grande número de conselhos organizados na última década. Assim como a descentralização, o desempenho destes conselhos também expressa as diferenciações e a heterogeneidade observada entre as diversas áreas de política social, como também entre regiões, estados e municípios.

Em que pesem os avanços constatados, os estudos sobre o processo de descentralização indicam que um problema relevante é a ausência de definição, por parte do governo federal, de uma política clara de indução das mudanças requeridas nas diversas áreas de política social. Assim, observam-se diferenças importantes quanto à descentralização das políticas de assistência social, saúde, educação, habitação e outras (Arretche, 2000).

Se por um lado os avanços relativos à descentralização e ao controle social dependem da política de indução adotada pelo nível central de governo, é preciso considerar, por outro lado, as características do poder local, já que os municípios constituem-se em atores centrais na implementação das políticas sociais.

A intensificação das análises focalizando o poder local nos últimos anos está intimamente relacionada a este processo de descentralização do Estado. A maior divisão de responsabilidades entre as esferas de governo passa a ser uma norma tanto no tocante ao incentivo a uma ação mais efetiva dos níveis subnacionais de governo na criação de mecanismos que favoreçam o desenvolvimento econômico regional e local, quanto no tocante à gestão de políticas de cunho social. Mas ainda que o poder local tenha uma relevância inegável, muitos autores têm chamado atenção para a importância estratégica do poder central em estados federativos na promoção, por exemplo, de medidas regulatórias e corretoras das distorções inter-regionais.

O fato é que nos últimos vinte anos a questão da descentralização dos programas sociais vem se traduzindo em um dos maiores desafios para a mudança da gestão das políticas sociais no país. Assim, se a proposição central é promover a implementação de políticas públicas fazendo convergir ações intergovernamentais, intersetoriais e sustentáveis não se pode menosprezar as peculiaridades do poder local e suas condições para executar políticas e programas sociais.

O que está em jogo é a capacidade da esfera municipal gerir de forma eficiente as políticas públicas locais. De fato, o efetivo exercício dessas novas competências está permeado por atributos locais de natureza variada que vão desde *a capacidade econômica, grau de desenvolvimento urbano, perfil de distribuição da renda, localização geográfica, competência técnica, capacidade de governança, capital cívico, entre outros fatores.*

Os estudos realizados sobre a temática têm enfatizado o sentido incremental desta capacidade de gestão. O que se põe em relevo é que vem se construindo no país uma trajetória particular e cumulativa de descentralização efetiva, que se processa em meio a um contexto onde se redefinem competências e responsabilidades no nível legal. Estas novas atribuições são incorporadas diversamente pelas diferentes estruturas locais e pelos atores sociais aí atuantes, contribuindo para o amadurecimento do próprio processo em si.

As experiências de implementação descentralizada de políticas sociais consideradas virtuosas estão, em grande medida, relacionadas à maior capacidade do poder local em minimizar os efeitos das tradições políticas que marcam a cultura nacional. Embora em muitas localidades ainda se verifique a persistência dos mecanismos tradicionais de intermediação de interesses, a introdução de novas formas de decisão e produção de políticas públicas constitui experiência que pode fomentar uma dinâmica virtuosa de participação e *accountability*. Isto porque o processo de implementação de programas e políticas pressupõe o envolvimento de diversos atores sociais, podendo, consequentemente, favorecer um círculo virtuoso de acúmulo de capital social, tão necessário para promover a democracia.

No caso da política de saúde, a descentralização avançou significativamente na última década, marcada, sobretudo, por um processo de implementação dinâmico e incremental, envolvendo diversos atores e arenas de pactuação institucionalizadas. Na perspectiva de Arretche (2000), o avanço do processo de descentralização pode ser justificado frente ao elevado grau de consenso que a municipalização da saúde obteve na agenda de reformas na área social. Além disso, a coalizão pró-reforma na área sanitária é fortemente articulada e estável, sendo capaz de gerar pressão local pela adesão municipal ao SUS.

A maior autonomia dos municípios na gestão e provisão dos serviços de saúde criou as condições necessárias para que, na segunda metade da década de 1990, a atenção básica em saúde constituísse item central na agenda setorial. E é exatamente neste contexto que o Programa Saúde da Família adquire estatuto de política prioritária para reorganização dos sistemas locais de saúde.

2. O Programa Saúde da Família na agenda setorial dos anos 1990

A emergência do Programa Saúde da Família como política prioritária no campo da atenção à saúde no Brasil deve ser contextualizada no bojo do processo de reforma setorial em curso no país ao longo das duas últimas décadas. O processo de implantação do Sistema Único de Saúde (SUS), cujos princípios e diretrizes foram definidos nos anos 1980 e formalizados na Constituição de 1988, avança, durante a década seguinte, em meio a uma série de medidas e ações governamentais voltadas para o aprofundamento da descentralização do setor em direção aos municípios.

De fato, uma das características mais marcantes da reforma do setor saúde nos anos 1990 é, sem dúvida, o avanço da municipalização, o que promoveu alterações substanciais no desenho organizacional do sistema de saúde no país à medida que os municípios passaram a arcar com novas funções e responsabilidades, anteriormente prerrogativas exclusivas do nível federal.

Levcovitz et al. (2001) chamam a atenção para a complexidade que marca a efetiva implantação da descentralização da saúde, decorrentes de obstáculos de ordem tanto estrutural — tais como a marcante desigualdade social do país ou as características do federalismo brasileiro — quanto conjuntural. Assim, é forçoso reconhecer que o ritmo e o alcance da municipalização dependem da conjugação de uma série de fatores, tanto exógenos quanto internos ao próprio setor.

Nesta direção, é preciso contextualizar que os anos 1990 configuram um cenário em que a maioria dos países do mundo implanta um novo ciclo de reformas de seus sistemas de saúde. Apesar de tais reformas terem pressupostos e rumos distintos, pode-se afirmar que, em linhas gerais, elas decorrem de uma conjuntura que produz custos crescentes *vis-à-vis* uma redução da capacidade financeira dos Estados nacionais de financiar as ações de saúde, ao mesmo tempo que há uma tendência à quebra de bases de solidariedade criadas para a cobertura de riscos clássicos, entre eles a doença e invalidez (Mendes, 1996; Almeida, 1996).

É possível sustentar que as propostas para a área da saúde, em geral, aglutinam-se em torno de quatro pontos fundamentais, constituindo a denominada *agenda global da saúde* (Viana e Dal Poz, 1998):

- separação das funções de provisão e financiamento das ações de saúde;
- inclusão de mecanismos de mercado através da competição administrada;
- ênfase na efetividade clínica;
- mudanças na concepção de saúde e no papel dos usuários nos sistemas de saúde.

Na América Latina, o perfil da política social sofre uma profunda inflexão a partir da introdução do plano de ajuste estrutural da economia e de reforma do Estado, com a adoção da perspectiva de racionalização do gasto público. Vários estudos têm salientado a forte influência dos organismos financeiros multilaterais, sobretudo do Banco Mundial e do Fundo Monetário Internacional (FMI), na definição da agenda de reformas na área social, dentre elas a da saúde (Mendes, 1996; Almeida, 1999; Mattos, 2001). As proposições destas agências para a área de saúde assentam-se no diagnóstico da inadequação dos gastos sociais, que seriam excessivos e não atingiriam as regiões e os grupos sociais mais pobres. Ao mesmo tempo, o Banco Mundial critica o modelo de assistência em saúde, que se basearia no cuidado hospitalar ineficaz, na especialização do cuidado ambulatorial, na rápida incorporação de procedimentos de alta tecnologia e pequeno gasto nas ações preventivas e de promoção à saúde (*World Bank*, 1993). Neste quadro, as recomendações apresentadas pela agenda do Banco Mundial voltam-se para a adoção de medidas de racionalização e contenção de gastos para o setor, num contexto de aumento da demanda social em saúde.

Apesar desta tendência geral, é preciso considerar a variedade de contextos e as especificidades dos processos de constituição e operação dos sistemas nacionais de saúde de cada país, o que confere singularidades às reformas implantadas. No caso específico do Brasil, é preciso reconhecer que o processo de reformas do setor saúde tem como marco não só o cenário da reforma do Estado, a redução de suas funções e o controle do gasto público, como também outros fatores, aí incluídos aqueles internos ao próprio setor, potencializados por sua dinâmica própria e decorrentes da implementação do SUS.

Assim, interessa chamar a atenção para a complexidade das mudanças em curso, tendo em vista que a dinâmica do processo de descentralização, ao transferir à esfera municipal de governo as funções de coordenação e gestão da política de saúde em seu território, abre espaço para inúmeras experiências na condução da agenda setorial, envolvendo novos atores e uma grande diversidade de contextos locais. Vale dizer que neste processo a instância federal adquiriu peso importante na condução do processo reformador, criando uma série de incentivos à transferência de atribuições setoriais para os municípios. Neste sentido, a edição e a implementação das Normas Operacionais Básicas do SUS (NOB/SUS), ao longo de toda a década de 1990, constituíram importante instrumento de regulação do processo de descentralização da saúde, ao mesmo tempo provendo incentivos para adesão dos entes subnacionais e definindo as novas *regras do jogo*. Essas normas imprimiram, em grande parte, o ritmo da descentralização como também representaram o processo de pactuação entre os vários atores em cada conjuntura política no decorrer da década de 1990.

Vários estudos, dentre os quais Lucchese (1996), Levcovitz et al. (2001) e Costa (2001), têm enfocado o conteúdo e o significado das diversas NOBs para a formatação da agenda setorial. Mas é com a NOB 1/96, em vigor a partir de 1998, que o processo de descentralização se intensifica: em menos de três anos de implantação da NOB, mais de 98% dos municípios encontravam-se habilitados em uma das formas de gestão estabelecidas, atingindo 99,7% da população brasileira e com cerca de 60% dos recursos transferidos fundo a fundo (Siqueira et al., 2002).

O avanço da descentralização impulsionado pela NOB 1/96 foi acompanhado de medidas de fortalecimento e reorganização do nível de atenção básica, colocando este nível de atenção na *"ordem do dia"* da agenda da saúde. Após um longo período de privilegiamento da atenção hospitalar, a criação de incentivos financeiros federais calculados e transferidos em base *per capita* trouxe a atenção básica para o centro da agenda setorial. Destaque deve ser dado à adoção do *Piso de Atenção Básica* (PAB), já previsto na NOB 1/96, mas regulamentado com modificações pela portaria GM/MS n. 1.882, de 18/12/1997. O PAB consiste em um montante de recursos financeiros destinados ao custeio de procedimentos da atenção básica sob responsabilidade municipal — tais como vacinação, consultas médicas, pré-natal, entre outros — transferido de forma regular e automática aos municípios habilitados com base na sua população. Avaliação feita por Costa (2001) indica que o PAB promoveu uma ampliação significativa dos recursos para a assistência básica nos municípios, em especial aqueles sem oferta de serviços ou rede de saúde estruturada. Aumentou, assim, a autonomia do gasto para a maioria dos municípios, configurando um forte incentivo para que estas instâncias subnacionais assumissem a gestão da rede básica de serviços de saúde.

De forma complementar ao PAB fixo, outras medidas foram introduzidas com o objetivo de fortalecer a atenção básica e provocar alterações no modelo de atenção à saúde, tais como a criação de mecanismos de financiamento específicos para custeio das ações de vigilância epidemiológica e de vigilância sanitária e ambiental, do programa de combate à carências nutricionais e a assistência farmacêutica básica. Mas dentre este conjunto de medidas é a adoção do PSF que ocupa indubitavelmente o lugar de destaque.

O PSF surgiu em 1994, mas adquiriu expressão nacional a partir de 1995, com a definição de mecanismos e patamares de financiamento

(Viana e Dal Poz, 1998). Experiências estaduais e regionais bem-sucedidas inspiraram o desenho do programa, em especial o Programa de Agentes Comunitários de Saúde (PACS), desenvolvido desde 1987 no estado do Ceará e o Programa Médico de Família de Niterói implantado desde 1992.

Em seu primeiro documento (Brasil/MS, 1994), o PSF foi apresentado como um programa no âmbito da Fundação Nacional de Saúde (Funasa), e implantado por meio de convênios entre Ministério da Saúde, estados e municípios. Concebido como instrumento de reorganização do SUS e da municipalização, o PSF exigia contrapartidas e critérios de seleção dos municípios para assinatura dos convênios, como por exemplo, o funcionamento do Conselho Municipal de Saúde e do Fundo Municipal de Saúde. Ao mesmo tempo, sua implantação deveria privilegiar áreas de risco social, definidas com base no Mapa da Fome do Instituto de Pesquisa Econômica Aplicada (IPEA). Em 1995, o programa foi transferido para a Secretaria de Assistência à Saúde (SAS) do Ministério da Saúde, onde permaneceu até meados de 1999, quando novamente muda de localização institucional para a Coordenação de Atenção Básica da Secretaria de Políticas de Saúde (SPS). Ao mesmo tempo, a NOB 1/96, ao estabelecer o PAB variável (ou seja, a transferência de recursos financeiros para os fundos municipais de saúde conforme o número de equipes de PSF implantadas e, posteriormente, de acordo com o percentual da população coberta), introduziu um novo mecanismo de financiamento do programa de forma a impulsionar sua rápida adesão pelos municípios.

Essas mudanças expressam, em grande medida, o grau de importância que o PSF vai progressivamente adquirindo na agenda governamental ao mesmo tempo que sua concepção como estratégia estruturante dos sistemas municipais de saúde e de reorientação do modelo de assistência torna-se central. Escorel et al. (2002) argumentam que a formulação do PSF incorporou os princípios básicos do SUS — universalização, descentralização, integralidade e participação popular —, desenvolvidos a partir da equipe de saúde que trabalha com definição de território de abrangência, adscrição de clientela, cadastramento e acompanhamento da população da área. A noção de território é assim crucial para o programa, à medida que vincula uma equipe de profissionais — composta, em seu formato básico, por um médico generalista, um enfermeiro, um auxiliar de enfermagem e cerca de cinco agentes comunitários de saúde — à população de determinado território, com abrangência de 600 a mil famílias por equipe, o que corresponde de 2.400 a 4.500 habitantes. Estas famílias são cadastradas e inscritas à equipe, de forma a constituir vínculos entre os usuários daquele território e os profissionais de saúde, os quais, por sua vez, tornam-se os responsáveis pelo cuidado sanitário daquela área e dos habitantes que nela vivem.

O modelo de atenção proposto pelo PSF se assenta sobre uma visão ampliada do processo saúde-doença, que pretende ultrapassar as concepções marcadas por um viés biologizante e curativo, passando a ter na família e no meio no qual ela vive o centro da atenção à saúde. Ao mesmo tempo, o programa assume uma visão ativa da intervenção em saúde, uma vez que não aguarda a demanda que chega à unidade de saúde, processo típico do modelo tradicional. Ao contrário, pretende reorganizar a demanda à medida que busca agir preventivamente, identificar as necessidades em saúde daquele território e organizar a demanda a partir da comunidade, das famílias e dos domicílios.

A noção de vínculo é bastante presente no desenho do PSF, sobretudo no que diz respeito ao estabelecimento da ideia de responsabilização da equipe de saúde a uma determinada parcela da população. Nesta direção, um aspecto a destacar é a mobilização de usuários, famílias, comunidade e seus órgãos de representação legítimos, de forma a integrá-los e envolvê-los nas ações desenvolvidas *vis-à-vis* ao estímulo à realização de ações intersetoriais, à valorização de atividades de educação e de promoção da saúde, ao incentivo à adoção de práticas multiprofissionais e à realização de visitas domiciliares, entre outros.

Estes aspectos são apontados como cruciais na reorientação do modelo de atenção à saúde no país, em contraposição ao modelo médico hegemônico, caracterizado, em linhas gerais, pelo privilegiamento do atendimento individual, curativo e hospitalocêntrico e pela especialização excessiva. A capacidade de o PSF constituir uma estratégia para mudança do modelo de atenção à saúde tem sido, no entanto, alvo de um intenso debate entre estudiosos do tema e militantes do setor. Os principais argumentos presentes neste debate são sintetizados a seguir.

3. O debate em torno do Programa Saúde da Família

Sem sombra de dúvida, uma parte considerável da produção teórica sobre o PSF tem se debruçado na análise sobre o potencial do programa para induzir mudanças no modelo de atenção à saúde do país.

Uma parte desta produção chama a atenção para as contradições que envolvem a implantação do programa, e que contribuem para que este assuma a feição de uma "simplificação" da atenção básica. Franco e Merhy (2000) fazem uma incursão pela história da saúde pública, para identificar, em modelos assistenciais anteriormente preconizados, algumas das similaridades com o PSF. Assim, ao destacar as propostas de Medicina Comunitária e de Cuidados Primários de Saúde, estes autores consideram que todas elas, aí incluindo o PSF, têm em comum a perspectiva de racionalização de gastos, a pequena ênfase na atuação clínica e na saúde individual e a não incorporação do atendimento às urgências. Na mesma linha de argumentação, Misocsky (1994) e Paim (1996) sublinham o contexto mais amplo no qual o PSF emerge para identificar sua proposição com as principais recomendações de contenção de gastos públicos feitas pelas agências multilaterais como FMI e Banco Mundial. Argumentam, deste modo, que o programa caminha em direção contrária ao SUS tal como formulado e inscrito na Constituição de 1988 e instaura uma espécie de cesta básica para o setor, destinada aos segmentos mais pobres da população.

Franco e Merhy (2000) realçam ainda que a incorporação de alguns princípios e diretrizes inovadores no desenho do PSF não é suficiente, por si só, para alterar o modelo de atenção à saúde. Para estes autores, o programa tem apresentado impacto limitado na reorganização do processo de trabalho em saúde do conjunto de profissionais atuantes, uma das questões cruciais para reorientação do modelo assistencial. Sob esta perspectiva, as prescrições ministeriais se tornam insuficientes se não forem acompanhadas de ações cotidianas capazes de reciclar a forma de produzir o cuidado em saúde.

Alguns estudos, no entanto, relativizam algumas críticas que têm sido feitas ao programa, especialmente no que se refere a seu caráter limitado e racionalizador e seu paralelismo em relação ao SUS. Viana e Dal Poz (1998) argumentam que as mudanças no modelo assistencial, que vêm se operando dentro do SUS, a partir do PSF, têm provocado alterações tanto nas modalidades de alocação de recursos e nas formas de remuneração das ações sanitárias, quanto na forma de organização dos serviços. Para estes autores, fica evidente o papel do PSF de instrumento de reorganização e reestruturação do sistema público de saúde, à medida que o programa: a) foi uma alavanca para a organização dos sistemas locais de saúde, haja vista que impôs uma série de pré-requisitos para a assinatura dos convênios (funcionamento do fundo e do conselho municipal de saúde, por exemplo); b) funcionou como mecanismo de pressão ao processo de municipalização, por meio da exigência de enquadramento na NOB 1/93, e posteriormente na NOB 1/96, para o recebimento de recursos; e c) teve um papel fundamental na mudança dos critérios de pagamento do sistema, resultando na institucionalização da transferência *per capita*, através da NOB 1/96. Na mesma linha, os trabalhos de Levcovitz e Garrido (1996), Capistrano Filho (1999) e Piancastelli et al. (2000) enfatizam as inovações introduzidas pelo PSF, sobretudo quanto à instauração de novas modalidades de gestão, à reorganização dos serviços, à redefinição de práticas assistenciais e ao estabelecimento de novos tipos de parcerias com a sociedade.

Essas abordagens têm o mérito de trazer para o centro do debate elementos que permitam discutir e analisar a associação entre PSF e mudança de modelo assistencial, noção bastante difundida nos documentos governamentais. No entanto, é preciso considerar que a análise consistente dos rumos recentes da política de saúde, e em especial do PSF, exige considerar os vários atores e os diversos circuitos que interferem no processo de implementação da política, acarretando uma série de efeitos não previstos durante a sua formulação, e que contribuem para a reformatação do desenho proposto. Nessas circunstâncias, o estudo do processo de implementação permite analisar a dinâmica subjacente a este processo, de forma a identificar similitudes e singularidades no desenho e modo de operação do programa.

4. A implementação como elo fundamental do circuito de produção de políticas e programas sociais

Na atualidade, os estudos sobre a implementação descentralizada de políticas sociais vêm exigindo um refinamento das perspectivas de análise, sobretudo no que se refere à compreensão das interveniências do poder local nos rumos do ciclo de vida de tais políticas.

A partir dos anos 1970, verifica-se um consenso de que os estudos sobre implementação de políticas são incrementados em razão da constatação de que as mudanças levadas a cabo pelos governos não eram, em geral, bem-sucedidas. Com base nestas constatações, os reveses observados no processo de produção de políticas públicas têm sido creditados às chamadas "brechas na implementação" (Labra, 2003). Tais questões colocam a implementação como momento-chave para ação governamental.

Entretanto, Silva et al. (1999) afirmam que uma análise mais acurada permite perceber que esta visão acerca da implementação como ponto crítico do ciclo de vida da política é inadequada à análise do processo de formulação e implementação de políticas. Demonstram, assim, que contribuições recentes sobre a questão da formulação e implementação de políticas públicas enfatizam elementos que são desconsiderados na visão tradicional deste mesmo processo. Assim, a perspectiva tradicional supõe que o problema da baixa eficácia da intervenção estatal está ancorado exatamente nas disjunções que ocorrem no momento da implementação. Aqui, formulação e implementação são vistas como fases desconectadas, em que se pressupõe que a formulação é sempre adequada, o que não permite balizar as condicionalidades a que está submetida.

Os autores mencionados elencam alguns pontos desconsiderados por esta visão e que são fundamentais para repensar o processo de formulação de políticas e programas:

- os formuladores de política se veem, em geral, diante de grandes dificuldades que dizem respeito às limitações do conhecimento disponível sobre o fenômeno em estudo, além dos problemas de tempo e recursos;
- os formuladores não podem controlar o ambiente político futuro;
- nos planos e programas formulados, há grande espaço para decisões dos implementadores, fato que é classicamente entendido como problemático, mas que as contribuições atuais preferem avaliar como espaço possível de inovação;

- nos programas e políticas estão expressas as preferências e visões de mundo, individuais ou coletivas, dos formuladores e que nem sempre se conectam às expectativas dos implementadores e da coletividade. Neste caso, as interferências políticas são vistas como negativas porque descaracterizam a racionalidade técnica dos programas (Silva et al., 1999, p. 5-6).

Acompanhando ainda o pensamento destes autores, verifica-se que estas contribuições procuram fazer uma revisão da concepção da formulação enquanto um momento racional e anterior à implementação. Considera-se que, na fase de implementação, decisões altamente relevantes são tomadas e não apenas executadas, o que configura um *processo de aprendizado* de extrema relevância. Assim, a implementação é um processo gerador de informação para a formulação e, ao mesmo tempo, criador de novas políticas, traduzindo-se, muitas das vezes, em experiências inovadoras que, no limite, podem reverter a própria política.

Nesta visão, o ciclo de vida da política não é entendido de forma linear e nem possui ponto de partida definido, mas demonstra a combinação de fatores complexos, de ações e decisões que envolvem governantes, *stakeholders* e inúmeros desafios relativos à sustentação política dos programas, coordenação interinstitucional e capacidade de recursos (Silva et al., 1999, p. 7).

Com base nisso, os autores mencionados assinalam que a discussão mais atual sobre implementação de políticas públicas se reveste de uma dimensão política que deve ser considerada, principalmente, nos Estados democráticos e descentralizados, onde, conforme vimos, os municípios são dotados de importante gradiente de autonomia e poder decisório. Implica, portanto, considerar as diversas variáveis presentes no nível local, e que interferem na implementação da política. Neste contexto, apresenta-se um quadro extremamente complexo, sobretudo ao considerarmos a heterogeneidade que marca o processo descentralizador e as profundas desigualdades que caracterizam as experiências em curso. Por outro lado, o acúmulo dos estudos empíricos sobre o processo de descentralização das políticas sociais nos últimos dez anos permite avançar nas proposições teóricas que contribuem para conformar um quadro analítico capaz de explicar algumas das variáveis que interferem nas condições de implementação da política no nível local.

5. A implementação local do PSF: alguns elementos para análise

A análise sobre o processo de implementação do PSF exige considerar um elenco de variáveis presentes nos cenários municipais, e que concorrem para a formatação do desenho da política em nível local. A realidade brasileira, como se sabe, é marcada por uma profunda disparidade social e econômica entre suas regiões e municípios. Diferenças no porte populacional, capacidade fiscal e oferta de serviços de saúde têm certamente impacto no modo de produção/redefinição da política em sua face local. No caso do PSF, parece haver um relativo consenso de que sua implementação em grandes cidades enfrenta uma série de outros desafios, não verificados em municípios de pequeno porte e com déficit de serviços básicos de saúde. Se nestes pequenos municípios o PSF logrou estender a cobertura da atenção à saúde para a população, é preciso considerar as especificidades dos grandes centros urbanos, onde, ao menos em tese, há uma oferta relativamente mais estruturada de serviços de saúde, e onde se concentra um expressivo contingente populacional com elevado índice de pobreza urbana.

É preciso considerar também que, na grande maioria das cidades brasileiras, inexiste uma estrutura econômica dinâmica que garanta ao município ingresso em termos de receita tributária, o que cria uma grave situação de *dependência das transferências governamentais*. Mesmo as alterações recentes no campo tributário não foram capazes de alterar esta tendência. Tal fragilidade financeira torna o município vulnerável tanto às oscilações dos recursos externos como ao jogo político que define a distribuição de recursos em nosso país e abre espaço para que os dirigentes municipais estabeleçam compromissos de natureza eleitoral e ou financeira com os mais diferentes atores (governadores, parlamentares, representantes da burocracia pública, empresas lobistas etc.), os quais, por sua vez, facilitam o acesso aos recursos em troca de apoio político.

Arretche (2000) chama a atenção para o fato de que estratégias de indução patrocinadas pelo nível federal têm impacto na minimização destas condições adversas e são cruciais para adesão dos municípios a uma dada política. No caso do PSF, é forçoso reconhecer, como já realçado, o peso das políticas indutivas da instância federal na formatação dos sistemas municipais, cujo êxito pode ser demarcado pela rápida projeção do programa no território nacional.

Por outro lado, se os recursos financeiros foram fundamentais para impulsionar a expansão do PSF, outras motivações presentes no nível municipal não podem ser desconsideradas e, combinadas às medidas indutoras, repercutem no desenho local do programa. Municípios com um histórico de investimento na atenção básica e que já haviam experimentado alternativas ao modelo médico hegemônico buscaram qualificar a implantação do PSF à luz do legado existente. No mesmo sentido, dada a competitividade eleitoral a que prefeitos e demais atores políticos locais estão expostos na atual conjuntura, não é difícil supor que o cálculo político feito por estes atores tende a favorecer a adesão ao PSF.

A literatura vem mostrando que o desempenho das diferentes localidades para a gestão das políticas públicas depende de alguns fatores: 1) do grau e eficácia das políticas indutivas postas em prática pelo nível central de governo, como já discutido aqui; 2) do ponto de partida de cada localidade, tais como o estoque de capacidade gerencial e a estrutura de serviços existentes, já que se trata de um processo cumulativo que envolve um aprendizado institucional; e 3) da predisposição do governo local em implementar programas sociais orientados por concepções de caráter mais técnico e menos clientelistas (Arrecthe e Marques, 2002; Souza, 1998; Monnerat et al. 2002).

Assim, qualquer análise sobre a implementação do PSF deve reconhecer que se trata de um programa que traz consigo um alto grau de normatização a partir do seu estatuto de formulação. Neste sentido, o PSF possui um núcleo central de concepções e normas de funcionamento que tendem a dar a ele um caráter mais técnico do que outros programas implementados no nível local. Ainda assim, o investimento de cada localidade na formação de recursos humanos capacitados para atuar tanto no nível gerencial quanto no nível da execução direta de ações previstas pelo "pacote" PSF irá imprimir certas especificidades à forma como o programa é implementado localmente.

As análises sobre o desempenho das cidades enfatizam que o "sucesso" da gestão das políticas urbanas em determinadas localidades tem, em geral, uma correlação entre o sucesso de políticas específicas e uma iniciativa local de elaborar e implementar um plano diretor para o município trabalhando as diferentes áreas de forma integrada. Ao contrário, quando apenas um campo específico da gestão local tem um bom desempenho, sua continuidade, sustentabilidade e evolução acabam prejudicadas pelo conjunto do processo de decisões e ações implementadas.

Por outro lado, também é verdade que programas como o PSF — seja pelos princípios que o orientam, seja pelos desafios de sua operacionalização — podem apresentar um conjunto de potencialidades capazes de contribuir com a alavancagem de ações intersetoriais e sustentáveis.

Outro diferencial no processo de implementação do programa está circunscrito à capacidade de planejamento que ele enseja. A gestão local do Programa, para adequar-se às exigências postas pela normatização central, monitora permanentemente inúmeros indicadores de saúde que podem potencializar o desenvolvimento de uma "*cultura de planejamento*" no nível local. Assim, conforme assinala Boschi (1999), se cria uma cultura em que as administrações locais sejam mais diretivas, passando, inclusive, a distribuir recursos à luz de critérios mais refinados, capazes de produzir maior impacto social.

Entretanto, os avanços potenciais para melhorar o desempenho local não devem estar circunscritos ao campo exclusivamente técnico. Ou seja, há que se experimentar fórmulas que sejam instrumentos efetivos de democratização do poder político e da gestão urbana. Neste sentido, o PSF pode funcionar como um dos elementos catalizadores da reconfiguração do poder local ao oportunizar importantes espaços de participação da comunidade, especialmente dos segmentos de baixa renda, no processo decisório local.

Considerações finais

Como vimos, trabalhos recentes têm tomado a implementação como parte integrante do processo decisório, recusando a noção clássica de ciclo político (*policy cycle*) em que a implementação é vista como uma etapa subsequente à formulação da política e esta, por sua vez, é concebida como uma instância racional e compreensiva. De fato, essas análises consideram a implementação como um processo autônomo em que decisões cruciais são tomadas e não somente implementadas. Lindblom (1981) enfatiza a ação dos agentes executores como variável decisiva do sucesso de determinada política. Para este autor, a determinação concreta das políticas está, em boa medida, sob o controle dos que a executam, resultando um desenho final diferente do seu enunciado público. Uma série de fatores, dentre eles os conflitos interinstitucionais, as ambiguidades legais, as omissões de normas operacionais, permite que os implementadores tomem as decisões cruciais de uma política setorial, dando lugar a retraduções diversas da concepção original.

No caso específico que aqui buscamos estudar — a implementação do PSF — torna-se crucial considerar a enorme diversidade de contextos em que o programa é implantado. À complexidade que envolve o processo de implementação de qualquer política se associam as características do federalismo brasileiro, as novas responsabilidades no âmbito da saúde assumidas pela quase totalidade dos municípios e as profundas diferenças sociais, econômicas, culturais e regionais que marcam o território nacional.

A frequente distância que separa a concepção original de um dado programa de sua implementação impõe que busquemos lançar luz sobre os inúmeros fatores responsáveis pelas alterações que ocorrem durante sua implementação, e que fazem com que o resultado final, em geral, seja bastante diferente das intenções estabelecidas inicialmente. Este foi o objetivo que aqui procuramos alcançar, qual seja, identificar fatores implicados na implementação descentralizada do PSF.

Referências bibliográficas

ALMEIDA, C. Reforma do Estado e reforma de sistemas de saúde: experiências internacionais e tendências de mudança. *Ciência & Saúde Coletiva*, v. 4, n. 2, p. 263-86,1999.

ALMEIDA, C. Novos modelos de atenção à saúde — bases conceituais e experiências de mudança. In: COSTA, N. R.; RIBEIRO, J. M. (Orgs.). *Política de saúde e inovação institucional*: uma agenda para os anos 90. Rio de Janeiro: ENSP, 1996. p. 69-98.

ARRETCHE, M. T. *Estado Federativo e políticas sociais*. São Paulo: Fapesp, Rio de Janeiro: Revam, 2000.

______; MARQUES, E. Municipalização da saúde no Brasil: diferenças regionais, poder do voto e estratégias de governo. *Ciência & Saúde Coletiva*, v. 7, n. 3, p. 455-79, 2002.

BOSCHI, R. R. Descentralização, clientelismo e capital social na governança urbana: comparando Belo Horizonte e Salvador. *Dados — Revista de Ciências Sociais*, Rio de Janeiro, v. 42, n. 4, p. 655-90, 1999.

BRASIL, MINISTÉRIO DA SAÚDE. *Programa Saúde da Família*: saúde dentro de casa. Brasília: Ministério da Saúde, 1994.

BRASIL, MINISTÉRIO DA SAÚDE. *Saúde da Família*: uma estratégia para a reorientação do modelo assistencial. Brasília: Ministério da Saúde, 1998.

CAPISTRANO FILHO, D. O Programa de Saúde da Família em São Paulo. *Estudos Avançados*, n. 35, p. 89-100, 1999.

COSTA, N. do R. A descentralização do sistema público de saúde no Brasil: balanço e perspectiva. In: NEGRI, B.; DI GIOVANNI, G. (Orgs.). *Brasil*: radiografia da saúde. São Paulo: IEI/Unicamp, 2001. p. 307-21.

ESCOREL, S. et al. *Avaliação da implementação do Programa Saúde da Família em dez grandes centros urbanos. Síntese dos principais resultados*. Brasília: Ministério da Saúde, 2002.

FRANCO, T.; MERHY, E. E. *PSF*: contradições de um programa destinado à mudança do modelo tecnoassistencial. 2000. 35 p. (Mimeo.)

LABRA, E. *Aspectos teóricos da implementação de políticas. Subsídios para analisar o SUS*. Paper apresentado no VIII Congresso Brasileiro de Saúde Coletiva. Brasília, 2003. (Mimeo.)

LAVILLE, C.; DIONNE, J. *A Construção do saber*: manual de metodologia da pesquisa em ciências humanas. Belo Horizonte: Editora UFMG, Porto Alegre: Artmed, 1999.

LEVCOVITZ, E.; LIMA, L. D.; MACHADO, C. Política de saúde nos anos 90: relações intergovernamentais e o papel das Normas Operacionais Básica. *Ciência & Saúde Coletiva*, v. 6, n. 2, p. 269-291, 2001.

LEVCOVITZ, E.; GARRIDO, N. G. Saúde da Família: a procura de um modelo anunciado. *Cadernos Saúde da Família — Construindo um Novo Modelo*. Brasília: Ministério da Saúde, 1996. p. 3-9.

LINDBLOM, C. E. *O processo de decisão política*. Trad. Sérgio Bath. Brasília: Editora da Universidade de Brasília, 1981.

LUCCHESE, P. T. R. Descentralização do financiamento e gestão da assistência à saúde no Brasil: a implementação do Sistema Único de Saúde — retrospectiva 1990-1995. *Planejamento e Políticas Públicas*, n. 14, p. 75-156, 1996.

MATTOS, R. A. de. As agências internacionais e as políticas de saúde nos anos 90: um panorama geral da oferta de ideias. *Ciência & Saúde Coletiva*, v. 6, n. 2, p. 377-90, 2001.

MENDES, E. V. *Uma Agenda para a Saúde*. São Paulo: Hucitec, 1996.

MISOCZKY, M. C. A medicina de família, os ouvidos do Príncipe e os compromissos do SUS. *Saúde em Debate*, n. 42, p. 40-4, 1994.

MONNERAT, G. L.; SENNA, M. C. M.; SOUZA, R. G. A reorganização dos serviços de saúde no cenário local. *Ciência & Saúde Coletiva*, v. 7, n. 3, p. 509-21, 2002.

PAIM, J. Políticas de saúde no Brasil ou recusando o apartheid sanitário. *Ciência & Saúde Coletiva*, v. 1, n. 1, p. 18-20, 1996.

PIANCASTELLI, C. et al. Saúde da Família e Desenvolvimento de Recursos Humanos. *Divulgação em Saúde para Debate*, n. 21, p. 44-8, 2000.

SENNA, M. C. M; SOUZA, R. G.; MONNERAT, G. L. A descentralização no campo da saúde: avanços e impasses na implementação de uma política. *Em Pauta*, n. 18, 2003. [No prelo.]

SILVA, P. L. B. et al. Modelo de Avaliação de Programas Sociais Prioritários. *Relatório Final*. Campinas: Núcleo de Avaliação de Políticas Públicas/Unicamp. 1999. (Mimeo.)

SIQUEIRA, S.; SENNA, M. C. M.; OLIVEIRA, P. T.; PINTO, L. F. Descentralização e assistência à saúde no Brasil: a oferta de serviços nos anos 90. *Saúde em Debate*, v. 26, n. 60, p. 25-36, 2002.

SOUSA, M. F.; FERNANDES, A.; ARAÚJO, C.; FERNANDES, M. C. Gestão da Atenção Básica: redefinindo contextos e possibilidades. *Divulgação em Saúde para debate*, n. 21, 2000.

SOUZA, C. Intermediação de interesses regionais no Brasil: o impacto do federalismo e da descentralização. *Dados — Revista de Ciências Sociais*, Rio de Janeiro, v. 41, n. 3, 1998.

VIANA, A. L.; DAL POZ, M. R. A Reforma do Sistema de Saúde no Brasil e o Programa de Saúde da Família. *Physis — Revista de Saúde Coletiva*, v. 8, n. 2, p. 11-48, 1998.

WORLD BANK, *World Development Report*, 1993.

A interdisciplinaridade no programa saúde da família: uma utopia?

Mary Jane O. Teixeira
Sheila Torres Nunes

Introdução

Este texto é um convite à reflexão sobre a interdisciplinaridade no Sistema Único de Saúde (SUS), particularmente no Programa Saúde da Família (PSF) e apresenta-se como uma contribuição para os profissionais de saúde que "militam" diretamente na linha de frente no nível local de atenção e especialmente para as equipes de saúde da família.

Sabe-se da complexidade que o tema suscita, pelos limites e grandes desafios que hoje talvez, estejam mais acentuados, por se ter a hegemonia neoliberal impondo-se à operacionalização de uma ação (interdisciplinar), que se caracteriza pela troca e reconhecimento de um saber coletivo.

Nossa motivação, para destacar a interdisciplinaridade, advém de nossa experiência como membros integrantes do Núcleo UERJ do Polo de Capacitação, Formação e Educação Permanente de Pessoal para o Programa Saúde da Família do Estado do Rio de Janeiro (PSF/RJ), de nossa prática docente nos cursos de Graduação em Serviço Social e Graduação em Nutrição, e como coordenadoras dos Projetos de Extensão, desenvolvidos no período de 1999/2001, na comunidade Alto Simão, localizada no bairro de Vila Isabel, Área Programática 2.2, cenário de atuação da equipe PSF/Policlínica Piquet Carneiro/UERJ.

Estas experiências diferenciadas nos levaram ao entendimento de que a tentativa de concretização da interdisciplinaridade pode contribuir para a efetivação de um espaço democrático nas relações de trabalho. Também observamos que o debate e a construção coletiva, realizados pelos profissionais de saúde, estão ainda incipientes. Esta dinâmica pode ser a utopia que se busca na luta por igualdade e justiça social, pois se pretende uma política de saúde comprometida com a realidade social, baseadas no fator fundamental de que o setor saúde no Brasil foi protagonista desta construção histórica, por intermédio do movimento social organizado.

1. O projeto de extensão, a experiência do PSF, a interdisciplinaridade

A extensão nestes fóruns privilegiados, já citados, levou-nos a pensar e repensar desde o material apresentado no treinamento das equipes de Saúde da Família — o Treinamento "Introdutório" — até a execução do Programa Saúde da Família. Ressaltamos que este não é um texto de avaliação destas etapas. Apenas levantamos pontos de reflexão a partir de dados concretos.

Segundo recomendação do Ministério da Saúde, os profissionais selecionados pelos municípios para integrarem as equipes de Saúde da Família devem passar, logo em seu início, por um treinamento em Saúde da Família, por não terem tido a oportunidade de se aproximarem dos conteúdos acadêmicos propostos pelo referido treinamento, em sua formação básica.

Em outras palavras é o reconhecimento oficial de que a formação dos profissionais que integram a equipe mínima do PSF: médico, enfermeiro, auxiliar de enfermagem e agente comunitário de saúde e a equipe de saúde bucal (dentista e técnico de higiene dental), não atende ao desafio de mudança do paradigma de atenção à saúde, entendendo-a como uma produção social (Mendes, 1999), como veremos adiante.

Isto significa que a tendência é de que, na graduação ou na formação dos profissionais que compõem a equipe básica, não haja preparação adequada para a prática/atuação no modelo de atenção hoje posto, e que uma atenção diferenciada à saúde requer.

Tal necessidade levou à criação dos Polos de Capacitação, Formação e Educação Permanente de Pessoal em Saúde da Família, em todo território nacional. Necessidade esta reforçada, por termos ainda como hegemônico um modelo assistencial que privilegia a doença, o aspecto biológico, centrado em um determinado saber profissional (o médico) que pressupõe como objetivo maior, a restrita "cura" da doença, fechado em seu conhecimento. Para capacitar esta força de trabalho, o PCSF/UERJ elaborou material didático-pedagógico, que não deve ser compreendido como um manual autoaplicável, nem autoinstitucional. Pelo contrário, ele demanda a presença de instrutores/facilitadores, dotados de domínio do conteúdo, bem como capacitados pedagogicamente na metodologia proposta — a problematização.

O treinamento foi organizado por meio de sequências de atividades, distribuídas em 8 (oito) Unidades Didáticas: Unidade I — O Processo Saúde-Doença: conceitos e determinantes; Unidade II — A estruturação do cuidado; Unidade III — A organização dos serviços de saúde; Unidade IV — O trabalho pedagógico do instrutor/supervisor; Unidade V — Dispersão; Unidade VI — Definindo as necessidades da comunidade; Unidade VII — Planejando as ações de vigilância; Unidade VIII — Organizando o processo de trabalho no PSF (Manual do Instrutor — MS/PCSF/RJ, junho, 2001).

O treinamento é operacionalizado em duas etapas presenciais e uma etapa de dispersão. As etapas presenciais totalizam 80 horas, e a etapa de dispersão poderá ser executada em até 40 horas, quando o treinando, utilizando a área de abrangência de sua atuação, ou a de sua moradia, desenvolverá um roteiro de atividades que incluem, por exemplo, o mapeamento da área, o levantamento de indicadores de saúde locais, os sistemas de informação em saúde utilizados, a identificação de lideranças e serviços, entre outros.

A partir da realização dos treinamentos, percebemos, nas intervenções dos profissionais de saúde, o entendimento da importância da interdisciplinaridade, sua aproximação/identificação com a mesma, manifestando, no entanto, a necessidade de inclusão de outros profissionais na equipe, para garantir uma prática verdadeiramente interdisciplinar. A nosso ver, o que mais mobiliza estes profissionais durante o treinamento é a dinâmica de grupo, conhecida como dinâmica do corpo humano, que objetiva mostrar-lhes as diferenças entre o trabalho em equipe multidisciplinar e o trabalho em equipe interdisciplinar, favorecendo amplo debate sobre o tema e clareza quanto ao aspecto teórico, buscando identificá-los em sua prática. Neste momento, manifestam-se as indagações, sempre pertinentes: como operacionalizar a interdisciplinaridade? A primeira aproximação que ocorre no Treinamento Introdutório é capaz de dar conta e/ou ir além da sensibilização dos profissionais? E de prepará-los para construí-la? Como vencer os obstáculos estruturais e conjunturais? Por "ensaio e erro"? Com certeza teremos mais erros, se não houver uma fundamentação teórica sólida, uma ação de continuidade, reflexão e sistematização desta prática para daí então refazê-la, se a análise assim justificar.

Foi, portanto, o despontar deste diálogo/indagações/inquietações, que nos fez depararmos com o desafio de partilhar nossa visão sobre o tema e debatê-lo, para pensar em como as equipes podem efetivá-la. A preocupação se acentua quando na experiência dos Projetos de Extensão, pudemos confrontar as reflexões trazidas pela equipe de Saúde da Família da Policlínica Piquet Carneiro. Neste espaço foi possível visualizar alguns limites, mas também algumas possibilidades por tratar-se de uma equipe de caráter experimental, composta por assistente social, dentista, enfermeiro, fisioterapeuta, médico, nutricionista e psicólogo. Uma composição mais ampla, que fugia ao padrão de equipe mínima indicada pelo MS.

Isto provoca uma necessidade de melhor entendimento sobre o conteúdo trabalhado. As expressões de um cotidiano contraditório, em que a intenção de uma possibilidade de trabalho coletivo tem dificuldade de transformar-se em gestos, visto que a formação dos sujeitos na sociedade também é autoritária, contraditória, lenta e conservadora, o que coloca barreiras na tentativa de uma aproximação maior nas relações de trabalho.

E por entender que a prática democrática é o norte para os profissionais, acentuamos a importância do estudo e do debate, pois vimos na interdisciplinaridade uma ferramenta possível para alcançar este objetivo.

2. A interdisciplinaridade e o PSF

A interdisciplinaridade em si apresenta diversas abordagens, definições e conceitos, com polêmicas entre seus estudiosos. Polêmicas que aqui não vamos travar. Na verdade, ela é uma temática presente na história do conhecimento, desde a antiguidade, isto é, desde os sofistas gregos. Por isso, necessitamos resgatar esta história e seus conceitos, para sua melhor compreensão.

Desde os filósofos gregos que se teve como característica a constante preocupação com a integração do conhecimento, como podemos aqui ver.

> Na Antiguidade, o Museu de Alexandria, centro da cultura helênica para ensino e pesquisa, encarnou por mais de meio século o projeto de agrupamento das ciências e das letras, das artes e das técnicas, reunindo estudiosos e tecnologias de todas as áreas. (Gomes, 2001 apud Minayo)

Esta visão de articulação era a utopia buscada para a educação dos jovens, dos cidadãos, considerando a totalidade, por intermédio de um "conhecer universal e particular, visando à formação do indivíduo integral, intelectual, sábio, filósofo, artista" (Gomes, 2001 apud Nunes).

Sob esta mesma ótica, se mantém na Idade Média a ideia de pedagogia da totalidade, pela qual se afirmava nas sete artes liberais (gramática, retórica, dialética, aritmética, geometria, astronomia e música), o entendimento do ser como uno, como um todo, visão que predominou até o Renascimento. Nos séculos XVIII e XIX — Idade Moderna — com as descobertas científicas, o avanço tecnológico, o Iluminismo, já se destaca a formação de especialistas. Este período da história universal representa o marco do "novo" modelo econômico dominando a época: o capitalismo, sustentado nas bases teóricas do positivismo, do liberalismo (retomados hoje pelo neoliberalismo e os pós-modernos). Valoriza-se a Racionalidade, considerada então científica, separando Razão e Emoção.

A discussão se dá, portanto, no campo epistemológico, filosófico. É trazida nesta conjuntura, para a sociedade, a "fragmentação do conhecimento, onde as ciências e disciplinas passaram a ter a própria linguagem e metodologia, em busca de uma verdade específica, absoluta e limitada à área de seu interesse" (Gomes, 2001).

Estas ideias vão influenciar o pensamento da época que despontam com suas descobertas também na saúde, no campo da Epidemiologia, do desenvolvimento tecnológico, de diagnóstico e terapêutica. Esta concepção fragmentada/parcializada do conhecimento se transporta das ciências exatas/naturais, para as ciências humanas, e mais particularmente, para as ciências da saúde, como veremos adiante.

Assim pode-se afirmar que neste processo, a totalidade do real não é apreendida, mas apenas constrói-se um conhecimento parcializado, abandonando-se, assim, o olhar amplo dos sofistas gregos.

Chamamos, no entanto, a atenção para o fato de que, ao apresentar críticas à uma concepção, não podemos cair no equívoco de que, para defender uma outra visão, um determinado conhecimento, seja necessário negar o outro. Queremos trabalhar com a pluralidade, com a compreensão de que um conhecimento não pode ser o único. Para maior clareza desta postura, recorremos ao debate trazido pelas ciências sociais, em que Coutinho (1995) destaca a concepção do pluralismo para nós: "é o pensamento liberal que valoriza essencialmente o conflito, a ideia de que o conflito é algo positivo; valoriza a pluralidade de interesses e valoriza as diferenças" (Coutinho, 1995, p. 9).

Lembra ainda ele que, pela ordem burguesa, o conflito é visto como algo positivo na ordem social e no progresso social (cita Locke, filósofo do século XIX). Justifica assim a defesa da tolerância, da diferença (com as religiões, por exemplo). Com esta lógica, entende também a divisão de poderes e a necessidade de limitá-lo com a criação de outro poder, abrindo campo de disputa como limite (a competição tão estimulada no capitalismo e mais ainda na ótica neoliberal).

Como exercício, tentemos reportar esta leitura pensando o SUS/PSF, acrescentando-se aí a urgência em se considerar o conhecimento acumulado na prática dos profissionais de saúde e o conhecimento popular acumulado ao longo da história de um povo. A necessidade de flexibilizar e aprender a lidar com o conhecimento diferente que cada um tem é uma construção coletiva, nova para a pós-modernidade, mas não para a humanidade. É prioritário não confundi-la com a defesa do resgate da concepção grega, mas sim entendê-la como uma leitura do que aquela sociedade produziu, e que ainda permanece plena de sentido para o mundo atual, e pensar que ela é imprescindível para uma prática interdisciplinar. Isso exige uma inter-relação e cooperação entre os conhecimentos adquiridos, habilidades e competências, isto é, o fazer profissional, baseado na reciprocidade, solidariedade e interdependência disciplinar. Podemos considerar os debates entre procedimentos/prática profissional, em que em algumas das vezes, se manifestam em forma de conflito, em disputa de espaço e de poder como positivo, como "construtivo"? Como crescimento para a equipe? Acreditamos que sim, se neste espaço estiver garantido o pluralismo.

Nesta direção, Souza (1999) considera ser "necessário que se exerça a *comunicação*, ainda que parcial, de modo que cada visão disciplinar ofereça uma contribuição peculiar no *compartilhamento* com outras".

A interdisciplinaridade por si só, portanto, é crítica ao modelo de saberes específicos, do saber do "perito", por estar implícita nela a concepção de totalidade. Seu objeto de compreensão e intervenção é a realidade social. Isto implica, pois, que o especialista deve estar aberto para ultrapassar seus próprios limites e trabalhar com as contribuições/conteúdos de outras disciplinas. Este movimento provoca a necessidade de constantemente se reavaliar o significado da ciência, do saber, e suas relações de poder. É necessário estabelecer conexões entre tais aspectos, o que exige, para além da formação escolar, acadêmica, técnica, a retomada daquela formação grega, de cidadania, de sujeitos sociais, pois requisita despojamento/compromisso, consciência crítica ao que lhe é dado, ao consumado. E mais além, uma constante mediação entre o particular e o coletivo.

Sabe-se que as Instituições Formadoras, em geral e na área de saúde em particular hoje, tendem a priorizar o "preparar para o mercado", em detrimento a esta formação grega, cidadã, em que se discuta/construa um projeto profissional articulado com um projeto de sociedade que tenha em pauta respostas concretas às necessidades de saúde e de vida dos sujeitos coletivos com os quais lidam no seu cotidiano profissional. Pois o ser humano é uma unidade.

Por esta ausência na formação, percebe-se uma determinada indefinição e/ou dificuldade entre os profissionais de saúde, inclusive os componentes das equipes básicas do PSF em entender/aceitar este conteúdo. Apesar de sua importância, ele pouco aparece no discurso e na prática cotidiana deste segmento. É tarefa dos formadores/educadores estimulá-la.

No contraponto da concepção plural/liberal, Coutinho (1995, p. 10) recorre a Gramsci, quando este define Sociedade Civil como "o conjunto de aparelhos 'privados' de hegemonia, por meio dos quais se expressa não mais o pluralismo dos indivíduos [...] mas sim o pluralismo dos sujeitos coletivos". O entendimento da necessidade do "respeito ao pluralismo, à diversidade, à diferença" (Coutinho, 1995) é a compreensão do significado e é elemento constitutivo para uma prática interdisciplinar.

Acrescentamos que alguns autores, como Minayo (1994), Frigotto (1995) e Jantsh e Bianchetti (1995), trazem, para a mesa do debate teórico, a leitura marxista da interdisciplinaridade, em que está implícita a inclusão dos determinantes históricos, econômicos, culturais e a fundamentação ético-política, como elementos constitutivos da totalidade, e em que o sujeito (profissional de saúde) não pode ser visto como o único responsável pela desconstrução/construção de uma prática interdisciplinar. Devem-se sempre levar em conta as condições objetivas, históricas, materiais e subjetivas para a sua concretização.

Coutinho (1995, p. 14) lembra que "além da ciência, no pensamento social existe o mundo dos valores o conjunto de concepções do mundo, as quais implicam não só uma representação daquilo que deve ser". O que Gramsci chamou de "concepção do mundo" é uma visão do real com normas de ação adequadas. Também chamada por Gramsci de "ideologia", o "humanamente subjetivo". Ou seja: no mundo dos valores, torna-se objetividade aquilo que é partilhado intersubjetivamente por vários atores sociais.

Voltando a exercitar tal concepção no PSF, pode-se reportar à definição do modelo assistencial adotado. Dependendo deste, surgirão, ou não, determinados conflitos e luta de poder entre seus membros, como também mediações e consensos. Assim, para falar de forma mais abrangente de interdisciplinaridade no PSF, precisa-se contextualizá-la. Na verdade há que se pensar em articular o debate do modelo assistencial com a concepção de saúde que se adota. Sabe-se que o Ministério da Saúde (MS), com a meta de "reorganizar a atenção básica", privilegia portanto as ações preventivas e promocionais em detrimento da assistência curativa, como princípio, buscando a equidade, objetivando assim, tanto o reflexo deste procedimento, na qualidade de vida, como a redução da demanda aos serviços de saúde da rede, principalmente, da atenção hospitalar. Fazendo-o porta de entrada no sistema. Assim estimula-se a expansão do PSF nos municípios em todo o território nacional.

Levantamos o debate sobre a organização dos serviços de saúde e as práticas de atendimento à população no Brasil. Consideramos que, no momento em que a política nacional de saúde cria e implanta um determinado programa e o define como estratégico para a reestruturação do sistema, está implícito o reconhecimento da necessidade de revê-lo e refazê-lo.

Esta é a relevância do PSF, ser implantado como "estratégico" para o sistema de saúde, no sentido de ampliar e permitir o acesso da população à rede de saúde, visto que a demanda reprimida é ainda um grande desafio no alcance da universalização dos serviços. Também não podemos desconsiderar que como porta de entrada no sistema, ao apresentar resolutividade, tanto no aspecto quantitativo como qualitativo, o PSF estará "filtrando" atendimento nos ambulatórios e na rede hospitalar, a princípio reduzindo altos gastos (lógica do custo-benefício), no que contribui para a racionalização do sistema de saúde e para o capital (indicação do Banco Mundial), segundo as políticas de ajuste que o Brasil vem implementando acentuadamente a partir da década de 1990, do século passado.

Mendes (1999) aponta que o modelo de atenção à saúde que privilegia a racionalização (concepção positivista/funcionalista) de resultados isolados, já não é suficiente para garantir a saúde de todos e menos ainda com qualidade. Neste sentido, defende uma proposta que ele chama de estruturalista, em relação a um *novo sistema de saúde* (atentem para o fato de que ele não propõe a reestruturação do modelo econômico, nem da estrutura organizacional e política do país, que o sustentam). Para Mendes, este novo sistema requer a reconstrução de seus fundamentos elementares.

Para isso, as mudanças devem ocorrer na concepção de saúde com a qual se trabalha. É preciso basear-se na teoria social que entende saúde como um processo na vida dos sujeitos sociais. Mudança de concepção esta que incide sobre os planos político, ideológico, cognitivo-tecnológico.

Pergunta-se então, como mudar as relações de trabalho com um modelo de atenção que privilegia o biológico, a doença, a especialização profissional, em que o maior avanço limita-se à uma prática multiprofissional? Aqui, ainda predomina a hierarquização, com uma coordenação vertical, centrada em uma determinada categoria profissional — a médica — fragmentada e que tende a desqualificar os outros saberes.

Como então horizontalizar as relações de poder se estas estão imbricadas com o saber? A interdisciplinaridade, ao significar reciprocidade e mutualidade, exige relações sociais horizontais, diferente do posto no modelo assistencial de saúde tradicional, hegemônico. Significa ouvir/processar o que o outro diz/pensa e conhece, e mais do que isso, implica trabalhar com o pensar do outro, introjetar novos/outros conhecimentos, para a partir daí criar novas práticas, isto é, atuar de forma "nova" e criativa. Por isso indica uma atitude "diferente", pois exige trabalhar com uma visão de mundo, de totalidade.

Assim, o PSF ao definir-se como estratégico para a reestruturação do sistema, tem um significado maior, ao trazer à tona a necessidade de uma real mudança no modelo assistencial, que extrapole o debate em defesa de uma atenção integral à saúde, em busca da coerência no discurso, e abrir-se inclusive para um paradigma da saúde que considere o adoecer como um processo e, como tal, efeito de uma determinada produção social (Mendes, 1999). Mudança que deve então ser política, ideológica, cultural, pois estará mais voltada para as necessidades de saúde da população, entendendo neste contexto a saúde de forma ampliada, com qualidade de vida e não só ausência de doença: sobrevida. Atente-se para o fato de que não se considera, no entanto, que se deve abandonar o pensamento clínico, por sua restrição e relação com os modelos explicativos de causa-efeito/curativista, mas sim, para se ir além também das necessidades clínica e epidemiológicas.

Ressaltamos assim que a diferença se dá nos campos acadêmico e político e não pessoal ou corporativista, por categoria profissional. Defende-se um paradigma na saúde para que possa provocar debates/reflexão e ação de mudança teórica-metodológica, como formas de crescimento e conquista para responder não só às necessidades básicas humanas, mas que se voltem para a questão de direito e enfrentamento dos graves problemas sociais do país, a que nenhum profissional isolado, por melhor que seja, conseguirá responder. Sua prática não poderá ser resolutiva, visto que as causas não foram trabalhadas, pois estão colocadas no âmbito da legitimação do capitalismo.

A partir deste debate, entende-se que o modelo de assistência à saúde, identificado com este paradigma vai exigir uma prática sanitária que tenha a concepção da atenção integral como objetivo máximo e a cidadania como objeto. Para sua viabilidade é preciso buscar ampliar o espaço de ação que deve ser intersetorial e interdisciplinar. Por considerar-se que as determinações sociais estão presentes no adoecimento e que se transforma a visão de indivíduos doentes para sujeitos sociais, que vivem um determinado processo e momento de suas vidas, nossa prática e conhecimento também terão que mudar. Necessita-se então trocar saberes, recorrer a outros setores, visto que só a saúde não dará conta.

Entende-se porém que, como toda mudança, necessita-se de um tempo — a transição para outro paradigma —, pois implica não só um movimento e vontade dos profissionais de saúde, mas principalmente uma questão maior: necessita-se de uma política nacional, macroestrutural. Isto significa a consciência de que uma política social não altera sozinha a direção social de um projeto de sociedade. Ela é dada pela correlação de forças entre os blocos dominantes no poder e a disputa na sociedade civil. Neste âmbito, o setor saúde é uma referência e tem na reforma sanitária um projeto que busca ocupar espaço e legitimidade nesta construção. Significa também que a "crise do setor saúde" não se dá somente porque o modelo biomédico é conservador, ao fragmentar a concepção e práticas em saúde. Ao centralizar as críticas no profissional médico, ou no modelo de atenção, corre-se o risco de reproduzir a restrição ao individual, ao conjuntural, responsabilizando determinada categoria profissional pelas mazelas produzidas, sem considerar os diversos fatores já levantados. Para não correr o risco de uma análise equivocada, funcionalista/parcial e, portanto, com propostas insustentáveis, acadêmica e politicamente, acentua-se a necessidade de articular o entendimento de que, tal como a política nacional de saúde, a política nacional de educação, na formação dos profissionais de saúde é, na verdade, definida a partir de um projeto de sociedade que o Estado implementa, como expressão da disputa de interesses antagônicos ou não, entre os blocos no poder, entre o capital e o trabalho e os determinantes/condicionantes internacionais, principalmente na era da globalização, em países periféricos como o nosso.

Neste sentido, algumas questões se fazem prementes: Como mediar a interdisciplinaridade no modelo privatista, hospitalocêntrico, mercadológico que o neoliberalismo impõe? Como estabelecer práticas contra-hegemônicas a esta realidade? As perguntas podem assustar inicialmente e tender ao imobilismo. No entanto, ao recuperar a história do setor saúde, pode-se afirmar que foi no período histórico extremamente "duro" (de ditadura militar), que intelectuais do setor/cientistas, profissionais da ponta e movimento popular organizados, apresentaram as alternativas mais "ricas", profundas e viáveis política e economicamente, até culminar no Projeto da Reforma Sanitária, desdobrada e consolidada na VIII Conferência Nacional de Saúde (1986), marco protagonista e construtor do SUS.

Portanto há que ser um modelo assistencial acoplado a um projeto de sociedade que defina que saúde queremos, que país queremos. Sem esta projeção, pode-se continuar reproduzindo uma assistência tradicional, focalista em sua essência, apenas em moldes mais modernos.

Por isso a interdisciplinaridade se complexifica, não só porque ela não está inserida nas grades curriculares da maioria dos profissionais de saúde,[1] mas porque o Brasil, como país capitalista dependente, privilegia os interesses do capital em detrimento das necessidades sociais, capacidades e direitos do trabalho. Inevitavelmente esta opção dificulta avanços na condução de políticas sociais que respondam a um projeto de socieda-

1. Assistentes sociais, biólogos, professores de educação física, enfermeiros, bioquímicos, fisioterapeutas, fonoaudiólogos, médicos, médico-veterinários, nutricionistas, odontólogos, psicólogos, terapeutas ocupacionais (Resolução n. 281, de 6/3/1997 — Conselho Nacional de Saúde).

de que defenda a igualdade, a justiça social. É fundamental que estes elementos sejam levantados, pela urgência que esta preocupação traz, visto que nos últimos treze anos este caminho produziu mais desigualdade e injustiça social, aumentou o número de pobres e a pobreza, concentrou mais a riqueza acumulada individualmente, com menor número de ricos, mas em maior volume de riqueza. Estes dados rebatem no setor saúde, que consequentemente convive de forma direta com estes contrastes na rede de serviços, em que sua população adoecida é produto destas determinações, convivendo ainda com os cortes em seu investimento. Eles também afetam os servidores públicos que estão com os salários "congelados" há mais de uma década e sem um Plano de Carreira discutido e reformulado, como pauta de reivindicação pelo movimento sindical do setor. População e servidores que convivem em seu cotidiano com uma rede sucateada, sobrevivendo por esforço maior destes trabalhadores e, ainda, algumas localizadas políticas governamentais comprometidas com as necessidades de uma população específica, não alteram, porém, significativamente o quadro nacional dos indicadores de saúde. O desafio permanece: criar o novo em situação adversa. A criação só é viável se não for uma prática isolada/individual ou corporativa, porque assim tende a tornar-se messiânica e não muda. É necessário criar a cultura do trabalho coletivo, associado, da troca.

Esta aparente mudança de rota no interior do debate aqui colocado, intenciona demonstrar a relevância da articulação das questões estruturais, para entendermos os problemas locais e neles, os singulares que envolvem a interdisciplinaridade e o modelo de assistência à saúde. Se ela consiste em um trabalho comum, pelo qual se considera a interação das disciplinas científicas, de seus conceitos, diretrizes, de suas metodologias e de seus procedimentos, precisamos compreendê-la para então implementá-la. Para isso há que se buscar alternativas de sua consecução, vistos os limites e desafios estruturais de formação, de subjetividade, que se impõem aos profissionais de saúde e particularmente às equipes do PSF.

Daí a indicação de debatermos o modelo assistencial, por ser a partir de sua definição, de sua efetivação, que se conduz uma determinada prática, identificada com uma determinada concepção teórica. Na saúde, ela aparece como exercício para o contraponto do modelo hegemônico aqui criticado, em defesa de um modelo que possa contribuir para a transformação, em que está implícita a concepção de totalidade. O SUS/PSF, ao trabalhar com a concepção ampliada de saúde, com o modelo assistencial de atenção integrada em saúde, privilegiando a atenção primária, entende que todos os conhecimentos/saberes, acumulados na interpretação desta visão, necessitam articular-se de forma horizontal, sem se sobrepor. Novamente o desafio.

No PSF ele se duplica, não só pela formação inadequada para suas exigências — o perfil de profissional requisitado: o generalista — como, a princípio, pela estruturação montada em uma equipe mínima. Ela limita a construção desta troca, pois outros conteúdos que não estão contemplados por tal equipe se fazem necessários. Este é outro tema que a reflexão sobre a interdisciplinaridade promove. Como trabalhar de forma interdisciplinar, que consiste em dominar conteúdos de psicologia, ciências sociais, antropologia, economia, nutrição? Onde aparece a leitura e o debate que levam a conhecer a cultura popular, sua religiosidade, hábitos e costumes, representações sociais? Com qual conceito de família trabalha? Como entende e lida com as relações familiares e faz a mediação com a sociedade, contextualizando-a? E o controle social, como/quem trabalha com ele?

Em suma, como trabalhar os condicionantes e determinantes sociais, que não estão contemplados em sua formação? Será possível uma formação tão generalista, na contemporaneidade, que cubra a amplitude de conhecimentos e vivências? Por isso, entendemos que uma equipe concentrada como hoje se tem, por melhor capacitada/treinada que seja, não vai conseguir atender a estas questões, nem corresponder à demanda que lhe apresenta a realidade social.

Dominar este leque de conhecimento científico e prática profissional exige diversidade e disponibilidade para poder trocar, aprender e ensinar na intervenção profissional e na relação de trabalho. Isso passa por um constante refazer-se como profissional e cidadão (novamente os sábios da Grécia Antiga). A interdisciplinaridade como essência exige postura solidária e coerência entre pensar e fazer. Exige pois passar do campo virtual para o real, da utopia à realização.

Implica introjetar a participação/controle social como outro elemento primordial e constitutivo senão do "novo", pelo menos do diferente, no mínimo, antagônico ao neoliberalismo. Como interconectar todos estes preceitos? O SUS, como já se viu, como projeto para o setor e regulamentação jurídico-institucional, é resultado da luta histórica do movimento social. Luta que culminou com a proposta de Reforma Sanitária, apresentada como uma política de saúde que então daria outra conotação e direção não só ao setor, mas à sociedade, visto estar umbilicalmente centrada na participação dos diversos segmentos sociais e seus princípios interdependentes, inter-relacionados, sem destaque hierárquico para qualquer um deles. O que significa falar de interdisciplinaridade e ter garantido o conjunto destes princípios na rede de serviços de saúde. O PSF anula-se, se não tem legitimidade, nem será reconhecido pela sociedade, se não reorganiza o sistema, se os princípios não conseguirem dar um salto de qualidade à frente de reduzir as taxas de morbi-mortalidade da população adscrita.

A interdisciplinaridade é uma ferramenta que pode contribuir para o avanço da atenção qualitativa, de satisfação completa do usuário do serviço. Para isso é necessário que a equipe se diversifique, inserindo profissionais que tenham, em sua formação, conteúdos teórico-metodológicos que possam trazer este conhecimento que se completa ao clínico e ao epidemiológico, como o social, e que caminhem para a alternativa do modelo da atenção à saúde.

Observemos que este acúmulo na equipe representa o entendimento de um trabalho coletivo, em que a educação em saúde pode ser um elemento aglutinador e facilitador de práticas reflexivas e democráticas, baseadas na visão crítica, em que se percebe a família dialeticamente, construída histórica e socialmente, como sujeitos coletivos, que também fazem a história de sua sociedade, de sua época. Neste contexto, a interdisciplinaridade tem passagem pois muito tem a dizer sobre saberes e trocas, inserindo o saber popular na concepção e prática dos profissionais de saúde. Isto abre espaço de participação tanto do movimento popular organizado, como do usuário como seu representante direto, para que possa ter "vez" e "voz" (visto que tem voto). O critério de definição do Ministério da Saúde sobre uma equipe básica para implantação do PSF é equivocado, pretende-se realmente que ele seja a porta de entrada resolutiva para as complexas questões de saúde no país. Portanto, a oferta não deve ser do básico (a equipe), pois se aproxima do sinônimo de mínimo. Deve-se sim oferecer o necessário e o do direito: uma equipe ampliada, em que devem figurar outros profissionais, outros saberes.

A interdisciplinaridade, assim, leva a abrir espaço para um trabalho coletivo, que no PSF ultrapassa o limite das estruturas institucionais públicas/governamentais. Este trabalho entra não só nas casas das famílias, mas também nas Igrejas, nas Associações de Moradores, nas Escolas (públicas e privadas), isto é, nas instituições formadoras de indivíduos, sujeitos históricos/coletivos. Tem-se, portanto, que trabalhar com estes segmentos sociais. Há que se buscar uma articulação entre os diversos saberes, fundamentada em uma base teórica que a sustente para, a partir desta prática, transformar ou criar nova(s) teoria(s), novos conhecimentos e saberes.

Como afirma Souza (1999) "é necessário que se exerça a comunicação, ainda que parcial, de modo que cada visão disciplinar, ofereça uma contribuição peculiar no compartilhamento com outras".

Este posicionamento reforça o argumento de uma postura de amplitude. É preciso estender, fazer crescer a rede de comunicação pensando nas outras unidades de saúde e outras instituições nos três diferentes níveis de competência: federal, estadual e municipal — o trabalho intersetorial é também imprescindível. É preciso criar a cultura de recorrer e explorar espaços que são subutilizados, mas que são de direitos e, por que não, dever? Assim tanto os profissionais (trabalhadores/cidadãos), quanto a população organizada, devem participar dos espaços reguladores destes direitos, como os Conselhos de Saúde, participar das Conferências locais, regionais e nacionais, em que definem-se as políticas a serem implementadas por estes profissionais e por esta população, que deve ser estimulada a assumir responsabilidade que é de todos. Eles são o elo fundamental para mediar uma política de saúde comprometida com um modelo diferenciado. É nos fóruns oficiais ou informais que a luta por uma saúde e uma sociedade qualificadas vai se estabelecer, por isso, não se pode estar fora deles.

Entre os estudiosos dos movimentos sociais, por exemplo, destacamos o trabalho de Viola (2002, p. 96), que associa sua importância "à consolidação dos Direitos Humanos como princípios constitutivos das sociedades democráticas", em que a proposta é de uma política de defesa dos Direitos Humanos a partir das relações de mediação entre movimentos sociais e Estado. É este aspecto fundamental que necessita ser implementado no PSF, com todas as dificuldades inerentes a tal opção. Com seus limites, explorando as possibilidades.

Considerações finais

O que a experiência da Extensão e do Polo nos apontaram é o da certeza da necessidade de se ir além do Treinamento Introdutório e da urgente necessidade do investimento por parte dos Polos de Capacitação, de uma relação de continuidade, de debate constante, sistemático, com trocas de experiências, em que se possa promover eventos específicos, que oportunizem aos profissionais e movimento popular organizado, debaterem o tema e sua prática, participando de sua reconstrução dialeticamente. Estes fatores refletem a implementação de uma política de saúde que ainda tem muito a avançar na consolidação de seus princípios e uma sociedade que muito tem ainda a conquistar para ser justa e solidária.

Este é o sentido maior que a interdisciplinaridade contempla: a utopia. A perspectiva de acreditar na mudança de rumo, dos profissionais de saúde se perceberem também como sujeitos sociais, portanto, em eterna construção e não meros executores de políticas de saúde definidas pelo nível central de atenção, em que planejadores decidem por todos. É essencial mudar a pirâmide institucional e a da sociedade, não reproduzir a relação de submissão *versus* mando, que se critica no próximo, inclusive no usuário, e nas famílias, mas que não se realiza como profissional-cidadão.

Em suma é premente e possível resistir e criar, caso aponte-se para um projeto de sociedade. E a Universidade é o espaço privilegiado para a construção de um pensamento plural, democrático e o campo de intervenção propício para concretização e mediação deste pensamento, de uma prática interdisciplinar.

Referências bibliográficas

COUTINHO, C. N. Pluralismo: dimensões teóricas e políticas. In: Ensino em serviço social: pluralismo e formação profissional. *Cadernos ABESS*, São Paulo, Cortez, n. 4, p. 5-17, jul. 1995.

GOMES, F. R. *Interdisciplinaridade*: uma realidade? Reflexões sobre o ambulatório NAI/Unati. Trabalho de Conclusão de Curso da FSS/UERJ. Rio de Janeiro, 2001.

MENDES, E. V. Um novo paradigma sanitário: a produção social da saúde. In: *Uma agenda para a saúde*. São Paulo: Hucitec, 1999. p 233-253 e 270-84.

SAMPAIO, C. C. et al. Interdisciplinaridade em questão: análise de uma política de saúde voltada à mulher. In: SÁ, J. L. M. (Org.). *Serviço Social e interdisciplinaridade*: fundamentos filosóficos à prática interdisciplinar no ensino, pesquisa e extensão. São Paulo: Cortez, 1995.

SOUZA, A. S. A interdisciplinaridade e o trabalho coletivo em saúde. Atenção primária em saúde. In: *Revista Nates/UFJF*, ano 2, n. 2, mar./jun. 1999.

VIOLA, S. E. A Os direitos Humanos como uma produção do movimento social. In: CIÊNCIAS SOCIAIS UNISINOS/*Centro de Ciências Humanas, Universidade do Vale do Rio dos Sinos*, São Leopoldo, Unisinos, v. 38, n. 160, p 95-116, 2002.

Parte III

Saúde em diferentes dimensões

Serviço Social e envelhecimento: perspectivas de trabalho do assistente social na área da saúde

Alzira Tereza Garcia Lobato

Introdução

A população idosa no Brasil vem tendo um crescimento acelerado. Dados do IBGE de 1991 demonstraram que os idosos já representavam 10% de nossa população. No censo de 2000, já eram 15 milhões de pessoas. Para a Organização Mundial de Saúde são considerados idosos nos países em desenvolvimento as pessoas com mais de 60 anos. Estudos demográficos afirmam que no ano 2020 nosso país ocupará o sexto lugar no mundo em população idosa. Porém se ganhamos em tempo de vida, pois hoje no Brasil vive-se em média 65 anos, necessitamos garantir melhores condições de vida para toda a população, pois em nosso país as desigualdades sociais são enormes. Essa preocupação com as gerações mais velhas tem levado profissionais de várias áreas como: médicos, enfermeiros, psicólogos, fisioterapeutas e também os assistentes sociais a buscarem capacitação para o trabalho com idosos.

Nas décadas de 1960 e 1970, os assistentes sociais estavam presentes nos programas de asilamento e centros de convivência. Nas décadas seguintes, com o desenvolvimento de programas de universidade de terceira idade e o surgimento de Conselhos de Idosos, esse profissional tem estado em evidência. No campo da saúde, que historicamente tem absorvido mais assistentes sociais, verificamos sua inserção em programas de saúde do idoso intervindo nos vários níveis de atenção: primária, secundária e terciária.

Neste artigo apresentaremos algumas considerações a respeito das possibilidades de intervenção do Serviço Social na área da saúde junto ao segmento de idosos, a partir de um panorama sobre o envelhecimento, as políticas para a velhice e o significado dos programas de terceira idade.

1. Questões sobre o processo de envelhecimento

O Brasil não é mais um país de jovens. Nas ruas, praças e outros lugares públicos podemos encontrar senhores e senhoras que buscam novas formas de viver a velhice. Embora o envelhecimento populacional ocorra em todas as sociedades, assume características diferentes em cada país. Camarano e Beltrão (1997), em seus estudos sobre as características sociodemográficas da população idosa brasileira, explicam que esse crescimento dos idosos em nosso país deve-se à queda nos índices de fecundidade e ao aumento da longevidade. Isso ocorre em detrimento do peso da população jovem no total da população brasileira. As autoras declaram também que esta é uma tendência mundial, e que essa mudança na distribuição etária indica novas demandas por políticas sociais.

Apresentamos anteriormente previsões de que seremos, em breve, a sexta população do mundo em idosos. Ao mesmo tempo em que isso nos orgulha, pois significa que estamos com uma maior expectativa de vida, também nos preocupa, pois as desigualdades sociais cada vez se acentuam mais em nosso país, principalmente com a implementação de políticas de ajuste neoliberal, nos últimos governos, que obrigam a redução dos gastos públicos, gerando cortes significativos no financiamento das políticas sociais e taxas de desemprego assustadoras.

Assim sendo, estamos diante de um quadro adverso para os jovens, que não tem garantias de acesso ao mercado de trabalho formal. Dados do Censo de 2000 do IBGE indicam que mais da metade dos trabalhadores brasileiros, por estarem inseridos no mercado informal de trabalho, não contribui para a previdência social. Portanto, estes trabalhadores ficarão excluídos do direito à aposentadoria e de outros benefícios como o auxílio-doença, que garantem remuneração ao trabalhador quando este se afasta do trabalho por motivo de doença.

Nesse contexto, pensar em condições dignas de vida para os nossos idosos é enfrentar o desafio de respeitá-los como ex-trabalhadores que são, e que ajudaram a construir a riqueza desse país. Porém verificamos que, muitas vezes, o desrespeito parte de nossos governantes, que veem os aposentados e pensionistas como causadores de déficits na Previdência Pública. Reportagem do telejornal Nacional (10/2/2003), veiculou a informação de que 66% dos aposentados de nosso país recebem apenas um salário mínimo de aposentadoria, valor considerado insuficiente para suprir necessidades básicas de saúde, alimentação, moradia e outras. Mas contraditoriamente, são estes idosos que, mesmo com suas baixas aposentadorias e pensões, têm garantido o sustento de suas famílias, ao mesmo tempo que sustentam também a economia do município em que residem. Aquele discurso de nossos governantes, a nosso ver, é ofensivo e não condiz com a realidade que vivenciamos em relação ao segmento de idosos em nosso país.

Estudos de Pereira (2002, p. 253-54) comprovam que o ideário neoliberal vem desmantelando as políticas sociais no Brasil que têm sido percebidas como instrumentos de concretização de direitos de cidadania. Além disso, os direitos sociais têm sido, desde os anos 90, contestados por esse mesmo ideário, que preconiza o Estado mínimo, que tem transferido para a sociedade civil a responsabilidade com a produção de bens e serviços de consumo coletivo.

A Previdência Social, a assistência social e a saúde são as três políticas que compõem a Seguridade Social e consideradas bens públicos e direitos pela Constituição de 1988. A reforma da Previdência, já realizada com a EC 41/03, no atual governo, mais uma vez irá afetar os aposentados, chamados de inativos.

Ser idoso no Brasil é ora ser reverenciado pela mídia, como garoto propaganda, ou frequentador de bailes e programas de terceira idade, ora ser apresentado como segmento excluído de nossa sociedade, muitas vezes vivendo nas ruas das grandes cidades ou vivendo em precárias condições, seja em determinados asilos ou casas de repouso.

Em nossa sociedade, a imagem que se tem da velhice ainda é bastante negativa, embora nos programas de terceira idade, os idosos sejam representados como ativos e disponíveis para viver intensamente essa fase da vida.[1] Debert (1997) nos alerta para o fato de que essa imagem da velhice bem-sucedida não deve descartar, mesmo com os avanços médicos e tecnológicos, a condição de dependência na velhice. A respeito da dependência na velhice, estudos de vários autores demonstram que as desigualdades sociais em nosso país têm gerado um número crescente de idosos incapacitados funcionalmente e com saúde precária. Os idosos sofrem de doenças crônico-degenerativas, o que implica redefinições nas políticas de saúde voltadas para este segmento. A esse respeito Veras e Camargo Jr. (1995) ainda chamam atenção para o aumento de custos com: internação, tratamento, equipamentos e medicamentos, que atendam de modo adequado às demandas dos idosos, tendo em vista que o envelhecimento da população brasileira tem sido permeado pela carência geral de recursos que garantam programas públicos de qualidade.

Portanto, como podemos verificar, o processo de envelhecimento não se resume apenas aos aspectos demográficos, implica criação de políticas públicas para um segmento que demanda melhores condições de saúde, habitação, aposentadorias e pensões, assistência social, enfim, condições dignas de existência, pelos anos a mais de vida.

2. Considerações sobre políticas para a velhice no Brasil

O processo de envelhecimento em nosso país não se dá de modo igual para todos. A velhice, como qualquer etapa do ciclo de vida, é determinada pela inserção de classe social, pelas questões de gênero, raça e

1. O termo "terceira idade", surge no final dos anos 1960, na França. De acordo com diversos autores, este termo está associado a novos padrões de comportamento de uma geração que envelhece ativamente. Esse modo de envelhecer ativo é associado ao lazer, à autossatisfação e à autonomia. Tanto os idosos como os estudiosos do envelhecimento associam este conjunto de representações com uma nova forma de viver a velhice, ou com uma nova etapa da vida que se define entre a idade adulta e a velhice propriamente dita. No Brasil, alguns autores, como Goldman (2000), não fazem essa distinção do termo terceira idade com outros que designam a velhice.

etnia, demarcando experiências de envelhecimento heterogêneas no interior de nossa sociedade. Daí que envelhecer com dignidade não é uma responsabilidade individual, mas sim responsabilidade coletiva. Implica não só a criação de políticas públicas como também a garantia de acesso dos idosos a essas políticas.

Estudos de Goldman (2000) sobre velhice e direitos sociais afirmam que o processo de envelhecimento é um fenômeno complexo, haja vista a quantidade de termos usados em relação ao sujeito que envelhece. A autora destaca os seguintes termos: velho, idoso, geronte, gerontino, velhote ou ancião. Além disso, declara que todas essas designações apenas suavizam, no discurso, a estigmatização que os idosos vivem no cotidiano. Concordamos com Goldman e acreditamos que este possa ser um caminho para o Serviço Social junto aos idosos, quando nos indica a tarefa de superação dos estigmas e nos impele a dar significação, na trajetória de vida dos idosos, à busca de espaços de construção de sua cidadania, o que implica percebê-los como sujeitos históricos e não meros objetos da ação profissional (Goldman, 2000, p. 13).

As preocupações sociais decorrentes do envelhecimento de nossa população são relativamente recentes. O surgimento de um discurso científico sobre o envelhecimento nasce do interesse de instituições e profissionais que atuavam com idosos a partir da década de 1960. As ações do Estado, naquela década, foram marcadas pelo asilamento, referendadas por uma visão negativa da velhice direcionada ao idoso pobre, carente, doente e marginalizado pela sociedade.

Conforme Nunes (2000), o trabalho pioneiro do Serviço Social do Comércio (Sesc) com grupos de convivência de idosos busca dar um significado mais positivo à velhice que era destinada ao asilamento e isolamento social. Pretende-se, no interior desses grupos, trabalhar a autoestima, o prazer em envelhecer através da realização de atividades como: dança, teatro e atualização de conhecimentos. Cabe ressaltar a presença dos assistentes sociais na coordenação e execução, não só nos programas de asilamento como nos grupos de convivência.

A década de 1980 foi considerada por muitos autores como a década perdida, pois as altas taxas de inflação comprometeram o desenvolvimento do país e agravaram as desigualdades sociais. Mas no que diz respeito às ações voltadas para os idosos, conforme Nara Rodrigues,[2] assistente social e gerontóloga, não foi uma década perdida, pois verificamos a criação tanto de programas governamentais que implementaram os grupos e centros de convivência, como ações não governamentais tais como a organização dos idosos em Associações e a criação de Programas de Preparo para a Aposentadoria, desenvolvidos por empresas estatais.

A Constituição Federal de 1988, conhecida como a constituição cidadã, pois contou com a participação de segmentos significativos de nossa sociedade, veio legitimar as políticas sociais em nosso país como resultado das lutas e reivindicações populares pelo avanço da democracia. Assim, pela primeira vez, a questão do idoso é contemplada na Constituição em vários artigos, fruto das reivindicações das associações e confederação dos aposentados.

Para Pereira (2002, p. 267), nesta conjuntura dos anos 80, com todas as conquistas garantidas em nossa Constituição, parecia que estávamos construindo as bases de uma nova cultura política pautada nos seguintes mecanismos: participação política, distribuição do poder, descentralização político-administrativa e o controle público e democrático.

Ressaltamos nessa década a organização dos idosos, seja em associações ou conselhos. Data de 1984 a criação do primeiro Conselho Estadual do Idoso, em São Paulo. Em 1988, mais dois Conselhos foram criados nos estados do Rio Grande do Sul e Santa Catarina. Esses conselhos são compostos paritariamente por instituições governamentais e não governamentais, o que implica uma organização coletiva dos idosos para participarem daqueles espaços.

A criação pelo Ministério da Saúde, em 1988, das "Normas para Funcionamento de Casas Geriátricas e Asilos", consideradas de longa permanência, demarcou o interesse do governo em fiscalizar o trabalho e a atenção com idosos naquelas instituições.

2. A assistente social Nara Rodriguez é uma das fundadoras da ANG, criada em 1985, agregando profissionais que trabalhavam com idosos e que percebiam o envelhecimento como processo complexo que ia além do biológico. A entidade conta com regionais em todo o Brasil e tem papel relevante nas lutas pela implementação da Política Nacional do Idoso em nosso país.

Ainda na década de 1980, a Associação Nacional de Gerontologia (ANG), realizou vários seminários regionais para discutir a questão do idoso no Brasil, culminando com um grande seminário em Brasília, que contou com a participação de várias entidades interessadas na criação de políticas sociais para idosos. Este seminário gerou um documento intitulado "Políticas para a Terceira Idade nos anos 1990". O documento foi encaminhado, posteriormente ao presidente Collor, através do Ministério da Previdência e Assistência Social. Conforme testemunho de Nara Rodrigues,[3] o documento foi discutido por uma comissão mista formada por representantes governamentais e não governamentais, mas a política só foi criada durante o governo Itamar Franco em 1994. A contribuição do Conselho Estadual do Idoso do Rio Grande do Sul, do qual aquela assistente social fazia parte, deu-se na elaboração do anteprojeto de lei do que hoje conhecemos como a Política Nacional do Idoso (Lei n. 8.842, de 4/1/1994).

A Política Nacional do Idoso, por intermédio de seu artigo 3°, deixa claro o dever da família, da sociedade e do Estado em assegurar os direitos de cidadania dos idosos, garantindo sua participação na comunidade, na defesa da dignidade, bem-estar e do direito à vida aos idosos. Concordamos com Nara Rodrigues quando recomenda que a atuação profissional com esse segmento deve ter em mente que "o velho é o sujeito e o protagonista da ação".

Ao longo da década de 1990, foram realizados encontros e fóruns para discutir a implementação da Política Nacional do Idoso, fazendo injunções para o Governo no sentido de garantir o financiamento dessa política, que envolvia ações de vários Ministérios, sob a coordenação da Secretaria de Assistência Social do Ministério da Previdência e Assistência Social.

No ano de 1998, um grupo de profissionais de vários estados, professores de universidades e técnicos do Ministério da Saúde organizados

3. Os dados sobre as políticas de idosos no Brasil contaram com observações da professora Nara Rodrigues, quando em palestra realizada no VII Fórum Nacional de Coordenadores de Projetos de Terceira Idade e VIII Encontro Nacional de Estudantes da Terceira Idade, em 14/10/2003, na Universidade Católica Dom Bosco (UCDB), Campo Grande, MS.

em comissão, foram convocados a elaborar a Política Nacional de Saúde do Idoso (PNSI). Essa política, que foi promulgada pelo então Ministro da Saúde, José Serra, é parte essencial da Política Nacional do Idoso e objetiva um envelhecimento saudável, buscando preservar a capacidade funcional, a autonomia e a qualidade de vida do idoso. Suas diretrizes são: a promoção do envelhecimento saudável, a manutenção da capacidade funcional, a assistência às necessidades de saúde do idoso, a reabilitação da capacidade funcional comprometida, a capacitação de recursos humanos, o apoio ao desenvolvimento de cuidados informais e o apoio a estudos e pesquisas.

Como podemos perceber, as diretrizes da PNSI enfatizam as ações de promoção e reabilitação, na lógica de que através da prevenção diminuímos os gastos com o tratamento e internações. A família é chamada a desempenhar a função de apoio social informal, contribuindo na garantia da autonomia e qualidade de vida do idoso. Ressaltamos que, neste contexto de corte do financiamento das políticas públicas, as famílias têm sido mobilizadas a assumirem responsabilidades que muitas vezes são da esfera do Estado, no conjunto de medidas de proteção social direcionadas aos vários segmentos de nossa sociedade.

Em 1999, a Organização Mundial de Saúde instituiu o Ano Internacional do Idoso, e pudemos perceber que a questão começou a ganhar visibilidade na mídia. Muitas ações foram empreendidas de forma pontual como: mutirão de cirurgias, campanhas de vacinação, abertura de novos grupos de convivência, grupos de turismo para a terceira idade. Porém o financiamento das políticas que privilegiavam a descentralização de ações era o grande obstáculo a ser enfrentado.

Ao longo da década de 1990, foram criados programas de universidades de terceira idade, vinculados à área de extensão das universidades privadas e públicas. Esses programas, que já somam mais de 200 em todo o país, têm mobilizado mais os idosos das camadas médias a darem continuidade aos estudos na velhice, além de produzirem uma imagem mais positiva dessa fase da vida. Os idosos desses programas são ativos e produtivos, contrastando com aqueles que, muitas vezes, estão isolados socialmente, mesmo que em família e, os que estão asilados (Nunes, 2000). No final da década de 1990, foi criado o Programa Nacional de Cuidadores de Idosos, envolvendo dois ministérios (Saúde e Ministério da Previdência e Assistência Social), mas que até o momento não foi implementado.

Recentemente, no ano de 2002, através do Ministério da Saúde, foram criadas as Redes Estaduais de Assistência à Saúde do Idoso, em caráter experimental nos estados de São Paulo e Rio de Janeiro. Tais iniciativas têm encontrado dificuldades de implementação, principalmente no Rio, embora tenha havido esforços no sentido de capacitar equipes multiprofissionais para o atendimento ao idoso. Na constituição das equipes básicas no Rio de Janeiro, verificamos a presença do assistente social.

No atual governo, tivemos a aprovação recente do Estatuto do Idoso, que, em seu artigo 1°, esclarece que o estatuto objetiva regular os direitos assegurados às pessoas com idade igual ou superior a 60 anos, além de criar o Conselho Nacional do Idoso, vetado anteriormente, no texto da Política Nacional do Idoso.

Portanto, percebemos que as políticas já estão criadas. O que nos interessa como assistentes sociais é garantir o acesso dos idosos às políticas, participando da organização de espaços coletivos junto com este segmento que, de modo geral, desconhece a existência de tais políticas.

3. Condições para a participação social nos programas de terceira idade: propostas de trabalho para o assistente social

Embora o tema da participação social esteja presente no texto da Política Nacional do Idoso (Lei n. 8.842, de 4/1/1994) em seu primeiro artigo — "A PNI tem por objetivo assegurar os direitos sociais do idoso, criando condições para promover sua autonomia, integração e participação efetiva na sociedade" — ainda existe uma lacuna muito grande entre o texto e a concretização da participação social na garantia dos direitos sociais desse segmento.

Porém, ao mesmo tempo que percebemos a lacuna, consideramos que é por dentro dos programas direcionados para os idosos que os assistentes sociais podem trabalhar as questões relativas ao exercício do controle social nas políticas públicas, com o intuito de construir políticas públicas de inclusão.

Vários autores, como Nunes (1998), Debert (1997), Assis et al., têm afirmado que os programas de idosos operam mudanças em seus participantes quanto ao resgate da autoestima, superação de doenças, recuperação da memória, além de propiciar novos conhecimentos e o desenvolvimento de novas habilidades. Todos esses ganhos, favorecem também o desenvolvimento da sociabilidade. Esse último aspecto é interessante para nossa discussão, pois aqueles espaços têm favorecido o associativismo entre os idosos. Considerando os estudos de Ammann (1979) sobre associativismo como forma de participação social indireta e as condições para a participação, identificamos aspectos significativos nos programas de terceira idade quanto a serem potencializadores dessa participação do idoso na sociedade.

Fazer parte de uma sociedade implica estar em contato com pessoas e grupos sociais diversos, de várias gerações, com valores e ideias diferentes, mas sempre buscando estabelecer rede de relações que nos possibilitem participar da vida social. Desde pequenos exercitamos a participação em nosso grupo familiar e, de certa forma, somos preparados para a vivência em outros grupos. Daí que temos o grupo de amigos, vizinhos, o grupo da igreja, o clube e quando mais velhos, temos os grupos de terceira idade, que se reúnem com objetivos semelhantes como sinalizamos anteriormente.

Para Safira Ammann (1979), as condições de participação estão em dois níveis: o do indivíduo (no plano da conscientização), e o da sociedade (o modo como as relações sociais acontecem, as questões conjunturais etc.). Em nível do indivíduo temos três condições relacionadas aos fatores psicossociais que são: motivação, informação e educação.

A motivação está relacionada ao modo como nos colocamos diante do mundo exterior. Existem várias ordens de motivos: amorosos, lógico, biológico. A ordem de motivos de natureza ética, conforme Pinto (apud Ammann, 1979, p. 38), é a que nos leva a participar, propiciando o diálogo e a comunicação com o outro. Portanto, esse motivo favorece a associação, através da busca voluntária por outros grupos.

É comum recebermos, em nossos programas, idosos com baixa autoestima, queixosos da forma como são tratados pela família e pela sociedade em geral, que ainda cultiva uma representação bastante negativa da velhice como tempo de "espera da morte", ou das doenças, enfim, como um tempo de desinvestimento.

Porém, também percebemos que após um tempo no programa, na medida em que são estimulados a participar e encontram respeito por suas opiniões, demonstram interesse em desenvolver novas habilidades e novos conhecimentos, ao mesmo tempo que ampliam sua rede de relações dando novo significado à velhice.

A informação é a condição que subsidia os segmentos nas escolhas a partir de seus interesses e necessidades. Um segmento informado pode contribuir mais com o programa, na medida em que conhece a proposta, a forma de acesso ao serviço, os profissionais envolvidos, enfim, estará participando e também informado sobre as políticas sociais e o acesso aos seus direitos sociais.

A educação é a terceira condição para a participação. Aprender a participar é se apoderar de ideias, de hábitos e habilidades com um novo padrão de comportamento, e isto é possível ao longo de toda a nossa vida. É por meio de um processo de educação permanente e de educação para a saúde, que os usuários de nossos serviços podem assumir uma nova posição frente às situações do seu cotidiano, desenvolvendo potencialidades, muitas vezes adormecidas, novas habilidades, além de acionar a capacidade de crítica, de organização e luta pela garantia de direitos em nossa sociedade.

De modo geral, os assistentes sociais comprometidos com os interesses dos segmentos que atendem devem observar essas três condições desde o momento em que o idoso acessa ao programa quer seja de grupo de convivência ou grupos de idosos em ambulatórios.

Assis et al. (2002, p. 56), em artigo que avalia experiência de trabalho com idosos em projeto de promoção da saúde, desenvolvido há sete anos no ambulatório Núcleo de Atenção ao Idoso, da Universidade Aberta da Terceira Idade/UERJ, de caráter interdisciplinar envolvendo: assistente social, fisioterapeuta, nutricionista e outros, chamam a atenção para a complexidade da promoção do envelhecimento saudável, diretriz da PNSI, pois envolve a conquista de uma boa qualidade de vida e o amplo acesso a serviços organizados para atender idosos. Ao mesmo tempo, trabalhar nesta perspectiva significa fortalecer e instrumentalizar a população em suas lutas por cidadania e justiça social.

Esse projeto de promoção da saúde foi implementado tendo em vista a demanda dos idosos por avaliação de saúde, com fins preventivos e o desejo da equipe em desenvolver ações voltadas para a promoção do envelhecimento saudável. O projeto possui duas linhas de atuação integradas: a prática educativa, através dos Grupos Encontros com a Saúde (GES), e a pesquisa sobre saúde e envelhecimento (Assis et al., 2002, p. 56).

Para Assis et al. (2002, p. 57), a proposta educativa dos grupos busca propiciar espaço de participação onde todos aprendem e ensinam, ao mesmo tempo que reformulam concepções e produzem novos conhecimentos. Portanto, ampliar o autoconhecimento e promover o autocuidado na perspectiva de construção da cidadania e melhoria da qualidade de vida são objetivos do grupo que aborda temas sobre o envelhecimento, fatores gerais de saúde (alimentação, atividade física, estresse, sexualidade, memória), e algumas doenças comuns (hipertensão arterial, diabetes, depressão e problemas ósteo-articulares).

Para as autoras, a contribuição do projeto tem sido positiva em aspectos relacionados a dois campos centrais da promoção da saúde: o desenvolvimento de habilidades pessoais (aprendizagem, autoestima e outras), e a reorientação dos serviços de saúde (humanização, integralidade da atenção, conceito amplo de saúde e interdisciplinaridade). Porém, os limites encontram-se na implementação de estratégias que impulsionem a ação comunitária no âmbito das atividades do projeto (Assis et al., 2002, p. 53).

Em seus estudos sobre a prática do Serviço Social no campo da saúde, Vasconcelos (2002, p. 430) afirma que a educação em saúde é campo que possibilita ao assistente social estar em conexão com a "questão social", pois esse campo "atende a um interesse social — de saúde coletiva — e a um interesse individual — na construção/manutenção/proteção da vida da pessoa, de sua autoestima".

Considerando a experiência com grupos de idosos em projetos de promoção da saúde, podemos avaliar que as atividades em grupo são importantes para os idosos, pois lhes propicia aprendizado e capacitação, para que cuidem de sua própria saúde, estimulando o desejo de associação e o desenvolvimento da sociabilidade ao mesmo tempo que os idosos aprendem a respeitar e a ouvir o outro e a si mesmos, encontrando alternativas para os problemas discutidos junto com seus pares.

Nossa experiência com idosos em um programa de universidade de terceira idade, de caráter público no município do Rio de Janeiro, criado há dez anos, tem demonstrado que devemos aproveitar as motivações dos idosos em participarem dos programas e transformá-las em ações de participação no sentido da construção da concidadania, que, conforme Leonardo Boff (1999), é o movimento que um cidadão faz em face de outro cidadão na luta pelos direitos sociais, é a vivência que os cidadãos têm tido nos movimentos sociais, que representam a sociedade civil organizada perante o governo.

Na área da saúde, desde a década de 1990, contamos com mecanismos fundamentais para a garantia da participação da comunidade que são as Conferências de Saúde e os Conselhos de Saúde. Nos Conselhos, a representação dos usuários é paritária em relação ao conjunto dos demais segmentos.

Organizar os idosos por intermédio de grupos no interior dos programas e capacitá-los para participarem dos Conselhos, através da democratização de informações a respeito das políticas do idoso, das questões de saúde do idoso, do financiamento das políticas, são eixos fundamentais do trabalho do Serviço Social com o segmento de idosos.

Quanto à questão da participação dos usuários nos Conselhos, por meio do exercício do controle social, Vasconcelos (2002), concebendo a saúde como o campo da vida, considera que o trabalho do assistente social na educação em saúde

> envolve as possibilidades de prevenção não só dos agravos das doenças que os usuários já portam, mas da cobrança e controle social das ações que, extrapolando a saúde, determinam as suas possibilidades, como a infraestrutura — água, esgoto, iluminação, habitação etc. (2002, p. 430)

Nossa experiência de trabalho com idosos nos permite afirmar que as políticas para o idoso só serão implementadas se houver mobilização dos profissionais e dos idosos numa parceria de concidadania participativa.

Portanto, consideramos de fundamental importância que se mantenha nos estados e municípios reuniões sistemáticas dos Fóruns Permanentes de Implementação da Política Nacional do Idoso, incorporando as diretrizes do Estatuto do Idoso e garantindo a articulação das ações programáticas, bem como a mobilização das entidades de terceira idade, do movimento de aposentados e pensionistas. Neste cenário, a participação do assistente social tem sido de fundamental importância, pois é ele que tem formação para trabalhar a questão do controle social nas políticas públicas.

O surgimento de Conselhos estaduais e municipais de Defesa dos Direitos da Pessoa Idosa tem também importante função na participação política dos idosos que precisam estar organizados em representações não governamentais nesses espaços. Mas todas essas experiências de organização e participação em espaços coletivos devem ser levadas para dentro dos programas de terceira idade, sejam eles programas de atenção à saúde do idoso, ou ambulatórios e centros de saúde que atendam idosos. Isto implica capacitação profissional, para os assistentes sociais sobre as questões do envelhecimento em nosso país.

Considerações finais

Diante das desigualdades sociais que ainda presenciamos em nosso país, que tem tido crescimento acelerado da população idosa, precisamos unir esforços com outros profissionais que tenham compromisso com a causa do idoso, no desenvolvimento de programas e projetos que busquem garantir melhores condições de vida e dignidade na velhice. Precisamos romper com a ideia de que ter envelhecimento saudável é apenas uma questão de mudança de hábitos, o que descaracteriza o papel das políticas públicas para idosos, ainda pouco implementadas em nosso país.

Precisamos recuperar o sentido da promoção da saúde em sua dimensão coletiva, reforçando a ação comunitária, envolvendo os idosos e capacitando-os para a ocupação de espaços como, por exemplo, os Conselhos de Saúde.

Porém, é por intermédio da solidariedade entre as gerações, entre profissionais e usuários dos serviços que podemos garantir o acesso às políticas sociais e poder de decisão para o segmento de idosos nas questões que lhes dizem respeito.

Assim sendo, como assistentes sociais, devemos valorizar os espaços dos programas de terceira idade, percebendo-os como potencializadores e instrumentalizadores de ações que contribuam para garantir o acesso dos idosos aos serviços públicos de saúde, o que em médio prazo também irá contribuir para a consolidação de uma representação mais positiva da velhice em nossa sociedade.

Referências bibliográficas

AMMANN, S. B. *Participação social*. São Paulo: Cortez/Moraes, 1979.

ASSIS, M. de; PACHECO, L.; MENEZES, I. S. Repercussões de uma experiência de promoção da saúde no envelhecimento: análise preliminar a partir das percepções dos idosos. In: *Textos sobre envelhecimento*. Rio de Janeiro: UERJ, Unati, ano 4, n. 7, p. 53-73, 1° sem. 2002.

BOFF, L. *A águia e a galinha*: uma metáfora da condição humana. Petrópolis: Vozes, 1999.

BRASIL. *Política Nacional do Idoso*. Lei n. 8.842, de 4 jan. 1994.

______. *Estatuto do Idoso*. Lei n. 10.741, de 1 out. 2003.

______. *Política Nacional de Saúde do Idoso*. Portaria n. 1.395, de 9 dez. 1999, publicada no DOU n. 237 — E, seção 1, p. 20 -24, de 13 dez. 1999.

CAMARANO, A. A.; BELTRÃO, K. I. Características sociodemográficas da população idosa brasileira. *Revista de Estudos Feministas*, IFCS/UFRJ, v. 5, p.106-9, 1° sem. 1997.

DEBERT, G. G. Envelhecimento e curso da vida. *Revista de Estudos Feministas*, IFCS/UFRJ, v. 5, p.120-8, 1° sem. 1997.

GOLDMAN, S. N. Velhice e direitos sociais. In: PAZ, S. F. et al. (Orgs.). *Envelhecer com cidadania*: quem sabe um dia? Rio de Janeiro: ANG-RJ/CBCISS, 2000, p. 13-42.

NUNES, A. T. G. L. O trabalho do serviço social na Universidade Aberta da Terceira Idade da UERJ. *Superando desafios. Cadernos do Serviço Social do Hospital Universitário Pedro Ernesto*, Ano 3, n. 3. Rio de Janeiro. UERJ/Hupe/Serviço Social, nov. 1998.

NUNES, A. T. G. L. As mulheres na Universidade de Terceira Idade. In: PAZ, S. F. et al. (Orgs.). *Evelhecer com cidadania*: quem sabe um dia? Rio de Janeiro. ANG-RJ/CBCISS, 2000, p. 95-106.

PEREIRA, P. A. P. Política social, cidadania e neoliberalismo: reflexão sobre a experiência brasileira. In: CARVALHO, D. B. B. de. et al. (Orgs.). *Novos paradigmas da política social*. Brasília: UnB, Programa de Pós-graduação em política social, Departamento de Serviço Social, 2002, p. 253-73.

VASCONCELOS, A. M. de. *A prática do serviço social*: cotidiano, formação e alternativas na área da saúde. São Paulo: Cortez, 2002.

VERAS, R. P.; CAMARGO Jr., K. Idosos e Universidade: parceria para qualidade de vida. In: VERAS, R. P. (Org.). *Terceira idade*: um envelhecimento digno para o cidadão do futuro. Rio de Janeiro: Relume Dumará/UERJ/Unati, 1995, p. 11-27.

Por uma cartografia do cuidado em saúde mental: repensando a micropolítica do processo de trabalho do cuidar em instituições

Marco José de Oliveira Duarte

"Ser sadio significa não somente ser normal em uma situação determinada, mas também ser normativo nessa situação e em outras situações possíveis. O que caracteriza a saúde é a possibilidade de exceder a norma que define o normal momentâneo; a possibilidade de tolerar infrações à norma habitual e de instituir normas novas em situações novas."

G. Canguilhem

1. Para uma introdução da questão teórico-conceitual

Este trabalho tem por objetivo apresentar considerações introdutórias a respeito da temática da Produção do Cuidado no campo da Saúde Mental. Este campo, por um lado, e o conceito que veicula, por outro, emergem a partir da década de 1960 e, hegemonicamente, referem-se a um setor da saúde, no conjunto de seus saberes e práticas que, contemporaneamente, vem sendo imbuído de novos sentidos e enunciados, constituindo-se, assim, em um território interdisciplinar sob o signo da multiplicidade.

Nesse sentido, direcionamos nosso olhar investigativo para a análise dos discursos do fazer e das práticas presentes no cotidiano da produção do cuidado em saúde mental em duas instituições psiquiátricas no Rio de Janeiro, sem, contudo, reduzirmos a uma mera questão de certo ou errado, verdadeiro ou falso, ou simplesmente, a uma observação técnica em si, mas levando em consideração a complexidade dos equipamentos técnico-assistenciais investigados e o próprio contexto heterogêneo do referido campo.

Assim, traçando essas análises, em geral, estaremos contribuindo para o entendimento das práticas de produção do cuidado, que desenham institucionalmente o campo da saúde mental, tendo como referência o conjunto dos dados colhidos e suas interpretações possíveis, resultados parciais, portanto, de nossa pesquisa "Saúde, Loucura e Família: Práticas Socioinstitucionais em Serviço", que desenvolvemos na Faculdade de Serviço Social da UERJ, desde 1997, dando continuidade a um trabalho investigativo iniciado em 1994.

O resultado parcial dessa pesquisa desenha as possibilidades de mudanças e as repetições presentes no referido campo, no intuito de visualizarmos as práticas socioinstitucionais do setor que exteriorizam certas rupturas presentes, que vêm se instituindo no cenário das referidas práticas assistenciais, tendo como referência o paradigma da desinstitucionalização.

Entendido como um modelo tecnoassistencial, o paradigma da desinstitucionalização no setor da saúde mental vem balizando os processos e a produção de um trabalho cuidador que estabelece acolhimento, vínculo, escuta e compromisso ético-político com os usuários na sua forma de *andar a vida* (Canguilhem, 1990) individual e coletiva, e desta maneira, orienta para uma outra organização desse trabalho, por meio do técnico ou equipe de referência, da elaboração de projetos terapêuticos individuais, entre outros.

As mudanças verificadas na década de 1990, no Brasil, no que se refere à reestruturação e redimensionamento da organização e da atenção à Saúde Mental, coloca de imediato dois problemas: o processo de trabalho do cuidado aos usuários dos serviços e a configuração dos modelos tecnoassistenciais em gestão.

Deve-se destacar que o trabalho de produção do cuidado à saúde mental apresenta uma heterogeneidade intrínseca relativa aos seus agentes institucionais,[1] seus instrumentos e processos de trabalho sobre suas obras,[2] o que necessariamente implica uma lógica do trabalho coletivo, em equipe, portanto, multiprofissional e interdisciplinar.

Sendo assim, o trabalho do cuidar não se constituiria em uma dimensão reduzida e fixa das linhas sedentárias dos aparatos tecnológicos duros,[3] presentes no cotidiano do ato do cuidado da corporação médica em geral, centrado nos procedimentos terapêuticos em si. Reordenaríamos, assim, a lógica terapêutica, estabelecendo a atenção centrada para o usuário, desta forma, voltado, basicamente, na perspectiva da desinstitucionalização,

> para reconstruir as pessoas como atores sociais, para impedir-lhes o sufocamento sob o papel, o comportamento, a identidade estereotipada e introjetada que é a máscara que se sobrepõe à dos doentes. Que tratar significa ocupar-se aqui e agora para que se transformem os modos de viver e sentir o sofrimento do paciente e que ao mesmo tempo se transforme a sua vida concreta cotidiana. (Rotelli, 1990, p. 94)

Neste sentido, o trabalho terapêutico do ato do cuidar, desenhado acima, se pauta, necessariamente, na negação do modelo hegemônico manicomial de assistência, o modo asilar de tratamento e cuidado, que por anos foi a resposta do paradigma psiquiátrico. Constrói-se, assim, uma perspectiva teórico-conceitual e assistencial, que rompe radicalmente com a questão da psiquiatrização do dito doente mental, com a medicalização e a hospitalização dos sujeitos em sofrimento-existência.

Como nos afirma Bezerra Jr. (1994),

> num mundo em que as esperanças utópicas ainda estavam fortemente presentes, mas já alimentava dúvidas quanto a plausividade de revoluções

---

1. NOGUEIRA, Roberto Passos. *Perspectivas da qualidade em saúde*. Rio de Janeiro: Qualitymark, 1994.

2. A esse respeito ver CAMPOS, Gastão W. de Souza (1997).

3. Sobre as diversas tecnologias em serviço, ver MERHY, Emerson Elias (1997b).

> macroestruturais, a psiquiatria transformou-se em palco privilegiado de discussões teóricas e lutas políticas [...] As obras de Szasz, Goffman, Cooper, Laing, Foucault, Castel, Guattari e Basaglia ganharam repercussão mundial. Apesar das muitas diferenças entre suas ideias, todos criticavam a medicalização da loucura, a psiquiatrização do sofrimento; tinham em comum uma perspectiva que lhes fazia ver história, cultura, sociedade naquilo em que a psiquiatria só enxergava biologia e idiossincrasia individual. (Ibidem, idem, p. 172)

No Brasil, verifica-se essa emergência de diversas interlocuções no campo social organizado, pela crítica ao modelo hospitalocêntrico, que determinava que o lugar dos loucos é nos asilos distanciados do convívio social e familiar e excluídos do processo produtivo. Constata-se que esses espaços institucionais nunca foram criados para tratamento dos indivíduos que necessitavam de cuidado em saúde mental, mas sim para enclausurar, segregar e aprisionar as diferenças em suas singularidades.

Contudo, esse mesmo espaço, não se isentando das contradições da estrutura societária vivida, expressa uma singularidade radical e reproduz, nesse território micropolítico, as disputas e correlações de forças na construção de novos modos de produzir ações de cuidado em saúde, na perspectiva de ordenar as práticas terapêuticas de cuidado na defesa radical da vida individual e coletiva:

> O modelo psiquiátrico médico hospitalocêntrico declara sua falência em responder a todas essas questões de uma sociedade que, em nome da razão, explode loucamente, vive sua crise no esgotamento de sua capacidade de conter e controlar todos esses universos em uma história que busca sua solução, certamente além dos limites do tecnicismo e da ciência, porque alcança o humano e o político. (Resende, 1987, p. 81)

Mesmo assim, o conceito de Reforma Psiquiátrica apresenta diversos significados e sentidos para os estudiosos e trabalhadores do campo da saúde mental:

> A própria palavra reforma é indicativa, pois foi sempre utilizada como problemática [...] é importante resgatar a memória do paradoxo de que a própria palavra reforma é indicativa, pois foi sempre utilizada como rela-

tiva a transformações superficiais, cosméticas, acessórias, em oposição às verdadeiras transformações estruturais, radicais e de base. O termo reforma, no entanto, prevaleceu e ainda permanece, em parte pela necessidade estratégica de não criar maiores resistências às transformações, de neutralizar oposições, de construir consenso e apoio político. (Amarante, 1995, p. 91-2)

Essa definição corrente traduz as estratégias políticas que Delgado (1992) nos aponta, tendo em vista que,

> Reforma Psiquiátrica é uma expressão de algo impreciso. Nela temos insistido como recurso de designação para o conjunto de modificações recentes que vêm sendo produzidas ou tentadas, a partir do final da década de 1970, interessando ao modelo psiquiátrico público, sua sustentação teórica e técnica, e as relações discursivas que se vêm estabelecendo entre a Psiquiatria, demais disciplinas de saúde e do campo social e as instituições e movimentos sociais. Em tal acepção, a Reforma Psiquiátrica brasileira (RPb) aqui nomeada é maior do que o conjunto de planos governamentais de mudanças de programas assistenciais. (Ibidem, idem, p. 42)

Cabe salientar que essa amplitude do conceito de Reforma Psiquiátrica compreende os nexos históricos que assim a configuraram. Desta forma, Bezerra Jr. (1994) nos afirma que:

> Sua trajetória não é linear, seu entendimento por parte dos atores e das forças que o compõem não é homogêneo, e sua organicidade enquanto movimento não tem sido constantes. Mas é indiscutível que na década de 1980 se enraizou e desde então vem se consolidando no país uma percepção do papel das políticas e da instituições psiquiátricas que se distancia das experiências levadas a efeito até os anos 1970 no Brasil — a esse processo que estamos chamando de Reforma psiquiátrica no Brasil. (Ibidem, idem, p. 76)

Assim, o termo Reforma Psiquiátrica, como definição da ordem das palavras, não comporta todo o sentido que os sujeitos imprimem às práticas, saberes e políticas que o campo da saúde mental vem construindo no cotidiano dos serviços de saúde mental, e não exclusivamente.

A Reforma Psiquiátrica brasileira tem colocado na ordem do dia uma preocupação não somente com o *aggiornamento*[4] em si, no território dos serviços de saúde mental, por um lado, mas também um questionamento sobre os saberes que operam os cuidados com os sujeitos em sofrimento-existência.

Nesse sentido, direcionamos nosso olhar investigativo para a análise dos discursos do fazer e das práticas presentes no cotidiano da produção do cuidado em saúde mental em duas instituições psiquiátricas e universitárias no Rio de Janeiro.

2. Sobre o ato cuidador: a micropolítica nas instituições em análise

Nesse processo de pensar o ato cuidador, é necessário sinalizar que o tão propagado trabalho em equipe, que se diz que se desenvolve no setor, se apresentou como um dispositivo básico que busca instrumentalizar as novas práticas, assim como o escutar, o acolher, o interagir, o acompanhar e o inserir e reabilitar, que se tornaram objeto desse nosso estudo.

Nessa perspectiva da ética do cuidado centrada-no-usuário, responsabilizamo-nos e comprometemo-nos, por intermédio dos vínculos, que agenciamos com esses sujeitos-usuários em suas singularidades, autonomias e diferenças nos seus *modos de andarem a vida*.

Velhas e novas práticas terapêuticas operam no mesmo terreno socioinstitucional, relativas ao modelo de atenção em saúde mental, o que vem salientar a diversidade de saberes e práticas presentes na produção do cuidado.

Assim, práticas tradicionais podem ser vislumbradas por meio de resquícios do modelo hegemônico manicomial, com seus modos de tratamento pelo isolamento, pela contenção e pelo sequestro, muito visível nas enfermarias, como também pelas que perpassam as práticas ambula-

---

4. Ver a esse respeito a crítica elaborada por AMARANTE, Paulo. "Sobre duas proposições relacionadas à Clínica e à Reforma Psiquiátrica". In: QUINET, Antônio (Org.). *Psicanálise e Psiquiatria: Controvérsias e Convergências*. Rio de Janeiro: Rios Ambiciosos, 2001, p. 103-10.

toriais[5] (como são reproduzidas nos consultórios particulares) que se baseiam nas consultas pontuais e espaçadas e na prescrição repetitiva, automática e de reforço da prática medicamentosa.[6]

Mesmo com a introdução dos dispositivos grupalistas[7] engendrados nesses espaços, em muito não se alterou o quadro das internações prolongadas, ou das reinternações. E até mesmo as propostas mais modernas (que eram recentemente instituintes na história da psiquiatria), que se consubstanciaram na presença dos novos modelos assistenciais, como Hospital-Dia, CAPS, NAPS, Lar Abrigado, Trabalho Protegido, Moradia Terapêutica etc., podem correr o risco de reproduzir uma lógica manicomial.

Se por um lado, as estratégias discursivas dos atores profissionais que compõem o quadro clínico se colocam como opositores a essa perspectiva tradicional e hegemônica do modelo assistencial hospitalocêntrico fechado, por outro, a questão da medicalização é incorporada sem crítica como forma de cuidado e controle da doença em si, objeto da ordem médico-psiquiátrica, mesmo que o ideal desmedicalizante do cuidar[8] se coloque como um preceito a ser seguido por essa própria ação terapêutica de cuidado.

O cuidado se torna, sob a égide da Reforma Psiquiátrica brasileira, o objeto dos trabalhadores em saúde mental, e deixa de ser objeto exclusivo da Enfermagem e sua maternagem, na medida em que houve um deslocar e uma construção de objeto no próprio campo da saúde mental, pendulando entre a piedade e o autoritarismo.

> "A gente conseguia dizer com muito esforço que o enfermeiro cuida. Cuidar era um verbo que explicava a nossa prática. Só que hoje em dia, cuidado foi

---

5. Neste sentido, cabe registrar a crítica elaborada por SILVA FILHO, João Ferreira. O Ambulatório e a Psiquiatria. *Cadernos IPUB*, n. 17, v. VI. Rio de Janeiro: IPUB/UFRJ, 2000, p. 17-20.

6. Ver a esse respeito o fenômeno "resposta-remédio", em TENÓRIO, Fernando. Desmedicalizar e Subjetivar: A especificidade da Clínica da Recepção. *Cadernos IPUB*, n. 17, v. VI, Rio de Janeiro: IPUB/UFRJ, p. 79-91, 2000.

7. A esse respeito ver coletânea organizada por Antonio Lancetti (1993).

8. Na análise desse termo, conferir em FIGUEIREDO, Ana Cristina. A Ética do Cuidar. *Cadernos IPUB*, n. 14, Rio de Janeiro: IPUB/UFRJ, 1999, 129-33.

apropriado por todo mundo. No campo PSI, que eu estou falando, o pessoal da área da psiquiatria. Você vai no Hospital-Dia, o que se propõe ali é cuidar, as pessoas misturam seus papéis e cuidam do paciente de uma maneira mais global" (Enfermeira).

De outra forma, pudemos perceber, ainda, que o discurso médico, a partir do saber psiquiátrico, organiza o espaço das instituições psiquiátricas, e mesmo os novos dispositivos técnico-assistenciais atuais, podem ser capturados por essa lógica institucional e agenciar formas dominantes do dever-ser equipe, não tão menos corporativas, haja vista que a organização da assistência apresentada de outra forma, menos tradicional, em equipes de médicos e não médicos, denominadas de *equipes clínicas*, ainda se encontram hierarquizadas e subalternizadas pela ordem médica na prática do cuidado.

> "(As) *equipes clínicas são supervisionadas por médicos psiquiatras*, em geral docentes, para os residentes, os alunos dos cursos de especialização, e os técnicos do hospital, enfermeiros, médicos, pessoal da assistência. Então, os cento e dezesseis leitos de internados e mais o ambulatório" (Enfermeira).

No entanto, a presença de profissionais de outras áreas do conhecimento, com perspectivas teóricas e técnica diversa, até mesmo orientadas pela perspectiva dos novos paradigmas de cuidado em saúde mental, não implica, necessariamente, a redefinição do "objeto" e dos "meios de trabalho", e a mudança da cultura organizacional e institucional. O trabalho do ato cuidador assim só se torna caracterizado na materialidade de uma equipe, e isso é um desafio no campo pelos trabalhadores.

> "Não se tem costume de lidar em equipes" (Psiquiatra).
>
> "A meu ver, são equipes multiprofissionais, e dependendo da equipe, você só tem equipe pela contingência de as pessoas estarem ali reunidas, no mesmo dia e no mesmo horário discutindo um caso [...] têm diferenciações de equipe, pois depende da equipe em que você está inserida, depende do profissional com que você está trabalhando [...]" (Assistente Social).

Entretanto, essas práticas assistenciais e de gestão do cuidado complexificam o cotidiano do fazer o cuidado com os usuários, e demandam um redesenhar destas terapêuticas a partir do estudo e da intervenção em equipe multidisciplinar.

> "Uma equipe clínica multidisciplinar que estes profissionais cuidam, assistem e discutem o paciente de forma ampla, questões familiares, questões diagnósticas, questões de psicofarmacologia, questões de cuidados de enfermagem, enfim, do atendimento em grupo, do atendimento psicoterápico individual, e nós discutimos para chegar a um consenso, a um denominador comum, sobre o que é importante para esse paciente para um possível processo de reintegração, eu não vou dizer nem reabilitação psicossocial, mas reintegração desse indivíduo à comunidade" (Enfermeira).

Outro depoimento nos reforça que essas rotinas inovadoras, apontadas no cotidiano do fazer o trabalho coletivo do cuidado em equipe, operam um trânsito de conversações que imprime uma nova forma e uma nova maneira de estar em equipe clínica, mesmo sendo um desafio como apontamos acima. Na maioria das vezes, observamos que esse coletivo existe por uma mera questão burocrático-institucional, a equipe, e dentro dessa situação, alguns se colocam e tentam imprimir uma perspectiva de agir na ruptura por um ato de trabalho do cuidado coletivo — o ato cuidador.

> "A gente se reúne e fala sobre esses pacientes, sem nenhum problema. Quando eu acho que tem alguma questão na psicanálise ou na terapia de família que poderia ser melhor abordada, eu vou lá e falo: — Olha, acho que você poderia investir um pouco mais nisso, porque eu acho que está acontecendo isso e isso; e o pessoal que faz terapia, eles também têm a mesma liberdade para vir para mim e falar: — Olha, não está muito bom essa medicação, será que você podia mudar [...] eu discuto com o meu paciente, a psicanalista sabe que eu escuto o paciente, a relação que a gente tem é ótima, é muito boa mesmo" (Residente-Psiquiatra).

No entanto, outras falas e percepções nos apontam realidades observadas no cotidiano das práticas do cuidado, que decerto indicam suas representações do cuidado vivido e operado na micropolítica do trabalho assistencial, ainda bem marcada por uma certa hierarquização e fragmentação dos saberes e práticas presentes e uma certa homogeneização do ser e estar em equipe: ainda centrada na linha político-terapêutica do modelo médico hegemônico, que se baseia na terapêutica da centralidade dos seus procedimentos, fundamentalmente, a medicação.

> "Acho que não podemos tratar o paciente só com a medicação, só com a abordagem médica, mas acho fundamental. Em todo ser humano, ainda mais em um contexto de doença mental, certamente irão existir muitos problemas psicológicos, sociais, além da parte biológica que vai ser tratada pela medicação. Mas, sem dúvida, eu acho fundamental a existência da equipe interdisciplinar" (Psiquiatra).

Em outra fala, o desvelamento sobre a equipe e sua organização se explicita:

> "Porque na verdade esta supervisão é médica. E esse espaço da supervisão médica acaba se constituindo no espaço de uma equipe, daí vai assistente social, vai psicólogo, vai aluno dos cursos de especialização. Agora na verdade, na verdade, a equipe é constituída pelo médico, pela assistente social e pela enfermagem. Os outros pingam [...], mas as equipes são espaços privilegiados para você estar em contato mais direto com aqueles pacientes que você acompanha" (Assistente Social).

Outro discurso nos informa, pela via da dificuldade do trabalho em equipe, a subalternização vivida e sentida por muitos: os não médicos.

> "O convívio de diversas áreas é complicado, mas acho que cada vez mais isso está se abrindo e que o papel do supervisor é fundamental nisso. Eu fui de uma equipe fechada, onde eu podia ficar lá na supervisão o tempo todo calada que o supervisor não ia dar falta. Ele era uma pessoa ótima, mas você via que a Psicologia era um acessório mesmo. Então a equipe toda começava a te enxergar como uma acessório" (Psicóloga especializanda).

Investir em um outro procedimento, nos "usuários-centrados": dar vez e voz ao sujeito em sofrimento-existência em sua singularidade e diferença de *andar a vida* requer disposição e investimento pessoal e profissional do agente do cuidado em saúde mental. Essa singularidade não pode ser deixada de lado, nem toda competência profissional passa pela capacitação técnica em si, há uma dimensão que é constitutiva da subjetividade e do próprio sujeito-trabalhador do ato do cuidado.

> "Falta paciência com os pacientes" (Psiquiatra).
>
> "Eu acho que o trabalho é feito por pessoas. Por iniciativas" (Assistente Social).

Assim, a nosso ver, essa complexidade e heterogeneidade da Reforma Psiquiátrica, no confronto saudável dos diversos saberes e a análise das práticas que efetivamente se desenvolvem nestes tempos de transição e renovação na área da saúde mental, levam-nos a pensar que os novos paradigmas trazidos pela Reforma Psiquiátrica estão hoje em um patamar que tende a colocar a centralidade do procedimento no usuário, tentando emergir o sujeito, em suas diversas concepções no campo e colocando a doença entre parênteses, sem negá-la, mas potencializando o sujeito, acolhendo-o, escutando-o, interagindo-o com a clínica, a política e o social.

> "A Psiquiatria é uma coisa multifacetada mesmo, você pode trabalhar com o doente mental de vários jeitos e uma das grandes coisas que eu acho é a diversidade. Você tem o supervisor que é ótimo em farmacologia até outro que tá mais pra Psicanálise e todo mundo convive, o que importa é que os pacientes sejam bem cuidados. A minha impressão é que mesmo aqueles que não se identificam tanto começam a perceber que é muito bom trabalhar junto" (Psiquiatra).

Para tanto, as práticas e os encontros intercessores entre os profissionais do cuidado e os usuários dos referidos serviços inventam novos agenciamentos, vínculos, denominados de técnico de referência, mesmo que a equipe de referência ainda esteja sendo construída por esses novos dispositivos de cuidado. Mas a noção imprime que estes sejam trabalhadores da saúde mental, no sentido de perceber que suas ações, mesmo em especialidades, tangem para um único objeto e objetivo: o cuidado com o sujeito cidadão de direitos, da pessoa portadora de transtornos ditos mentais.

> "Eu acho que a questão é do vínculo. Quando você tem um vínculo com um paciente, você abre possibilidade de abordar em todos os aspectos [...] Todos

> nós temos nossas especificidades, mas eu me vejo como uma profissional de saúde mental, não como uma assistente social [...] eu não consigo entender saúde mental como eu sendo assistente social, o outro psicólogo, o outro médico" (Assistente Social).

Desta forma, a temática da equipe, em suas diversas modalidades, revela a ação do conjunto dos agentes institucionais envolvidos, a partir do cotidiano do cuidado, em que tentam imprimir um novo conteúdo na objetivação do trabalho do cuidado em saúde mental, ou mesmo tendem a reproduzir a lógica da ordem social e política pelas formas organizacionais da instituição psiquiátrica naquele equipamento tecnoassistencial de cuidado com a loucura.

Para tanto, ao nos debruçarmos no campo da micropolítica do trabalho do cuidado em saúde mental, deparamo-nos com diversos processos de produção do trabalho do cuidar. Tal situação de produção deste tipo de trabalho em saúde mental revela-nos, também, uma nítida desigualdade de poderes frente ao ato cuidador devido a uma certa correlação de forças em que outras categorias profissionais, no território do serviço de saúde mental, apresentam uma certa fragilidade no trato de um projeto terapêutico individual com o usuário frente a esse modelo técnico-assistencial dominante e a ordem médica.

Assim, podemos concordar que frente a essa nova construção do campo,

> de todas as categorias profissionais envolvidas na complexa divisão do trabalho no domínio da saúde, a única que é verdadeiramente autônoma é a profissão médica. A sua autonomia é sustentada pela dominação do seu saber e da sua competência técnica na organização da divisão do trabalho e, como consequência, dirige e avalia o trabalho de todas as restantes categorias profissionais sem, em contrapartida, ser objeto de direção e avaliação de ninguém. (Carapinheiro, 1993, p. 53-4)

Ainda que se leve em conta a suposta competência médica no tratamento à doença mental, é bem verdade que o que está posto para o trabalho em saúde mental não é necessariamente a finalidade da cura, exclusivamente por meio da medicação. Portanto, um conjunto de tecnologias deve estar acionado em rede, considerando-se que, em última instância, o que o trabalho em saúde mental produz em atos é um certo modo de cuidar.

As produções de atos de cuidado em saúde mental podem ser simplesmente centradas nos procedimentos, como a medicação e não nas necessidades e singularidades dos usuários dos serviços de saúde mental.

Em decorrência disso, determinados atos cuidadores podem ser realizados dentro de um território técnico-assistencial de cuidado em saúde mental e não ser necessariamente cuidador, na medida em que o usuário é desqualificado por esse poder no seu não saber-doença, pois esse sujeito em sofrimento-existência, pelo seu modo de *andar a vida*, quando se encontra em um serviço de saúde mental, é objeto de um conjunto de saberes e intervenções assistenciais.

Isto permite-nos afirmar que os aparelhos e ferramentas de trabalho que estão presentes no trabalho de saúde mental como acolhimento, escuta, grupos e oficinas, podem estabelecer uma caracterização de tecnologias "leves" e "leveduras" (Merhy, 1997b), e que não é necessariamente exclusividade terapêutica de uma categoria profissional, mas da centralidade do ato cuidador no usuário pela equipe dos cuidadores, que redimensionam o peso das tecnologias leveduras em novas abordagens como os grupos, oficinas, enfim, espaços onde os usuários se colocam com sua fala e sua diferença singular sem serem medicalizados prioritariamente. Daí se conclui que não há uma relação cuidador/médico-paciente, na medida em que não se leva em conta a dimensão subjetiva desse ato cuidador, desse encontro intercessor, entre o sujeito que sofre e o sujeito que pretensamente detém um acervo de saberes técnicos. No caso mais em voga, a instituição médica é representada pelo médico, e o paciente, representante da doença, é o objeto das ditas práticas médicas hegemônicas.

Assim, a discussão das diversas abordagens no campo Psicossocial no setor da saúde mental se colocou como emergente frente ao debate levado por esse mesmo setor na implementação da Reforma Psiquiátrica brasileira.

Apontamos, assim, a revisão colocada pelos profissionais no despreparo em lidar com certas situações postas pelo conjunto da dinâmica micropolítica do processo de trabalho em saúde mental e sua relação com os processos de gestão dos atos cuidadores no campo institucional. Lidando, assim, com diferenças e repetições nas práticas de cuidado, e tendo por referência uma ampliação dessas práticas e saberes que vem perpassando uma nova concepção de assistir ao outro no seu modo diferente de *andar a vida*, pela ética do acolhimento à diferença na consolidação de um novo ato cuidador.

3. Tecendo considerações finais para uma retomada

Deste modo, pretendeu-se focalizar algumas questões temáticas, o que permitiu-nos uma clareza analítica da dinâmica do trabalho vivo no interior desse território assistencial, a partir do estudo das práticas instituídas e instituintes em saúde mental.

Para tanto, as questões da escuta, do acolhimento à diferença, da singularidade do paciente, do projeto terapêutico individual, da filosofia assistencial, da medicalização, da grupalização, do trabalho do cuidar em geral, constituem-se, ainda, pelos trabalhadores da saúde mental uma preocupação e um princípio de uma intervenção satisfatória e de qualidade em defesa radical da vida desses sujeitos.

Hoje, a partir do movimento da Reforma Psiquiátrica, fundado no paradigma da desinstitucionalização e outras correntes, essas temáticas assumem um lugar central nas novas possibilidades de tratamento da loucura, uma vez que os saberes e práticas em saúde mental operam uma revisão do modelo assistencial em vigor, no sentido de promover uma sociedade sem manicômios e por um modelo assistencial em defesa da vida.

Como pudemos perceber, isso não se faz sem conflitos, tanto no território dos serviços, como em outras dimensões em que esses usuários se encontram inseridos: família, trabalho, comunidade etc.

Soma-se que esse novo sentido de reconstrução é realizado no cotidiano dos serviços, a partir de projetos ético-estéticos em disputa com uma certa micropolítica dos atores (técnico-cuidadores, familiares e usuários), que tentam construir um novo modo de olhar e cuidar do outro em sua singularidade de sofrimento nos territórios técnico-assistenciais em questão, e que tenta superar o modelo predominante da "linha de montagem" no trabalho em equipe, que visa unicamente à adaptação à demanda da instituição, da família e da própria sociedade em seus modos perversos de fazer sofrer a existência dos sujeitos em relação.

O investimento nessas novas práticas assistenciais, não exclusivamente, rompe com a clausura do "fora", mas antes de tudo com a clausura do "dentro" dos trabalhadores.

> "O grande desafio para todos nós é como lidar com a loucura. Podemos internar alguém durante algum tempo sem, no entanto, 'internar' o seu sofrimento psíquico. Por outro lado, podemos tratar pessoas em ambulatórios ou consultórios e 'interná-las' em relações autoritárias onde os terapeutas/analistas, valendo-se de sua suposta superioridade, autorizam-se a fazer coisas não muito diferentes das atitudes encontradas nos piores manicômios. Tudo depende da posição tomada diante do fenômeno da loucura" (Corbisier, 1992, p. 10-1).

Referências bibliográficas

AMARANTE, Paulo. Sobre duas proposições relacionadas à Clínica e à Reforma Psiquiátrica. In: QUINET, Antônio (Org.). *Psicanálise e psiquiatria*: controvérsias e convergências. Rio de Janeiro: Rios Ambiciosos, 2001.

______. *Loucos pela vida*: a trajetória da reforma psiquiátrica no Brasil. Rio de Janeiro: Panorama/ENSP, 1995.

BEZERRA JR., Benilton. De médico e de louco todo mundo tem um pouco: o campo psiquiátrico no Brasil dos anos oitenta. In: GUIMARÃES, R.; TAVARES, R. (Orgs.). *Saúde e sociedade no Brasil dos anos oitenta*. Rio de Janeiro: Relume Dumará/Abrasco/IMS-UERJ, 1994.

CAMPOS, Gastão Wagner S. Subjetividade e administração de pessoal. In: MERHY, Emerson Elias; ONOCKO, Rosana. *Agir em saúde*: um desafio para o público. São Paulo: Hucitec; Buenos Aires: Lugar, 1997.

CANGUILHEM, G. *O normal e o patológico*. 3. ed. Rio de Janeiro: Forense Universitária, 1990.

CARAPINHEIRO, Graça. *Saberes e poderes no hospital*. Porto: Afrontamento, 1993.

CLAUREUL, Jean. *A ordem médica*: poder e impotência do discurso médico. São Paulo: Brasiliense, 1983.

CORBISIER, Cláudia. A escuta da diferença na emergência psiquiátrica. In: BEZERRA Jr. Benilton; AMARANTE, Paulo. *Psiquiatria sem hospício*: contribuições ao estudo da reforma psiquiátrica. Rio de Janeiro: Relume Dumará, 1992.

DELGADO, Pedro Gabriel. *As razões da tutela*. Rio de Janeiro: Te Corá, 1992.

DUARTE, Marco José de Oliveira. Os cuidadores e o cotidiano do cuidado em um serviço de saúde mental. *Em Pauta*: Revista da Faculdade de Serviço Social da UERJ. Rio de Janeiro: FSS/UERJ, 1999.

FIGUEIREDO, Ana Cristina. A ética do cuidar. *Cadernos IPUB*, n. 14, Rio de Janeiro: IPUB/UFRJ, 1999.

LANCETTI, Antonio. (Org.). *Saúde e loucura*, n. 4. São Paulo: Hucitec, 1993.

MERHY, Emerson Elias. A perda da dimensão cuidadora na produção da saúde: uma discussão do modelo assistencial e da intervenção no seu modo de trabalhar a assistência. In: CAMPOS, C. R. et al. *SUS em Belo Horizonte*. São Paulo: Xamã, 1997a.

MERHY, Emerson Elias. Em busca do tempo perdido: a micropolítica do trabalho vivo em saúde. In: MERHY, Emerson Elias; ONOCKO, Rosana. *Agir em saúde*: um desafio para o público. São Paulo: Hucitec; Buenos Aires: Lugar, 1997b.

MERHY, Emerson Elias; FRANCO, Túlio B.; BUENO, Wanderlei Silva. O acolhimento e os processos de trabalho em saúde: o caso de Betim, Minas Gerais, Brasil. *Cadernos de Saúde Pública*, v. 15, n. 2, abr./jun. 1999.

NOGUEIRA, Roberto Passos. *Perspectiva da qualidade em saúde*. Rio de Janeiro: Qualitymark, 1994.

RESENDE, Heitor. Política de saúde mental no Brasil: uma visão histórica. In: TUNDIS, S.; COSTA, N. R. *Cidadania e loucura*. Petrópolis: Vozes, 1987.

ROTELLI, Franco et al. *Desinstitucionalização*. São Paulo: Hucitec, 1990.

SILVA FILHO, João Ferreira O ambulatório e a psiquiatria. *Cadernos IPUB*, Rio de Janeiro, IPUB/UFRJ, n. 17, VI, 2000.

SILVA FILHO, João Ferreira; FIGUEIREDO, Ana Cristina. *Ética e saúde mental*. Rio de Janeiro: TopBooks, 1996.

TENÓRIO, Fernando R. Desmedicalizar e subjetivar: a especificidade da clínica da recepção. *Cadernos IPUB*, Rio de Janeiro: Instituto de Psiquiatria/UFRJ, n. 17, VI, 2000.

Redução dos danos decorrentes do uso de drogas: uma proposta educativa no âmbito das políticas públicas

Laís Veloso
Jane Carvalho
Luciana Santiago

Apresentação

Neste artigo, analisamos alguns elementos inscritos na Política Nacional Antidrogas. E no tocante ao objeto desse estudo, refletiremos em que medida a coexistência de uma vertente repressiva e moralizadora nas práticas educativas do cuidado tem servido de reforço às construções sociais desqualificativas e condenatórias das pessoas que apresentam problemas com drogas.[1]

O foco de interesse consiste, também, em apontar estratégias mais emancipatórias nas práticas institucionais do cuidado, no interior das

1. Vale lembrar que a questão do narcotráfico e do crime organizado, embora se constituam em temas absolutamente relevantes e oportunos no contexto contemporâneo das drogas no Brasil, não serão aqui abordados, uma vez que nosso foco de reflexão voltar-se-á para as pessoas que apresentam problemas com drogas (usuários, abusadores e dependentes) e não para aquelas que trabalham para o tráfico.

Políticas Públicas sobre drogas, objetivando a criação de espaços democráticos de acolhimento, estímulo à reflexão, e que contribuam para a desconstrução das inúmeras formas de exclusão e de segregação social desses sujeitos.

Isto porque o que se observa, frequentemente, no espaço público é a coexistência de um discurso discriminatório e de estratégias de culpabilização e condenação moral, que culminam numa espécie de decretação da "morte social" dos sujeitos que apresentam problemas com drogas. Via de regra, estes são vistos como pessoas "malditas", "marginais" (Olivienstein, 1997), porque se inserem na prática transgressora e fora da lei do descomedimento, da compulsão e do abuso de drogas, sobretudo as ilícitas.

A forma como o caráter repressivo (Bucher, 1992) e a pedagogia do terror (Acselrad, 2000) aparecem em boa parte dos programas preventivos e assistenciais do cuidado refletem a direção assumida pela política nacional antidrogas, e servem de reforço para a desqualificação moral, o preconceito e o horror ao "drogado" e às suas famílias, produzindo, por conseguinte, muito sofrimento, culpa e vergonha de estar neste lugar de "diferente" (Ganc, 1999).

Uma forte tendência entre os profissionais do cuidado consiste em denominar o "drogadicto" como alguém em quem não se pode confiar: todo "drogado" é "mentiroso, preguiçoso, desonesto, sedutor"[2] — são expressões comumente observadas no dialeto dos profissionais que atuam em instituições de tratamento, e que reforçam esse paradigma de desqualificação e de desacreditação do sujeito drogadicto. Sob esta ótica, só lhe resta protagonizar o lugar do "sujeito sob sujeição, ou seja, indivíduos que não são cidadãos" (Morin, 1996, p. 51). A pessoa envolvida com drogas ilícitas é vista não como alguém com direitos e deveres, mas como um "sujeito mutilado", que vive no "limbo social" (Bezerra Jr., 2000, p. 49), pela sua condição de "fora da lei".

Também no que se refere à identidade construída pelo sujeito "drogado" sobre si mesmo, tal como revela o estudo de Sônia Garcia (1997, p. 28), não é incomum que o termo "drogado" relacione-se a algo "subversivo", a uma "categoria de acusação", e se associe também à ideia de

2. Como se estes aspectos contraditórios e ambivalentes da condição humana fossem uma particularidade apenas de pessoas que apresentam problemas com drogas.

"desmoralizado", alguém que não é digno de confiança e pode, inclusive, ser capaz de fazer "coisas erradas".

Coexiste um outro ponto de vista em que a noção da droga aparece como uma espécie de "inimigo externo", que "corrompe a moral" da sociedade, corrói o corpo e as relações. Trata-se de um mal que vem de fora, possuindo um caráter de transmissibilidade (op. cit., p. 221) e assemelha-se às metáforas da "praga" e da "peste" (Birman, 1993).

E na sua identidade arranhada de "drogado", destituído de seu lugar de protagonista social e de sujeito da ação, atribui-se apenas ao uso da substância (droga) todos os danos e riscos; toda a carga negativa encontra-se relacionada ao produto. Advém daí a ideia inscrita na Política Nacional, que se assenta na crença de uma "sociedade sem drogas", e que culmina na veiculação de propaganda educativa sob a forma de "metáforas militares": "Drogas, nem morto", "Drogas, tô fora" (Acselrad, 2000, p. 165) e de outras contendo linguagem também depreciativa — "Droga é brega", "Droga é uma merda". São construções sociais que, não raro, obscurecem o protagonismo dos sujeitos no contexto da drogadição.

Outra forma de construção social e que também comporta uma certa violência simbólica (Bourdieu, 2000) relaciona o drogadicto (sujeito incontrolável) a uma espécie de "cavalo selvagem" que precisa ser "domado", "contido", para que se torne obediente e disciplinado, numa alusão ao filme de Robert Redford — "O Encantador de Cavalos".

Parece-nos que esse enfoque restritivo de análise que vê a questão das drogas apartada dos processos históricos, culturais e do contexto social de que participam os atores da cena do uso fragmenta, despolitiza a discussão e reforça o discurso policialesco, moralizador e repressivo que é hegemônico nos espaços públicos. Este discurso dá plenos poderes à substância química — a droga — como alvo principal da estratégia belicosa contida na política oficial sobre drogas no Brasil, cuja matriz fundante é a política repressiva norte-americana.

A frase adiante, que aparece estampada na camisa de um jovem norte-americano,[3] é ilustrativa do extrapoder atribuído à droga, descon-

---

3. Conteúdo extraído do debate sobre drogas, que contou com a participação de Fábio Mesquita (coordenador municipal do Programa de DST/Aids/São Paulo), e Tarcísio de Andrade (professor do Cetab/Bahia), transmitido pela Rede Brasil TV.

textualizando essa discussão, e subtraindo a autoria e responsabilidade do sujeito na relação que estabelece com o produto, transformando-o em mero objeto-refém da substância química: *"Eu disse não às drogas [...] mas elas não me ouviram"*.

1. Práticas normalizadoras, corretivas e de controle

Observa-se também que o processo de demonização (Bucher, 1992, 1997) e de criminalização (Birman, 1993, 1997) dos drogadictos serve de balizamento para práticas normativas de correção de desvios, de controle social e moral daqueles que se distanciam dos padrões "normais" de funcionamento.

De fato, observa-se no âmbito das políticas públicas esta modalidade de intervenção, baseada em noções de funcionalidade e eficiência técnica como forma de intervir nos comportamentos humanos, e que postula a neutralidade do profissional. A prática, nessa perspectiva, voltar-se-á para a busca de processos homeostáticos, de estabilidade e de equilíbrio e para a correção de desvios de padrões de funcionamento normal dos sujeitos. Advém daí a concepção de sujeitos patológicos, desestruturados e disfuncionais.

Queremos estabelecer a conexão entre essa modalidade de ação com a ideia de razão instrumental e de razão sistêmica, analisadas por Rouanet (1998), que, ao prescindirem do diálogo comunicativo, impõem sua coordenação e normalização, produzindo perda de liberdade e de autonomia dos sujeitos. Para o autor, com base nas críticas proferidas por Adorno e Foucault, assemelha-se também a uma razão dominadora e reificante.

Rouanet considera que essa razão sistêmica, que busca a colonização do mundo e se opõe a um processo conversacional, "se torna cada vez mais imperialista, procurando anexar segmentos cada vez mais extensos do mundo vivido a seus imperativos funcionais" (Rouanet, op. cit., p. 340).

E isso significa a necessidade imperiosa do profissional perceber, inclusive, "os efeitos iatrogênicos",[4] e atentar para as manifestações do

---

4. Para Élida Sá, o termo "iatrogenia", tal como descrito no Dicionário Médico Andrei, refere-se a "um distúrbio ou de uma doença que é provocada pelo médico" após a prescrição de

poder inscritos em sua prática, bem como para a adoção de uma postura reflexiva em relação a ela (Rouanet, op. cit., p. 234-45).

Nas palavras de Grandesso: "[...] faz parte de uma postura ética trabalhar a serviço da desconstrução desses discursos totalizados, que estabelecem parâmetros responsáveis por perspectivas que colocam as pessoas em condições marginais" (2000, p. 287).

Resumindo, diríamos mais ainda que, sob esta lente reducionista e a dialética em que a equipe profissional porta a "verdade" e sabe o que é melhor para os sujeitos e as suas famílias — objeto do cuidado — não há lugar para a diferença do outro em sua singularidade e alteridade, nem para o reconhecimento da pluralidade inerente à condição humana (Arendt, 2000).

Indo por outro caminho, consideramos que as novas práticas educativas voltar-se-ão para as narrativas, os espaços de conversação e de diálogo. Neste processo de reflexão ética sobre a prática, é rechaçada a "neutralidade", tão ao gosto dos positivistas/funcionalistas. Também se questiona a certeza, a direção e o controle sobre a prática educativa, uma vez que esta é definida como "atividade errante, mutante e criativa" (Grandesso, 2000, p. 88-94). Com base nisso, coloca-se em xeque a "tirania das ideias", centrada na figura do *expert*, e prioriza-se a negociação e abertura para a reflexão e a mudança (op. cit., p. 37-95). Sob esta ótica participativa, profissionais e usuários passam a fazer parte de um contexto permanentemente transformador.

Esta outra possibilidade de caminho pressupõe "outras formas de conversações", já que o educador, não sendo visto como único portador da verdade, participa de um diálogo na medida em que interage com outros atores sociais. Ao contrário de práticas marcadamente interventoras, estamos fazendo alusão a uma concepção que se preocupa em "ampliar o campo do possível", valorizando a "colaboração entre pessoas com suas experiências diferenciadas", estimulando relações horizontais e opondo-se às formas de organizações hierarquizadas.

---

tratamento, e que num sentido mais amplo, provoca um "dano" ao paciente, seja "pela relativa ignorância, não apenas do profissional, mas da própria ciência médica" (Sá, 1999, p. 47-50). Constituem-se em "ações nocivas" da equipe de saúde, e que pertencem a uma "zona fronteiriça" entre o "quase ilícito" e o "lícito civil".

2. A metáfora da pureza e os processos repressivos e de controle

No intuito de demarcar o perfil depreciativo que aparece nas construções sociais em torno da drogadição vista como a "sujeira" da sociedade contemporânea, estabelecemos um paralelo com a "ideia de pureza", analisada por Bauman (1998, p. 14-5), em que o seu oposto — o sujo, o viscoso, o imundo, os agentes poluidores, as coisas fora do lugar, seriam, metaforicamente falando, uma espécie de "hóspedes não convidados", que ao proporem uma nova ordem de práticas de vida, alterações no modo de pensar e de agir no mundo, estariam, pois, exercendo o "impacto de um terremoto" (op. cit., p. 119) sobre a ordem social.

Aí está um problema que se insere no domínio da polêmica discussão e dos embates sobre o paradigma da modernidade, e que se traduz na ideia de que "cada ordem tem sua própria desordem: cada modelo de pureza tem sua própria sujeira que precisa ser varrida (op. cit., p. 201).

Não é à toa que uma das palavras de ordem presentes no universo linguístico dos grupos de autoajuda e modelos assistenciais similares traduz-se na expressão "tô limpo", isto é, sem drogas. Isso remete ao quadro de abstinência exigido como condição para o ingresso à recuperação do sujeito drogadicto, por meio da "rendição".

De nossa parte, acreditamos que há aqui um perigo: o de se incorrer em um raciocínio mecanicista, disjuntivo e que se constitui em solo fértil para a proliferação de práticas autoritárias e de tutela, em formas imperativas e de persuasão. O discurso convocatório e doutrinário, assumido por alguns profissionais, assemelha-se mais ao universo religioso no que ele tem de "missionário", "pastoral" (Orlandi, 1987). Neste contexto, não raro, objetiva-se a "salvação" dos drogadictos, já que são vistos como pessoas sujas, impuras, malditas, com suas histórias de licenciosidade e de transgressão à lei, à ordem e à normalização instituída, e que precisam ser purificadas, serenadas. "Limpo e sereno por um ano": essa frase aparece impressa em um chaveiro produzido pelo grupo Narcóticos Anônimos.

Mas, o discurso da pureza, da limpeza, da abstinência de drogas, aparece também como o "discurso da verdade" (Acselrad, 2000, p. 163) e que, lamentavelmente, é hegemônico em boa parte das instituições do cuidado em âmbito público. Surge daí a ideia de que a droga encontra-se imediatamente relacionada a um quadro de dependência sem que se estabeleça uma distinção mais cuidadosa entre uso, abuso e dependência.

Também o raciocínio que se depreende da noção de droga como "peste" e "praga" desconsidera o contexto histórico, a contingência, uma vez que se volta apenas para os efeitos da substância "droga". Sendo assim, este enfoque encontra-se apartado do sujeito, de sua história pessoal, familiar, de suas relações sociais, de sua cultura, e que são historicamente situadas.

3. A proposta de redução de danos e a educação para a autonomia

Para Acselrad (2000), no discurso preventivo inscrito na Política Nacional Antidrogas, pressupõe-se que seja evitado qualquer contato com a droga, isto é, "significa agir antes que algo aconteça", numa aproximação ao dito popular: "É melhor prevenir do que remediar". Sob esta ótica, a abstinência pressupõe a ideia de que "ninguém use" (op. cit., p. 165). Decorre daí a necessidade de proibição e de repressão, "como forma de controlar todos os riscos" (op. cit.).

Assim é que a autora nos fala da necessidade imperiosa de modernização do discurso preventivo (oficial) no sentido de se recuperar a participação e o pensar autônomo dos sujeitos. Chama-nos a atenção também para a possibilidade de se exercitar uma escuta que possa "suportar a inquietação da sociedade em face da construção de percepções inovadoras, alternativas", e que se diferencie das medidas de controle oficiais, infirmadoras da "impossibilidade de um uso de forma controlada" (op. cit., p. 164), que não causa dano ou sofrimento ao usuário.

Mas temos a preocupação aqui de considerar a importância do cuidado em qualquer situação de uso: experimental, recreativo, cotidiano, abusivo ou associado a um quadro de dependência. Assim é que, "os usos — não dependentes, são percebidos como riscos, sem dúvida, e colocam a urgência de atenção e de acompanhamento em oposição à pura medicalização ou o controle policial do problema de forma geral" (op.

cit., p. 166). Entende-se também que a conduta repressiva serve para aumentar a discriminação e reforçar a atitude de criminalização dos usuários de drogas.[5]

E um ponto relevante é que o debate em torno da criminalização do usuário de drogas vem suscitando muita polêmica no meio jurídico contemporâneo. A opção de repensar as drogas como uma "questão de polícia" tem sugerido mudanças quanto ao consumo de drogas, inclusive nos países que apresentam uma legislação mais rígida, como o Brasil e os Estados Unidos.

O Brasil importa dos Estados Unidos a legislação que, ainda em vigor, incorpora um discurso político-jurídico de combate às drogas sem travar uma discussão profunda sobre a questão das distinções entre o usuário e o tráfico organizado. E isto culminou na Lei n. 6.368 de 1976 que nos fala da proibição de vender, expor à venda, ou oferecer substâncias entorpecentes, e pune a pessoa que as adquire, guarda ou traz consigo, para uso próprio (Carvalho, 1997, p. 41). Dessa forma, a lei descreve que o porte e a venda de drogas são ilegais e também proíbe o consumo dessas substâncias.

Contudo, o rigor e o controle em relação às substâncias consideradas ilícitas não evitam o consumo. É sabido também que a criminalização não conseguiu diminuir o consumo como pretendia e produziu efeitos devastadores.

A criminalização também tem prejudicado totalmente as políticas de prevenção, pois afasta e estigmatiza o usuário dependente, e diminui a probabilidade deste procurar tratamento em instituições públicas de saúde. Desta forma, o ato de criminalizar o usuário desconsidera toda a amplitude do problema em termos epidemiológicos e de saúde pública. Um flagrante deste descaso se materializa na banalização dos agravos decorrentes do uso abusivo de drogas, tanto lícitas quanto ilícitas.

---

5. Sobre a política criminalizadora e a proposta de descriminalização no campo das drogas, veja KARAM, Maria Lúcia. Legislação Brasileira sobre drogas — História recente — a criminalização da diferença. In: ACSELRAD, G. (Org.). *Avessos do prazer*: drogas, Aids e direitos humanos. Rio de Janeiro: Fiocruz, 2000 e CARVALHO, Salo. *A política criminal de drogas no Brasil*. Rio de Janeiro: Luam, 1997.

Estamos, pois, falando de uma "perspectiva de redução de danos",[6] que se traduz numa proposta alternativa associada ao "conceito de prevenção do uso abusivo ou do uso indevido de drogas", isto é, aquele que "causa sofrimento". Trata-se, então, de uma proposta "construída na contramão do controle dos sujeitos", e que se preocupa em situar os diferentes "tipos de relação com a droga e as diferentes possibilidades de ação educativa" (op. cit., p. 166).

E falar em redução dos danos decorrentes do uso de drogas, num contexto contemporâneo e crítico, pressupõe respeitar as diferenças, garantir direitos de cidadania e olhar para uma perspectiva de educação para a autonomia.

Assim é que a abordagem crítica da redução de danos (RD) no campo temático das drogas caracteriza-se por ser uma alternativa para aquelas pessoas que não se encontram em condições de cessar, de imediato, com o uso da droga (ou que não o desejam), devido a fatores inerentes à singularidade de cada ser humano. Essas pessoas, via de regra, pelo fato de usarem drogas, se constroem em nossa sociedade, no lugar do "diferente". Contudo, esta diferença, na epistemologia mais emancipatória da redução de danos, é algo que faz parte do pluralismo democrático, demandando medidas de saúde pública e não medidas repressivas de controle social dos sujeitos.

A proposta da redução de danos diferencia-se do outro olhar existente no campo temático das drogas — a abordagem da abstinência total de drogas, e que está inscrita na Política Nacional Antidrogas — por não impor tal abstinência como objetivo para todos e por "apostar na capacidade da autodeterminação dos sujeitos e na flexibilidade de alternativas" (Erwig e Bastos, 2000, p. 245). Tem como objetivo a diminuição dos danos decorrentes do uso de drogas na perspectiva de possibilitar uma melhor qualidade de vida para o sujeito, informando-o e respeitando sua liberdade para exercer sua autonomia e cidadania de decidir quando parar de usar drogas, se assim o desejar.

---

6. Para um maior aprofundamento da proposta de redução de danos, veja ERWIIG & BASTOS. In: ACSELRAD, G. (Org.). *Avessos do prazer*: drogas, Aids e direitos humanos. Rio de Janeiro: Fiocruz, 2000.

Sendo assim, a redução de danos compreende o consumo de drogas como parte da realidade cotidiana e a visão que possui da substância — a droga — é que esta é um produto inerte, transfigurada em nossa sociedade capitalista em mais uma mercadoria a ser consumida. Estando consciente da inércia da substância, a abordagem da redução de danos dá total responsabilidade para o sujeito escolher: não usar drogas ou se utilizar, fazê-lo com conhecimento dos riscos, de forma consciente e responsável, podendo escolher qual droga usar, onde usar e como usar — já que suprime a imagem social construída de "poder sinistro e incontrolável" do produto. Portanto, o objetivo principal de preocupação da abordagem da redução de danos, decorrentes do uso de drogas, encontra-se na centralidade da pessoa humana (e não na substância em si e na sua proibição), no sofrimento humano, advindo do tipo de relação que o sujeito tem com a droga. Tal abordagem compreende que os danos decorrentes do uso de drogas não são determinados apenas pelo produto em si, mas resultam da interação entre um sujeito, um produto e um contexto sociocultural.

A proposta de redução de danos não se confunde, portanto, com uma postura de "permissividade", mas "apenas compreende a fragilidade que não é só individual mas também coletiva e socialmente construída". E isto significa pensar, no âmbito das políticas públicas, em ações preventivas voltadas para a educação sobre drogas, articulando-as a um esforço coletivo, no sentido de pensar numa "educação para a autonomia", que possibilite ao sujeito o exercício do conhecimento, da reflexão e da decisão de uso, uma vez que esta se relaciona com a experiência pessoal e que ocorre no espaço privado. E é nesta direção que Acselrad (2000) fala na "consciência crítica, na responsabilidade de cada um diante de si mesmo e diante do outro, como alternativa à interferência do Estado na vida privada como forma de superação dos problemas", ao apostar na "formação da autonomia dos sujeitos" (op. cit., p. 167).

4. Fundamentos de uma nova ética do cuidado

Do ponto de vista de nossa análise, ao invés de objetos passivos do cuidado profissional, os sujeitos que apresentam problemas com drogas se transformam em autores, protagonistas de suas histórias de vida, com potencial reflexivo e transformador sobre suas ações no mundo.

Compartilhamos com Grandesso (2000) a ideia de que "as histórias nunca são acabadas, estando sempre abertas para serem reescritas" (op. cit., p. 31). Também a gentileza, o respeito e a cortesia (Ortega, 2000) são recursos fundantes de uma nova ética, alicerçada num paradigma pós-moderno. Nessa perspectiva, as práticas educativas serão definidas como espaços propiciadores de liberdade e de conversação, tolerantes para com as novas formas de sociabilidade.

A perspectiva que adotamos neste estudo resgata esses espaços de liberdade e de responsabilidade como condição ontológica da ética e no sentido arendtiano do termo — como um exercício de "amor mundi" — que se sustenta na pluralidade e no *pathos* da alteridade, no extremo cuidado para com a singularidade do outro. Também recupera a autopoiese e a alopoiese (Maturana, 1995), o entendimento, o conflito, o consenso, o dissenso, a simetria, a assimetria, as relações agonísticas,[7] a contingência de uma multiplicidade de formas de vida possível, em substituição à linguagem puramente consensualista. Busca-se uma polifonia nessa relação educativa que deve ser mais dialógica, negociada, do que interventiva.

Em síntese, retomamos o fio da meada tecido neste estudo. Pensamos que a prática educativa no contexto da drogadição possa fazer uso da emoção, da empatia, da linguagem compartilhada, como recursos técnicos imprescindíveis na compreensão do outro em sua singularidade, liberdade e autonomia para tomar decisões sobre a condução de sua vida.

Isto requer do profissional uma atitude de permanente "abertura para a escuta do outro" (Grandesso, 2000, p. 171), sobretudo em se tratan-

---

7. No tocante às relações agonísticas, Ortega com base no pensamento de Foucault e Derrida, fará a crítica à filosofia da amizade estruturada em torno da concepção clássica aristotélica e ciceroniana, que gira em torno da ideia de igualdade e da concordância. O agonismo, nesse sentido, se refere à possibilidade de construção de novas relações, mais livres e não de "submissão ao outro", tolerantes com as contradições e tensões, e que não objetiva anular as diferenças entre os sujeitos. O autor, contrapondo-se ao *ethos* da proximidade e da semelhança e que são categorias hegemônicas no discurso da amizade, irá propor o exercício da distância e da diferença. No lugar de postular com base no discurso cristão o "amor ao próximo" e aos que nos são semelhantes, nos convida a exercitar o amor pelo "distante", o diferente, através de uma atividade desconstrutiva que possibilite criar uma nova política da amizade.

do de sujeitos que apresentam problemas com drogas, pela atitude envergonhada, pelo silêncio, medo e culpa que frequentemente acompanham as situações de sofrimento e de desamparo. O que se quer é que asseguremos um espaço dialógico, de acolhimento e tolerante, que permita aos participantes "falar o infalível" (Ganc, 1999, p. 201), o inefável, sem medo de condenação moral e do uso de sanções penais, especialmente em se tratando de abuso de drogas ilícitas. Indo mais além, necessário se faz recuperar, nas palavras de Bruns, essa "curiosidade" permanente postulada por Cecchin (1996) e que permite ao profissional se "manter atento às possibilidades de notícias transgressoras" sem colocar as pessoas num "lugar de menos", como "defeituosas". Esta perspectiva, veiculada pela "narrativa cultural dominante" (Bruns, 1999, p. 16-7), na nossa opinião, aproxima-se de construções sociais que demonizam e criminalizam as pessoas e as famílias.

A construção social da "margem" (Olievenstein, 1997) cria "ilhas de marginalização" (Bruns, 1999, p. 16) no contexto das famílias, produzindo a ideia de "entidades limitadas", que precisam ser "consertadas", "colocadas em ordem" (Alman, 2000, p. 9) por agentes morais, como forma de assegurar o equilíbrio, a funcionalidade do sistema, através de dispositivos de controle e coerção social.

Conclui-se do exposto que o universo em que viceja a "pedagogia do terror", do castigo, da clausura, possibilita a produção de construções condenatórias, que culminam em estratégias de infantilização, tutela e exclusão do sujeito drogadicto e de suas famílias. E isto foge à direção ética necessária ao processo educativo dentro de um campo democrático de conversações dialógicas e reflexivas.

5. Pensamento dialético e epistemologia da complexidade

Tendo o cuidado de não incorrer em posturas extremadas, que buscam a harmonia consensual, ou de cair em armadilhas desconstrutivistas — radicais, nadificadoras e niilistas — é que nos identificamos com um pensamento dialético e complexo nos termos da análise sistematizada por Edgar Morin (1996), que resgata a ocorrência não apenas de consenso, mas também do dissenso nas conversações. Sob esta ótica, o diálogo é atravessado pela simetria e também pela assimetria entre os seus participantes; a negociação comporta momentos de concórdia e de discórdia; enfim, a conversação, definida como "espaço permanentemente aberto à mudança", abarca esse "duplo caráter desconstrutivo e construtivo" (Grandesso, 2000, p. 37-292) em busca da reconstrução de novos significados sociais.

Também exige do profissional o compromisso ético de estimular a livre expressão dos sujeitos e das famílias. Pressupõe também o respeito às "ilhas de silêncio no mundo do oceano comunicativo", e inclui, sobretudo, o direito de "não se ter nada a dizer" (Ortega, 2000, p. 24).

Enfim, pensamos a conversação inscrita em processos educativos, nas palavras poéticas de Bakhtin, como uma "ilha que emerge", "como um oceano sem limites" (Bakhtin, 1997, p. 125, apud Grandesso, op. cit., p. 230).

À guisa de conclusão

Tivemos o propósito neste estudo de nos distanciar de qualquer ótica redutora e antidemocrática, que se contraponha a uma epistemologia da complexidade na compreensão da realidade social e dos processos educativos no campo da drogadição. O desejo foi o de recuperar esse "multiverso" (Rapizo, 1998) que incorpora o contexto histórico, as relações sociais, a diversidade multirracial, multicultural (Ortega, op. cit., p. 12), de gênero, de inserção de classe (Pakman, 1998, apud Luchi, 2000, p. 25), de escolha religiosa, entre outros, e que nos possibilite fazer "outras descrições, ainda não percebidas" (Andersen, 1995, p. 52). Balizados num pensamento complexo, entendemos que a proposta de redução de danos voltada para a realização de programas educativos e preventivos sobre drogas, aqui esboçada, se difere daquela inscrita na Política Nacional Antidrogas (oficial), e poderá criar espaços de reflexão sobre o uso abusivo de drogas e de sua repercussão na esfera individual, familiar, coletiva e nos diferentes contextos sociais. E isto constitui o ponto de partida para a ampliação do campo do conhecimento, da tomada de decisão autônoma e responsável dos sujeitos sobre a condução de suas vidas.[8]

Necessário se faz, também, considerar, para além dos recursos dos sujeitos e de suas famílias, a utilização das redes sociais externas (Sluzki, 1997) como instrumentos valiosos de suporte terapêutico e educativo, à medida que se crie espaços dialógicos e protetivos que favoreçam a desconstrução de significados depreciativos no âmbito das Políticas Públicas sobre drogas. Isto poderá contribuir para a reconstrução de um novo significado das drogas, possibilitando uma atitude mais respeitosa, tolerante, solidária (Caponi, 2000), e que, sobretudo, recupere o protagonismo dos sujeitos na condução de suas vidas.

Referências bibliográficas

ACSELRAD, Gilberta. A educação para a autonomia: a construção de um discurso democrático sobre drogas. In: ACSELRAD, G. (Org.). *Avessos do prazer*: drogas, Aids e direitos humanos. Rio de Janeiro: Fiocruz, 2000.

ALMAN, Lawrence R. A preferência estética: superando o erro pragmático. *Nova Perspectiva Sistêmica*, Rio de Janeiro, Instituto de Terapia de Família, n. 17, 2000.

ANDERSEN, T. A Linguagem não é inocente. *Nova Perspectiva Sistêmica*, ano 4, n. 7, abr. 1995.

ARENDT, Hannah. *A condição humana*. Rio de Janeiro: Forense Universitária, 2000.

BAUMAN, Zygmunt. *O mal-estar na pós-modernidade*. Rio de Janeiro: Zahar, 1998.

______. *Modernidade e ambivalência*. Rio de Janeiro: Zahar, 1999.

BEZERRA, Benilton Jr. Identidade, diferença e exclusão na sociedade brasileira contemporânea. In: ACSELRAD, G. (Org.). *Avessos do prazer*: drogas, Aids e direitos humanos. Rio de Janeiro: Fiocruz, 2000.

BIRMAN, Joel. Dionísios desencantados. In: INEM, C.; ACSELRAD, G. (Orgs.). *Drogas*: uma visão contemporânea. Rio de Janeiro: Imago, 1993.

______. Que droga. In: INEM, C.; BATISTA, Marcos. (Orgs.). *Toxicomanias*: abordagem clínica. Rio de Janeiro: Nepad/UERJ, Sette Letras, 1997.

---

8. Veja, a esse respeito, o Projeto de Extensão "Conversações reflexivas sobre drogas". Rio de Janeiro/Niterói, FSS/UERJ, ESS/UFF, 2002.

BOURDIEU, Pierre. *A miséria do mundo*. Petrópolis: Vozes, 2000.

BRUNS, Gladis. Recasamento e linguagem. *Cadernos IPUB*, n. 16. Rio de Janeiro: Instituto de Psiquiatria, UFRJ, 1999.

BUCHER, Richard. *Drogas e drogadição no Brasil*. Porto Alegre: Artes Médicas, 1992.

______. Descriminalização, cidadania e ajuda à sobrevivência. In: BATISTA, Marcos; INEM, Clara (Orgs.). *Toxicomania*: abordagem multidisciplinar. Livro 2. Rio de Janeiro: Nepad/UERJ, Sette Letras, 1997.

CAPONI, Sandra. *Da compaixão piedosa à solidariedade*. Rio de Janeiro: Fiocruz, 2000.

CARVALHO, Salo. *A política criminal de drogas no Brasil*. Rio de Janeiro: Luam, 1997.

CECCHIN, Gianfranco. Construcionismo social e irreverência terapêutica. In: SCHNITMAN, Dora Fried (Org.). *Novos paradigmas, cultura e subjetividade*. Porto Alegre: Artes Médicas, 1996.

ERWIG, Luísa Regina; BASTOS, Francisco Inácio. Redução de danos secundários ao consumo de drogas e assistência primária à saúde: a experiência de Porto Alegre. In: ACSELRAD, G. (Org.). *Avessos do prazer*: drogas, Aids e direitos humanos. Rio de Janeiro: Fiocruz, 2000.

GANC, Lia. Álcool, drogas e famílias — um eterno desafio. *Cadernos IPUB*, Rio de Janeiro, IPUB/UFRJ, n. 16, 1999.

GARCIA, Sônia. Perdas e danos: violência e a subjetividade do usuário. In: BATISTA, Marcos; INEM, Clara. (Orgs.). *Toxicomania*: abordagem multidisciplinar. Rio de Janeiro: Nepad/UERJ, Sette Letras, 1997.

GRANDESSO, Marilene. *Sobre a reconstrução do significado*: uma análise epistemológica e hermenêutica da prática clínica. São Paulo: Casa do Psicólogo, 2000.

KARAM, Maria Lúcia. Legislação brasileira sobre drogas — História recente — a criminalização da diferença. In: ACSELRAD, G. (Org.). *Avessos do prazer*: drogas, Aids e direitos humanos. Rio de Janeiro: Fiocruz, 2000.

LUCHI, Tânia de O. *A noção de rede social e mudanças no pensamento sistêmico*. Nova Perspectiva Sistêmica, n. 18. Rio de Janeiro: Instituto de Terapia de Família, 2000.

MATURANA, Humberto; VARELA, Francisco. *A árvore do conhecimento*. São Paulo: Psy, 1995.

MORIN, Edgar. *Ciência com consciência*. Portugal: Publicações Europa-América, 1996.

OLIEVENSTEIN, Claude. Toxicomania, exclusão e marginalidade. In: BATISTA, Marcos; INEM, Clara (Orgs.). *Toxicomania*: abordagem multidisciplinar. Rio de Janeiro: Nepad/UERJ, Sette Letras, 1997.

ORLANDI, Eni P. (Org.). *Palavra, fé e poder*. São Paulo: Pontes, 1987.

ORTEGA, Francisco. *Para uma política da amizade (Arendt, Derrida, Foucault)*. Rio de Janeiro: Relume Dumará, RS-IMS/UERJ, 2000.

RAPIZO, Rosana. *Terapia sistêmica de família*. Rio de Janeiro: Noos, 1998.

ROUANET, Sérgio Paulo. *As razões do iluminismo*. São Paulo: Companhia das Letras, 1998.

______. Razão e paixão. In: NOVAES, Adauto (Org.). *Os sentidos da paixão*. São Paulo: Funarte/Companhia das Letras, 1987.

SLUZKI, Carlos. *A rede social na prática sistêmica*. São Paulo: Casa do Psicólogo, 1997.

O enfrentamento da dependência do álcool e outras drogas pelo Estado brasileiro

Claudete J. de Oliveira

Introdução

O texto apresentado constitui-se como parte da dissertação de mestrado, *Dependência de Álcool e outras Drogas — Debate Conceitual, Políticas Públicas e a Inserção do Serviço Social nesta área*, defendida na Faculdade de Serviço Social da UERJ, no primeiro semestre do ano de 2003, para a obtenção do título de mestre. Nele, são abordadas algumas das mais recentes respostas do Estado brasileiro frente ao crescente consumo de substâncias psicoativas, como o álcool e demais drogas, corporificadas nas políticas públicas implementadas pela Secretaria Nacional Antidrogas (Senad) e pelo Ministério da Saúde.

O surgimento dessas políticas revela que o país vem avançando na discussão desta temática, embora não o suficiente, visto que os fundamentos teórico-políticos da Política do Ministério da Saúde para Atenção Integral dos Usuários de Álcool e outras Drogas chocam-se profundamente com as bases conceituais da Política Nacional Antidrogas (PNAD), e ambas estão sendo conduzidas pelo atual governo, sinalizando a dificuldade do Estado brasileiro de adotar uma proposta de política pública menos conservadora, portanto, desvinculada dos interesses internacionais, principalmente dos Estados Unidos, no trato desta questão.

O tema é vasto e extremamente complexo, mas este texto pretende, prioritariamente, situar o leitor a respeito de algumas informações relevantes da atual política pública brasileira de atenção aos usuários de álcool e outras drogas, possibilitando o seu conhecimento. Portanto, caracterizando-se mais pela descrição do que pela análise. Desse modo, inicialmente, aborda-se a Política Nacional Antidrogas vinculada à Senad, e, posteriormente, a política do Ministério da Saúde.

1. A política nacional antidrogas vinculada à Senad

Há indícios nacionais e internacionais de que no século XXI o Estado brasileiro não poderá mais se omitir frente ao uso abusivo e à dependência das drogas lícitas e ilícitas no país. Embora tardiamente, mostrou-se mais disposto a enfrentar o problema, apesar de algumas de suas respostas terem sido impulsionadas, principalmente, pela pressão externa da política internacional proibicionista. Tanto que a Secretaria Nacional Antidrogas (Senad), além de anunciada pelo presidente da república, Fernando Henrique Cardoso, durante a Sessão Especial da Assembleia Geral das Nações Unidas para o enfrentamento mundial da questão das drogas, em 1998, nasceu vinculada à Casa Militar da Presidência da República, por intermédio da Medida Provisória n. 1.669/1998. Por um lado, expressando a preocupação do governo brasileiro de mostrar para a comunidade internacional, estar assumindo com prioridade o combate às drogas. Por outro lado, representando a manutenção das substâncias proibidas como o alvo principal da política pública brasileira, quando são as drogas lícitas as mais consumidas no país.

Em 2000, pelo Decreto n. 3.696, com base na Lei n. 6.368/76, foi disposto o Sistema Nacional Antidrogas (Sisnad), a que foram atribuídas as atividades de repressão e prevenção do uso indevido de drogas. O Conselho Nacional Antidrogas (Conad), o Gabinete de Segurança Institucional da Presidência da República, a Senad, o Ministério da Justiça e o Departamento de Polícia Federal são órgãos integrantes do Sisnad, entre outros.

De acordo com o documento da Política Nacional Antidrogas (PNAD), o Sisnad:

> Orienta-se pelo princípio básico da responsabilidade compartilhada entre Estado e Sociedade, adotando como estratégia a cooperação mútua e a articulação de esforços entre Governo, iniciativa privada e cidadãos — considerados individualmente ou em suas livres associações. A estratégia visa a ampliar a consciência social para a gravidade do problema representado pela droga e comprometer as instituições e os cidadãos com o desenvolvimento das atividades antidrogas no país. (Brasil, 2001b, p. 8)

Entre os órgãos que compõem o Sisnad, importa destacar a Senad. O Ministro-Chefe, general Alberto Cardoso, relata que a Senad tinha atribuições de planejamento, coordenação, supervisão e controle de atividades relacionadas à repressão, ao controle de substâncias, à prevenção ao uso indevido, ao tratamento, à recuperação e à reinserção social do dependente, cuja execução cabia aos órgãos definidos pelo Sisnad. Menciona também que, a partir do ano de 2000, o planejamento e a coordenação das atividades, consideradas repressivas, tornaram-se de incumbência do Ministério da Justiça, que passou a ser a secretaria executiva do CONAD para essas tarefas. Coube à Senad, portanto, quatro atividades principais: a prevenção do uso indevido, o tratamento, a recuperação e a reinserção social.

O general também faz a seguinte análise deste órgão:

> As mudanças promovidas, a partir da criação da Senad, encontram-se entre as mais relevantes medidas tomadas no Brasil, para o enfrentamento dos problemas associados ao consumo de drogas. Essa afirmação não é nossa, mas tem sido frequentemente proferida nos organismos internacionais dedicados ao combate ao problema. [...] Historicamente, a França foi o primeiro país a propor que, para eficaz controle das consequências da oferta e demanda de drogas, a instituição com atividade dedicada ao controle de drogas estivesse localizada dentro do Poder Executivo, por inúmeras facilidades que essa posição proporciona. Assim sendo, o Presidente Mitterrand

> foi pioneiro em um movimento que rapidamente se difundiu para outros países, vindo a chegar no Brasil, em 1998. As modificações ocorridas recentemente, com a reestruturação da Senad, reforçam ainda mais a preocupação com o desenvolvimento de ações nas áreas de redução de demanda, que passa a ser não apenas nossa principal preocupação (como já ocorria anteriormente na Senad), mas a única.

Vale ressaltar que a Senad e o Conad, a partir do Decreto n. 3.696/2000, passaram a integrar o Gabinete de Segurança Institucional da Presidência da República em vez da Casa Militar. Na redefinição da estrutura do governo brasileiro para o enfrentamento da questão das drogas, inicialmente, a coordenação e a integração das ações de âmbito federal relacionadas à repressão e à prevenção das drogas e ao tratamento, à recuperação e à reinserção social dos dependentes foram transferidas do Ministério da Justiça para a Casa Militar da Presidência da República, situando tais atividades no âmbito da Segurança Pública. No entanto, posteriormente, a repressão retornou à centralização do Ministério da Justiça, enquanto as demais ações foram vinculadas ao Gabinete de Segurança Institucional da Presidência da República, órgão substituto da Casa Militar. Se as medidas de prevenção e tratamento foram centralizadas num órgão de Segurança Pública, cuja condução só é possível a um militar graduado, nota-se uma priorização pelo Estado brasileiro na abordagem às substâncias proibidas, seu alvo principal, quando são as drogas lícitas as mais consumidas no Brasil. O Ministro-Chefe, general Alberto Cardoso, contrapõe-se a esta visão, dizendo enganar-se quem acredita que a Senad foi constituída apenas para prevenir o uso indevido, o tratamento, a recuperação e a reinserção social de dependentes de drogas ilícitas. Afirma: "O uso e abuso de todas as drogas e aquelas substâncias capazes de promover dependência são preocupações importantes do Conad. A Senad, como sua secretaria executiva, tem as mesmas atribuições". Contudo, o espaço da Segurança Pública parece mais apropriado para lidar com o trato da repressão da oferta das substâncias ilícitas do que com a redução da demanda do álcool e outras drogas numa perspectiva de saúde pública. Assim, é difícil crer na priorização das drogas lícitas numa estrutura governamental voltada para a Segurança Pública (órgão mais identificado com a repressão), quando deve estar inserida, prioritariamente, dentro do âmbito da Saúde.

Bucher (1992) relata que a abordagem repressiva deve ser indispensável à oferta de produtos ilícitos, não se aplicando à demanda. Cabível, portanto, à produção e ao tráfico de drogas, não à procura (demanda). Na sua opinião, em relação à demanda, ou seja, à procura por substâncias psicoativas ilícitas, privilegiar a repressão, em detrimento de outras formas de intervenção, deixa de lado vários fatores importantes para o trato da questão. Segundo o mesmo autor:

> Esquece-se, por exemplo, que as drogas ilícitas, alvo das investidas repressivas, não são as drogas mais consumidas no Brasil, nem as que mais geram dependências; que a presença de drogas na sociedade não é um artefato criado por traficantes internacionais, mas que obedece a uma lógica intrínseca (e às vezes perversa) ao próprio funcionamento dessa sociedade; que a procura por drogas não está ao alcance de mecanismos de intimidação repressiva; que a presença de 'fatores de risco' na população é uma questão de saúde pública e de educação (e não de polícia), e que assim deve ser tratada. (Ibidem, p. 2)

Sem dúvida, as áreas de Educação e Saúde parecem as mais indicadas para atuar com os usuários de drogas no sentido da prevenção e do tratamento, visando à recuperação e à reinserção social dos dependentes, esta última cabível à área da Assistência Social. Daí, identificar na estrutura governamental, gestada no governo FHC, a demanda, ou seja, as ações de prevenção, tratamento, recuperação e reinserção social incluídas na área de Segurança Pública, faz crer que essas atividades dirigem-se prioritariamente às substâncias ilegais dentro de uma concepção de repressão, embora, o Gabinete de Segurança Institucional da Presidência da República, não desenvolva medidas direcionadas à contenção de oferta de drogas, comumente denominadas de repressivas.

Bucher (1992, p. 170) refere-se à repressão como a tônica prevalente da política de drogas no Brasil:

> Transformando as situações de consumo flagradas em meras ocorrências policiais, sem consideração pelas suas raízes e razões, pelas suas implicações psicossociais ou simplesmente humanas, a repressão cega encontra um campo fértil para atuações indiscriminadas, através da violência policial, do peso esmagador do aparelho judiciário (ou ainda psiquiátrico), das condições

desumanas de detenção, do estigma social e da marginalização crescente que marca os indiciados.

Para o autor, a base da resposta repressiva junto à demanda é o resultado da ignorância de quais são os fatores motivadores da eclosão do consumo por parte dos consumidores, quando é fundamental entender os motivos da procura pela droga. Também critica a eficácia da resposta repressiva: "é momentânea e totalmente insuficiente, por ser provocadora de estragos mais amplos, pelos fenômenos de marginalização crescente que produz, tanto quanto pela sua inadequação radical para opor diques ao alastramento deste consumo" (ibidem, p. 171).

A orientação legal brasileira, cujo norte principal é a Lei n. 6.368/76, trata o uso de psicoativos ilícitos como crime. Sá (1994) ressalta seu caráter penal e define esta abordagem de "política de criminalização de certas drogas". Comenta ainda que sua base é jurídico-penal e médico-psiquiátrica, fazendo com que o problema de drogas seja encarado como "caso de polícia" ou "doença mental".

Em 1980, atendendo à Lei n. 6.368, são criados pelo Decreto n. 85.110 os primeiros órgãos governamentais, na esfera federal, estadual e municipal, destinados à questão das drogas no Brasil: o Conselho Federal de Entorpecentes (Confen), os Conselhos Estaduais de Entorpecentes (Conens) e os Conselhos Municipais de Entorpecentes (Comens).[1] Todos normativos, vinculados respectivamente ao Ministério da Justiça e às Secretarias de Justiças dos Estados e Municípios.

Esta lei norteou a política de drogas do país conduzida por esses órgãos, mas reduzida à inibição da oferta das substâncias ilícitas, conforme acordado em convenções internacionais. Ou seja, na pauta estatal, as intervenções foram direcionadas somente às substâncias ilegais, preponderando, sobretudo, atuações repressivas, em detrimento das preventivas e de tratamento e promoção social dos dependentes. Na verdade, não se implementou uma política nacional de drogas, mas sim, algumas estraté-

1. Substituídos, atualmente, conforme a legislação. Seguindo a ordem: o Conselho Nacional Antidrogas (Conad), os Conselhos Estaduais Antidrogas (Ceads) e os Conselhos Municipais Antidrogas (Comads).

gias e ações, visando prioritariamente reprimir a produção, a comercialização e o consumo dessas substâncias (Pereira, 2001).

Embora a formulação de uma Política Nacional sobre Drogas estivesse em pauta, desde os anos oitenta, somente se concretizou em 2001, a partir da PNAD, apresentada à sociedade brasileira, pelo então presidente da república, Fernando Henrique Cardoso, durante o II Fórum Nacional Antidrogas. No documento da Política, ele afirma ser ela a resposta do Brasil ao problema das drogas, compreendendo o Governo e a própria Sociedade; considera-a fruto da participação da sociedade, iniciada no processo, desde o I Fórum Nacional Antidrogas, ocorrido em 1998, em que uma ampla gama de pessoas e entidades não governamentais, bem como de servidores de diferentes órgãos e esferas de governo, cooperaram com a Senad, para compartilhar, testar e validar os conceitos incorporados ao documento; esclarece que os membros da Comissão Técnica dedicaram-se a sistematizar as contribuições vindas de todo o país. Assim, refere-se à legitimidade desta resposta do Estado e da sociedade pelo seu caráter coletivo; menciona que a estratégia contra as drogas parte de duas premissas: a participação da sociedade e a integração das ações da sociedade e das diferentes esferas de governo, além de privilegiar a prevenção ao uso indevido sem descuidar das ações de redução da oferta e ancorar-se na estratégia da municipalização. Segundo consta na Introdução deste documento, a PNAD "observa o necessário alinhamento à Constituição Federal no respeito aos direitos humanos e às liberdades fundamentais de um Estado de Direito e está em consonância com os compromissos internacionais firmados pelo país" (Brasil, 2001b, p. 9).

Além da Mensagem do presidente e da Introdução, a PNAD apresenta 16 Pressupostos Básicos, 13 Objetivos e as temáticas: Prevenção; Tratamento, Recuperação e Reinserção Social; Redução de Danos Sociais e à Saúde; Repressão; e Estudos, Pesquisas e Avaliações. Cada tópico temático contém os itens Orientação Geral e Diretrizes.

Apesar desta política ter se originado de um órgão de Segurança Pública, teve uma abordagem bem ampla, não se reduzindo às orientações acerca de medidas de repressão. Enfoca a prevenção, o tratamento, a recuperação e a reinserção social e ainda incorpora a noção de redução de danos. Além disso, também faz menção às drogas lícitas. Isto se deveu, naturalmente, à participação da sociedade no seu processo de elaboração, iniciado no I Fórum Nacional Antidrogas, quando o meio científico e a sociedade foram consultados sobre a condução do país a respeito desse tema, e especialistas foram destacados para elaborar o projeto da política. Portanto, não deixa de representar um avanço significativo no enfrentamento desta faceta da questão social brasileira. Por sua vez, a denominação *Antidrogas* denuncia seu vínculo com a ideologia de combate às drogas, ou seja, da ideia irreal de existir uma sociedade liberta das drogas, o que é explicitado no seu primeiro pressuposto: "Buscar, incessantemente, atingir o ideal de construção de uma sociedade livre do uso de drogas ilícitas e do uso indevido de drogas lícitas" (Idem, p. 10). Assim, não se reconheceu que os problemas suscitados pelo uso de psicoativos são uma produção cultural, "ignorando-se a profunda heterogeneidade dos modos de consumo, das razões, crenças, valores, ritos, estilos de vida e visões de mundo que o sustentam" (Macrae, 2001, p. 30). A concepção fantasiosa da erradicação das drogas ilícitas ainda é uma de suas metas. Sem dúvida, este aspecto da política está em sintonia com o que se passa ao redor do mundo, que se guia pela política internacional de combate a determinadas substâncias, iniciada no começo do século XX, sob o comando dos Estados Unidos. Desse modo, certamente, sofreu forte influência do compromisso moral assumido pela comunidade internacional na Sessão Especial da Vigésima Assembleia Geral das Nações Unidas, ocorrida em junho de 1998, por intermédio da Declaração Política, da Declaração sobre Princípios Diretores da Redução da Demanda de Drogas e da Declaração sobre Medidas de Fomento da Cooperação Internacional na Luta Contra o Problema Mundial das Drogas. Neste encontro, houve o reconhecimento da universalidade do problema das drogas, por meio do princípio da responsabilidade compartilhada, deixando os países de serem divididos entre produtores, de trânsito e consumidores, separação vigente durante longo tempo; também se adotou o princípio da abordagem integral e equilibrada da problemática, enfatizando-se de igual maneira a redução da demanda e da oferta. Ainda importa lembrar que a PNAD encontra-se norteada pelos princípios adotados pelo Sisnad, priorizando a prevenção primária (educação, informação, capacitação, desenvolvimento de habilidades psicossociais), principalmente entre os jovens.

2. A política do ministério da saúde para a atenção integral aos usuários de álcool e outras drogas

A Política do Ministério da Saúde (MS) para a Atenção Integral aos Usuários de Álcool e outras Drogas, elaborada pela Área Técnica de Saúde Mental/Álcool e Drogas, é mais recente. Publicada em março de 2003, mostra-se avançada e muito bem elaborada, expondo suas diretrizes consonantes com os princípios da política de saúde mental vigente, em conformidade com a Lei Federal n. 10.216/2001,[2] e as propostas e pressupostos da Organização Mundial da Saúde. Antecedendo tal política, o MS publicou algumas portarias, de acordo com as deliberações da III Conferência Nacional de Saúde Mental, com a finalidade de normatizar a atenção a usuários de álcool e drogas. Uma delas, é a Portaria GM/816/2002, responsável pela instituição do Programa Nacional de Atenção Comunitária Integrada aos Usuários de Álcool e Outras Drogas, no Sistema Único de Saúde. De acordo com o documento da política, este programa considerou a variedade de níveis de organização das redes assistenciais localizadas nos Estados e Distrito Federal, a multiplicidade das características populacionais existentes no País e as diferenciações acerca da incidência de transtornos causados pelo uso abusivo e/ou dependência de álcool e outras drogas, para propor a criação de 250 Centros de Atenção Psicossocial (para usuários de álcool e outras drogas) — CAPSad:

> Dispositivo assistencial de comprovada resolubilidade, podendo abrigar em seus projetos terapêuticos práticas de cuidados que contemplem a flexibilidade e abrangência possíveis e necessárias a esta atenção específica, dentro de uma perspectiva estratégica de redução de danos sociais e à saúde. (Brasil, p. 23-4)

Os CAPSad oferecem atendimento diário nas modalidades intensiva, semi-intensiva e não intensiva, possibilitando o planejamento terapêutico dentro de uma perspectiva individualizada de evolução contínua e intervenções precoces, limitando o estigma associado ao tratamento. O docu-

---

2. Dispõe sobre a proteção e os direitos das pessoas portadoras de transtornos mentais e redireciona o modelo assistencial em saúde mental.

mento da política informa sobre a implantação de CAPSad na rede de atenção em Saúde Mental do país, em substituição ao modelo assistencial vigente em saúde mental, predominantemente hospitalocêntrico, por redes de atenção especializadas e compostas por dispositivos extra-hospitalares. De acordo com o mesmo documento, o objetivo do CAPSad consiste em oferecer atendimento à população, respeitando uma área de abrangência definida, oferecendo atividades terapêuticas e preventivas à comunidade. Também explicita que os CAPSad devem propiciar atenção psicossocial em ambiente comunitário, integrada à cultura local e articulada com toda rede de cuidados em álcool e drogas, e saúde mental (ambulatórios, leitos psiquiátricos em hospital-geral, hospitais-dia e outras práticas de atenção comunitária, como internação domiciliar, participação comunitária na discussão dos serviços), bem como a rede básica de saúde (unidades básicas de saúde etc.), Programa de Saúde da Família e Programa de Agentes Comunitários de Saúde, e a rede de suporte social já existentes nas comunidades. Assim, voltados para o atendimento das múltiplas necessidades dos usuários de serviços, enfatizando sua reabilitação e reinserção social. A ideia é situar na comunidade, onde as manifestações do uso indevido de álcool e drogas acontecem, as práticas terapêuticas, preventivas e educativas de maior impacto sobre os chamados fatores de risco para este uso indevido. Propõem-se, portanto que os CAPSad configurem-se como:

> Redes flexíveis de cuidados, que possam responder por um determinado território populacional, e que se remodelem de forma dinâmica, mediante a necessidade de inclusão/exclusão de novos serviços e formas de cuidado, de forma pareada pela demanda assistencial. (Brasil, 2003, p. 37)

Além desta nítida preocupação com a assistência, numa perspectiva bastante apropriada ao enfrentamento do problema, o documento também explicita claramente seus fundamentos teórico-políticos, além de contextualizar a questão, fazendo uma exposição bastante oportuna acerca do panorama nacional a respeito do assunto. No entanto, antes de abordá-los cabe destacar na apresentação do Ministro da Saúde, Humberto Costa, sua menção com respeito à necessidade de reversão dos modelos assistenciais direcionados aos que sofrem de transtornos mentais, incluindo os usuários de álcool e outras drogas, cuja exclusão social e ausência de cuidados atingem-nos histórica e continuamente, de forma a contemplar as suas reais necessidades, implicando a disposição para atender aos seus direitos. O Sistema Único de Saúde, instituído pela Constituição de 1988 e regulamentado pela Lei n. 8.080/90; a Lei n. 10.216/2001, marco legal da Reforma Psiquiátrica; as conferências de saúde, definidas e instituídas pela Lei n. 8.142/90; e os relatórios da III Conferência Nacional de Saúde Mental, realizada em 2001, são referidos pelo ministro como os nortedores do modelo de atenção aos usuários de álcool e outras drogas contemplado nesta política.

A introdução do documento menciona que alguns dos temas da área da saúde, como é o caso do "álcool e outras drogas", têm colocado novos desafios no modo como têm sido habitualmente abordados na realidade contemporânea, cuja complexidade exige o esforço de serem evitadas "simplificações reducionistas, indicando a necessidade de uma ação não apenas ampliada, mas para onde devem concorrer diferentes saberes e aportes teórico-técnicos" (Idem, p. 7). Diante disso, afirma que a constituição de políticas para o Ministério da Saúde deve levar em conta a "perspectiva transversalizadora que permite a apreensão do fenômeno contemporâneo do uso abusivo/dependência em álcool e outras drogas de modo integrado, e diversificado em ofertas terapêuticas, preventivas, reabilitadoras, educativas e promotoras da saúde". Refere-se ainda ao fato do uso abusivo e/ou dependência de álcool e outras drogas terem sido historicamente abordados sob uma ótica predominantemente psiquiátrica ou médica, apesar das implicações sociais, psicológicas, econômicas e políticas serem evidentes, devendo, portanto, serem consideradas na compreensão global do problema. Destaca que a oferta de "tratamentos" inspirados em modelos de exclusão/separação dos usuários do convívio social tem sido a tônica, admitindo que o vácuo de propostas e de estabelecimento de uma clara política de saúde por parte do Ministério da Saúde favoreceram a constituição de "alternativas de atenção", de caráter total, fechado e tendo como principal objetivo a ser alcançado a abstinência, identificada com a ideia de combate às substâncias, deixando o indivíduo e o seu meio de convívio relegados a um plano menos importante, assim, por vezes reforçadora da própria situação de uso abusivo e/ou dependência. Define a dependência das drogas como um transtorno em que predomina a heterogeneidade:

> Já que afeta as pessoas de diferentes maneiras, por diferentes razões, em diferentes contextos e circunstâncias. Muitos consumidores de drogas não compartilham da expectativa e desejo de abstinência dos profissionais de saúde, e abandonam os serviços. Outros sequer procuram tais serviços, pois não se sentem acolhidos em suas diferenças. Assim, o nível de adesão ao tratamento ou a práticas preventivas e de promoção é baixo, não contribuindo para a inserção social e familiar do usuário. (Idem, p. 8)

Além disso, surgem novas substâncias de abuso e novas formas de consumo, adotando características próprias, requerendo modalidades de prevenção adaptadas aos consumidores e aos contextos onde são consumidas. Dessa forma, é preciso reconhecer esse consumidor, quais são suas características e necessidades, bem como as vias de administração das drogas. Para tal, exige-se:

> A busca de novas estratégias de contato e de vínculo com ele e seus familiares, para que se possa desenhar e implantar múltiplos programas de prevenção, educação, tratamento e promoção adaptados às diferentes necessidades. Para que uma política de saúde seja coerente, eficaz e efetiva, deve ter em conta que as distintas estratégias são complementares e não concorrentes, e que, portanto, o retardo do consumo de drogas, a redução dos danos associada ao consumo e a superação do consumo são elementos fundamentais para sua construção. (Idem, p. 8)

O documento explicita sua fundamentação teórico-política abordando a divisão existente nas práticas de saúde entre o âmbito clínico de intervenção e a saúde coletiva, cujo foco do primeiro são as manifestações individuais das alterações da saúde, enquanto do segundo refere-se à incidência e à prevalência das alterações em plano coletivo; sinalizando que esta divisão "tem resultado em embates de saber/poder que (re) afirmam suas verdades em campos separados e, grande parte das vezes, oponentes" (Idem, p. 9). Esta binarização é mencionada como indutora de perdas, tanto das contribuições da experiência clínica, voltada para as características singulares, expressas em cada corpo, em cada sujeito, em cada história de vida, quanto das contribuições propiciadas pelas análises do recorte da saúde coletiva, capaz de captar "as expressões de uma comunidade, de uma localidade, de um tipo de afecção, de uma categoria social ou de gênero, de histórias que se cruzam configurando a história em um certo momento". Assim, é proposto o combate desta lógica que separa esses dois aspectos, em prol de outra maneira de pensar e fazer, possibilitando a vivência das diferentes contribuições, a qual denomina-se de transversalização. Diz ser este o grande desafio hoje:

> Instaurar em todos os campos da saúde pública uma atitude que, ao mesmo tempo, garanta as especificidades acumuladas ao longo do tempo em cada núcleo de saber e, para, além disso, consiga fazer atravessar tais saberes uns sobre os outros, de modo a construir novos olhares, novos dispositivos de intervenção. (Idem, p. 9)

Recomenda, portanto, a ruptura com a lógica binarizante, buscando detê-lo em fronteiras rigidamente delineadas, "cujo eixo principal de entendimento (e, portanto, de "tratamento") baseia-se na associação drogas-comportamento antissocial (álcool) ou criminoso (drogas ilícitas)", tornando a abstinência o único objetivo a ser alcançado, associando-a a estratégias de redução da oferta e redução da demanda. Relaciona a ação da justiça, da segurança e da defesa à primeira estratégia, enquanto a segunda, envolveria os tratamentos de internação com afastamento do usuário do agente indutor. Não desconsidera tais métodos, mas entende que, em se tratando de tema tão complexo, traçar uma política com base em um único objetivo é trabalhar em saúde com um modo estreito de entendimento. Por fim, sobre a lógica da binarização diz:

> Parece-nos que aí é o sentido da clínica que se perde e, mais ainda, é a riqueza do que nos oferece a saúde coletiva que se empobrece. Queremos resgatar aqui o duplo sentido da clínica: o de "inclinar-se" (klinikós), acolhendo o paciente e sua história, e o de produzir um desvio (clinamem) para produzir outra história, outra possibilidade de existência (Benevides, 2001). Queremos também resgatar o sentido de saúde coletiva que "implica em levar em conta a diversidade e especificidade dos grupos populacionais e das individualidades com seus modos próprios de adoecer e/ou representarem tal processo" (Paim, 1980). Se nas práticas de saúde nosso compromisso ético é o da defesa da vida, temos que nos colocar na condição de acolhimento, onde cada vida se expressará de uma maneira singular, mas também onde cada vida é expressão da história de muitas vidas, de um

> coletivo. Não podemos nos afastar deste intrincado ponto onde as vidas, em seu processo de expansão, muitas vezes sucumbem ao aprisionamento, perdem-se de seu movimento de abertura e precisam, para desviar do rumo muitas vezes visto como inexorável no uso de drogas, de novos agenciamento e outras construções. (Idem, p. 10)

Assim, baseia sua abordagem na estratégia da redução de danos, defendida no documento, pelo reconhecimento em cada usuário de suas singularidades, pela possibilidade de traçar com ele estratégias que estão voltadas não para a abstinência como objetivo a ser alcançado, mas para a defesa de sua vida, denominando esta abordagem de clínico-política:

> Pois, para que não reste apenas como 'mudança comportamental', a redução de danos deve se dar como ação no território, intervindo na construção de redes de suporte social, com clara pretensão de criar outros movimentos possíveis na cidade, visando avançar em graus de autonomia dos usuários e seus familiares, de modo a lidar com a hetero e a autoviolência muitas vezes decorrentes do uso abusivo do álcool e outras drogas, usando recursos que não sejam repressivos, mas comprometidos com a defesa da vida. Neste sentido, o *locus* de ação pode ser tanto os diferentes locais por onde circulam os usuários de álcool e outras drogas, como equipamentos de saúde flexíveis, abertos, articulados com outros pontos da rede de saúde, mas também das de educação, de trabalho, de promoção social etc., equipamentos em que a promoção, a prevenção, o tratamento e reabilitação sejam contínuos e se deem de forma associada. (Idem, p. 11)

Logo, atribui à rede, expressa por meio dos "profissionais, dos familiares, das organizações governamentais e não governamentais em interação constante, cada um com seu núcleo específico de ação, mas apoiando-se mutuamente, alimentando-se enquanto rede", a possibilidade de criar alternativas para lidar com o problema, já que ela "cria acessos variados, acolhe, encaminha, previne, trata, reconstrói existências, cria efetivas alternativas de combate ao que, no uso das drogas, destrói a vida".

No Panorama Nacional apresentado, o documento situa os transtornos decorrentes do uso dessas substâncias como um grave problema de saúde pública mundial, abordando algumas de suas consequências, embora, enfocando o álcool com maior ênfase, guiando-se por estudos sobre os quais faz esta afirmação: "os dados confirmam o consenso mundial de que as intervenções voltadas para minimizar os custos do gasto indevido de substâncias psicoativas devem dedicar atenção especial às drogas de uso lícito, especialmente o álcool". (Idem, p. 19)

Trata ainda da Intersetorialidade, da Atenção Integral, da Promoção e Proteção à Saúde. A respeito desses itens enfocados pela política, primeiro é relevante destacar a afirmação de que o uso de álcool e outras drogas, por ser um tema transversal a outras áreas da saúde, da justiça, da educação, social e de desenvolvimento, requer uma intensa capilaridade para a execução de uma política de atenção integral ao usuário dessas substâncias, exigindo diversas articulações, fundamentais para a defesa e promoção de direitos e controle social, com a sociedade civil, movimentos sindicais, associações e organizações comunitárias e universidades. Outro destaque cabe à abordagem de prevenção, cujas ações são consideradas promotoras de saúde, devendo estas considerar as práticas de vida diária dos indivíduos, levando em conta cada parcela populacional, articulando-se a outras ações voltadas para a prevenção e promoção de atenção integral à saúde. Aqui, neste aspecto, a educação em saúde é encarada como estratégia fundamental para a prevenção, lembrando que a separação entre prevenção e assistência não apresenta consistência teórica e/ou prática no campo da saúde pública: "uma concepção integral e equânime de saúde não pretere prevenção em função de assistência, ou vice e versa" (Idem, p. 30). Desse modo,

> As ações preventivas devem facilitar a promoção da atenção global aos indivíduos, melhorando o seu acesso a dispositivos de cuidados e à rede de suporte social existente em seu território; devem também facilitar a sua inserção e integração comunitárias [...]. Devem, enfim, ajudar a proporcionar ganhos de qualidade de vida para as pessoas, com a facilitação de condições básicas à reconstrução não somente de vivências em que a participação do álcool e das drogas seja nenhuma, mínima ou menos danosa, mas de projetos de vida individualizados que comportem opções mais produtivas e alternativas ao uso de álcool e outras drogas enquanto fonte de prazer, e que detenham uma perspectiva evolutiva real para o futuro destas pessoas.

Considerações finais

A Política Nacional Antidrogas da Senad e a Política do Ministério da Saúde para a Atenção Integral a Usuários de Álcool e outras Drogas constituem as respostas atuais do Estado brasileiro a uma das facetas contemporâneas da questão social, que é o consumo abusivo e a dependência de substâncias psicoativas lícitas e ilícitas. Como já visto, a primeira preconiza a ideia da "sociedade liberta de drogas", mais direcionada às consideradas proscritas no mundo ocidental, denunciada de imediato na denominação *Antidrogas*, enquanto a segunda fundamenta-se pela ótica da redução de danos. Contudo, as novas políticas estatais deixam de enfatizar e priorizar a repressão — contenção da oferta — para investir na prevenção — contenção da demanda. Assim, parecem orientadas pelos seis princípios, elencados por Bucher (1992), para guiar uma política sobre o consumo de drogas:

> *1. A questão das drogas deve ser tratada fundamentalmente como um problema de saúde pública; 2. A abordagem do problema deve ser ampla e totalizada, contemplando tanto as drogas lícitas quanto as ilícitas; 3. As políticas em relação às drogas devem ser integradas às políticas sociais gerais; 4. As ações para enfrentamento do problema devem respeitar as particularidades históricas, sociais e culturais do país e das suas regiões; 5. A viabilização dos programas depende da participação de toda sociedade; 6. As políticas em relação às drogas devem ser baseadas no conhecimento científico sobre o tema.* (Idem, p. 4; grifos do autor)

O uso abusivo e a dependência de álcool e outras drogas é um complexo problema de saúde pública na contemporaneidade, não só para a realidade brasileira, porém, em âmbito mundial; com claras implicações em diversos aspectos: sociais, psicológicos, econômicos e políticos, embora no Brasil ainda prevaleça o entendimento da questão, associado ao comportamento antissocial, no caso do álcool, ou à criminalidade, em relação às substâncias ilícitas. Apesar do país já ter avançado perceptivelmente na maneira de compreender e intervir nessa questão, por intermédio da incorporação da estratégia da redução de danos, há um longo caminho a ser percorrido, porque as visões simplistas e reducionistas, quando não moralistas, preconceituosas e dogmáticas, ainda compõem inúmeros discursos antidrogas, presentes nos diversos espaços sociais, como a mídia, as esferas governamentais, a academia, a intervenção profissional, o senso comum. Todavia, a compreensão global da temática é a mais apropriada. Caso contrário, mantém-se uma percepção distorcida desta realidade, expressa primordialmente na cultura do combate exclusivo às drogas, sem considerar o indivíduo e o seu meio social, conforme apregoa a política internacional encabeçada pelos Estados Unidos.

É necessário que a academia se debruce com mais afinco e sede científica sobre este tema, contribuindo para a superação dos paradigmas conservadores, que em vez de favorecerem a libertação do homem, reforçam as condições para a sua escravidão. Não há qualquer dúvida de que a maneira como se consome drogas na cultura ocidental contemporânea não é inócua e ocasiona uma gama de problemas. Muitas vezes é bem perigosa, nociva e prejudicial não só aos usuários como aos não usuários, como ocorre nas mortes prematuras e deficiências físicas provenientes dos acidentes automobilísticos, muitas vezes provocados pelos "usuários-recreativos". Contudo, é preciso encarar com grande ceticismo a probabilidade de eliminar-se da sociedade todo consumo de drogas, mesmo das ilícitas. Se o vínculo entre o homem e as substâncias psicoativas não é recente, mas muito antigo, é improvável que a humanidade abra mão dos elementos terapêuticos, místicos e prazerosos fornecidos por esses psicoativos há milênios. Se algumas culturas conseguiram efetivar, no decorrer da história, uma relação responsável e respeitosa, ou seja, saudável com essas substâncias, parece ser este o desafio desta época: a reconstrução de uma relação possível, que, sem dúvida, não poderá ser alcançada numa sociedade capitalista comprometida com o consumismo (a qualquer custo) e não preocupada verdadeiramente com a vida e cultura humanas.

Aqui, não se defende a ideia de que o uso de substâncias psicoativas é inofensivo nesse tempo. Do que se discorda é da visão de combate puro e simples à substância. Não é a eliminação de certas drogas e muito menos de todas — pois isto é impossível — a panaceia para todos os problemas contemporâneos do mundo. Pensar desta forma é um equivoco, pois, inúmeros estudos apoiados na Antropologia mencionam como o contato com as drogas está enraizado nas diversas culturas humanas em todos os tempos.[3] "Consumir drogas corresponde a uma *prática humana milenar e universal*. Não existe sociedade sem drogas..." (Bucher, 1992, p. 27; grifos do autor). Logo, a política pública adequada a este tempo precisa também levar em conta esses aspectos.

Referências bibliográficas

ABEAD. Entrevista com o Ministro-Chefe general Alberto Cardoso. Disponível em: <http://www.abead.com.br>. Acesso em: 11 ago. 2001.

BRASIL. Gabinete de Segurança Institucional. Secretaria Nacional Antidrogas. *Política Nacional Antidrogas*. Brasília, 2001b. Disponível em: <http://www.Senad.gov.br>. Acesso em: 16 fev. 2002.

______. Decreto n. 3.696, de 21 de dezembro de 2000. Dispõe sobre o Sistema Nacional Antidrogas. Disponível em: <www.senad.gov.br>. Acesso em: 24 ago. 2001.

______. Medida Provisória n. 1.669, de 19 de junho de 1998. Altera a Lei n. 9.649, de 27 de maio de 1998 que dispõe sobre a organização da Presidência da República e dos Ministérios. Disponível em: <www.senad.gov.br>. Acesso em: 24 ago. 2001.

______. Lei n. 6.368, de 21 de outubro de 1976, que dispõe sobre medidas de prevenção e repressão ao tráfico ilícito e uso indevido de substâncias entorpecentes ou que determinem dependência física ou psíquica. Disponível em: <www.drogas.cjb.net>. Acesso em: 9 mar. 2003.

BRASIL/MINISTÉRIO DA SAÚDE. Secretaria Executiva. Secretaria de Atenção à Saúde. Coordenação Nacional DST/Aids. *A Política do Ministério da Saúde para a atenção integral a usuários de álcool e outras drogas*. Brasília: Ministério da Saúde, 2003.

BUCHER, R. *Drogas e drogadicção no Brasil*. Porto Alegre: Artes Médicas, 1992.

GONÇALVES, O. D.; BASTOS, F. I. (Orgs.). *Só socialmente*. Rio de Janeiro: Relume/Dumará, 1992.

MACRAE, E. Antropologia: aspectos sociais, culturais e ritualísticos. In: SEIBEL, S. D.; TOSCANO, A. (Orgs.). *Dependência de drogas*. Rio de Janeiro: Atheneu, 2001.

3. Cf. Bucher (1992), Gonçalves e Bastos (1992), Seibel e Toscano (2001).

PEREIRA, E. T. A política de prevenção ao uso indevido de drogas no Brasil. In: *Anais eletrônico do Congresso Brasileiro de Assistentes Sociais*, n. 10. Rio de Janeiro: CFESS/CRESS, 2001. CD-room.

SÁ, D. B. de. Projeto para uma nova política de drogas no país. In: ZALUAR, A. (Org.). *Drogas e Cidadania*: repressão ou redução de riscos. São Paulo: Brasiliense, 1994.

SEIBEL, S. D.; TOSCANO, A. (Orgs.). *Dependência de drogas*. Rio de Janeiro: Atheneu, 2001.

Tematizando gênero e sexualidade nas práticas educativas

Eliana Azevedo Pereira de Mendonça

Apresentação

Constituindo-se ainda um desafio à proposta política no Programa de Atenção Integral da Saúde da Mulher — PAISM — face às práticas interdisciplinares no âmbito dos serviços públicos de saúde, vamos aqui contribuir com uma reflexão sobre as práticas educativas, considerando o objetivo de *fortalecimento da mulher como sujeito da saúde*, que contraria a concepção de usuário-paciente, que silencia porque outros falam por ele. A concepção de integralidade no PAISM implica reconhecer as limitações do conhecimento biomédico para responder aos graves problemas da população feminina, por deixar em plano secundário aspectos humanos e sociais do processo saúde/doença e, acrescentamos, os efeitos do simbólico sobre o corpo e adoecimento. Implica trabalhar conteúdos que incluem, mas ultrapassam, o nível estrito dos conhecimentos produzidos sobre determinada patologia ou cuidados preventivos. A crítica à transmissão vertical de informações supõe abrir espaço para a intersubjetividade no processo de conhecimento, para a interação e a troca, para que profissionais e usuários compartilhem conhecimentos entre si.

A concepção de sujeito integral, também, leva a desvincular a reprodução da sexualidade, ampliando o olhar sobre as necessidades do sujeito mulher. Esta é uma questão que precisa ser problematizada nos espaços dos serviços. Embora não exista uma especialidade médica que trate da sexualidade, ela se faz presente no discurso e prática de várias especialidades e, dependendo dos contextos em que se desenvolvam, podem colocar em evidência a institucionalização de um discurso tão somente normatizador.

1. Construindo espaços para os sujeitos da saúde

Considerando a centralidade do eixo educação na perspectiva de intervenção a níveis de prevenção de doenças e promoção da saúde, em nossa trajetória como assistente social em várias unidades do Instituto Nacional de Assistência Médica da Previdência Social (ex-Inamps), em diversas conjunturas políticas (1972/1995), participamos de discussões coletivas por parte da categoria de assistentes sociais no sentido de fomentar práticas educativas e o trabalho em equipe. Contudo, vários foram os obstáculos para instituí-las, desde os embates para obtenção de espaços para realização de reuniões, às tentativas de controle do objeto dessas reuniões. Cabe, portanto, interrogar sobre a natureza desses obstáculos no interior das unidades médico-assistenciais que perpassam os anos 1980, mesmo com as diretrizes do PAISM preconizando as práticas educativas em saúde.

Interpretamos que a própria constituição de espaços abertos de debates é que geravam embates no nosso cotidiano profissional, porque não se adequavam às perspectivas adaptativas e controladoras, atreladas aos objetivos de "promover comportamentos adequados para a prevenção e/ou controle de diversas patologias" (Assis, 1998, p. 4). Para os agentes instituídos de poder institucional, representavam algo novo, ao que fugia do controle, ao que era subsumido como espaços livres de discussão, politizadores e fomentadores de reivindicações e críticas. Por outro lado, entendemos que na interpretação desses agentes o político se contrapunha ao científico, ao que está suficientemente conhecido e não é passível de questionamento. Assim há uma resistência a entrarem nas pautas de discussão os temas que dizem respeito ao cotidiano, às relações sociais, os que mexem com as subjetividades e a identidade.

Em relação à saúde da mulher, considera-se que há um salto qualitativo com a incorporação paulatina dos estudos de gênero. Segundo Carloto (1999, p. 7-8), com a emergência do feminismo como movimento social, foram criadas condições necessárias para a legitimação da condição feminina como objeto de estudo. Introduz-se no processo de saúde/doença das mulheres "sua condição de dominada-explorada, os papéis desempenhados na esfera doméstica, a forma como vivem as sexualidades, as violências sexistas" e, ainda, revela-se como esta condição de subalternidade "inscreve no corpo formas de adoecimento e escreve nas políticas públicas e sociais formas de atendimento médico, engendrando novas subjetividades".

Se essas orientações vão paulatinamente sendo incorporadas na formação profissional nas áreas sociais, ao nível das práticas, o movimento é mais lento, dificultando sua compreensão nas abordagens multidisciplinares.

Apesar de na contemporaneidade alguns pensadores venham insistindo na crítica à influência dos pensamentos racionalista e positivista, aos paradigmas cientificistas que estabelecem uma rígida divisão entre razão e emoção, objetivo e subjetivo, individual e coletivo, essas divisões persistem. E como sinalizam Giffin et al. (2000),

> a não inclusão do autoconhecimento como objeto de preocupação contribuiu para manter uma fronteira nítida entre a vida cotidiana e a ciência, e entre a ciência e a política, e a desqualificação da produção de conhecimento no cotidiano. O sujeito científico, por outro lado, seria eliminado, 'neutralizado', através do método: o conhecimento 'objetivo e universal' não admite um sujeito real, portador de valores e posição social. (Idem, p. 2)

Em nome da objetividade científica recorta-se de tal maneira o objeto que a realidade torna-se fragmentada, de maneira que os saberes especializados e a organização do trabalho individualizado dificultam o trabalho em equipe. Rígidas divisões geram, também, hierarquias entre os diversos saberes e práticas, cabendo indagar como são atravessados pelas relações de poder, já que há uma desqualificação dos saberes não cientificamente provados.

Examinando a oposição razão/emoção, Alison Jaggar (1997, p. 157), em seu ensaio "Amor e conhecimento: a emoção na epistemologia feminista" argumenta que as emoções na tradição filosófica ocidental têm sido consideradas, de um modo geral, "como potencial ou realmente prejudiciais ao conhecimento" e encontra outras associações, que se vinculam com outras dicotomias: a razão é associada "ao mental, ao cultural, ao universal, ao público e ao masculino, enquanto a emoção é associada ao irracional, ao físico, ao natural, ao particular, ao privado e, obviamente ao feminino".

Essas dicotomias geram representações que exercem uma eficácia prática e, além disso, podemos considerar na atividade de representar o efeito de processos ideológicos que atravessam os indivíduos.

Ao nos propormos a trabalhar em equipe será preciso construir um processo de trabalho coletivo. Vários sujeitos vão estar implicados, com suas diferentes visões, e desejos. Devemos considerar que as práticas profissionais, vistas a partir das representações, são, para além da esfera normativa (técnica e científica), "expressão das subjetividades que se constituem e se expressam inseridas em um dado espaço social" (Oliveira, 1998, p. 184) e, como tal, merecem ser examinadas. No entanto, o que diz respeito à subjetividade é em geral ocultado, não problematizado, não valorizado, embora entre como elemento que constrói uma dada realidade. Desocultar as representações sociais dos diversos agentes é um esforço necessário no trabalho coletivo.

Do ponto de vista dos profissionais de saúde implica não só uma retroalimentação do conhecimento, mas um novo conhecimento, qualitativamente diverso. E num esforço de crítica, que um trabalho de equipe requer, supõe para nós um esforço para romper com toda e qualquer forma de pensamento excludente, com critérios de autoridade e hierarquia que subordine emoção à razão; senso comum ao conhecimento científico e, população usuária ao especialista e/ou intelectual. Supõe um processo crítico de desvendamento dos implícitos ou do não dito; implica a problematização do que se apresenta como evidência, como verdades acabadas, ou como meia-verdades; implica a problematização dos interesses individuais e coletivos; a valorização da relação dos elementos afetivos e cognitivos, a atenção às formas de expressão, e como nos diz Orlandi

(2001, p. 33-6) a propósito do discurso pedagógico, "expor-se a efeitos de sentido possíveis, deixar espaço para a existência do ouvinte como 'sujeito'; saber ser ouvinte; não fixar o lugar do ouvinte."

Ao enfocarmos o trabalho com grupos, se nossa intenção é fazer circular a palavra, interessa sobremaneira o sentido que ela carrega, a perspectiva do sujeito em relação a determinado assunto, mas o tema só vai emergir se abrirmos espaço para o diálogo, se estimularmos as falas.

2. A questão da linguagem e a temática gênero e sexualidade

Em artigos anteriores tivemos oportunidade de tratar dos objetivos e do objeto no trabalho com grupos na atenção à saúde da mulher. Entendemos que os encontros em grupo

> funcionam como um dispositivo para a mulher ter uma participação ativa no enfrentamento da sua problemática e poder optar diante das alternativas que se vão apresentando; são geradores de solidariedade e de estímulos para uma mudança qualitativa de vida, na medida em que permitem a reflexão e relativizam as vivências singulares no confronto de experiências e na elaboração de sínteses sobre a situação particular da mulher na sociedade (Mendonça, 1996, p. 88-9).

Para pensar a matéria-prima das práticas educativas, buscamos apoio na Teoria das Representações Sociais, tendo como marco as sistematizações de Serge Moscovici (1995), que nos incita a lançar um olhar interdisciplinar sobre a relação entre construções simbólicas e a realidade social, a reabilitar o senso comum como conhecimento integrante da realidade, tomar a dialética do individual e do coletivo para pensar o conhecimento, dentre algumas das questões sobre as quais se debruça essa teoria (Mendonça, 1997).

No presente artigo, enfocando a linguagem, como prática e, considerando o objetivo de fortalecimento do usuário como sujeito de sua saúde, não posso pensar na socialização de informações relativas aos processos saúde/doença sem estar interessada no que os sujeitos pensam, sentem, no lugar de onde estão falando. Além disso, ao indagarmos como os sujeitos se apropriam, constroem e expressam uma dada realidade no movimento de interpretação e simbolização de um objeto, não podemos tomar a linguagem como mero instrumento de comunicação, de transmissão de informação, já que as palavras, embora sejam um traço de união entre os interlocutores no processo de comunicação, vão ter sentidos diferentes, conforme nossa visão de mundo, construída com referência ao lugar e posição de classe, e ao conjunto de experiências dadas por um modo de vida particular. Como nos diz Minayo (1994, p. 174-5), "pela sua vinculação com a realidade, a compreensão da fala exige ao mesmo tempo a compreensão das relações sociais que ela expressa". Ao deixarmos de interagir, temos a ilusão da transparência, ignorando que as mensagens recebidas são incompletas se não trabalhadas, além do que estamos sujeitos aos critérios de avaliação ideológica (do que é verdadeiro ou falso, correto, justificado, bom etc.). É preciso interrogar o objeto, buscando o fragmentário, o disperso, o incompleto, o não transparente.

Consideramos também que a linguagem é uma barreira, quando não se está atento aos sentidos. Se o agente, o locutor, é agente exclusivo, a sua palavra se reveste da autoridade institucional. A fala do profissional vale (significa) mais do que a do usuário, projetando-se a imagem que constitui uma posição. A voz segura e autossuficiente do profissional gera a noção de erro e de culpabilização e inibe o interlocutor.

Se não se deseja reproduzir o já dado, mas atentar para a polissemia das palavras, o que nos trazem como tema, é preciso igualmente buscar o que os silêncios significam. Consideramos com Orlandi (2001b, p. 128) que "há uma diferença radical entre estar no sentido com palavras e estar no sentido em silêncio".

No processo grupal supomos momentos de silêncios especialmente densos ao se iniciar uma reunião, o que muitas vezes leva o coordenador a jorrar informações, sem que tenha tempo para interpretar as razões dos silêncios. Mas ao tomarmos o silêncio como tema, recorremos mais uma vez a Orlandi que distingue:

> Silêncio fundador, que é necessário aos sentidos; o que existe nas palavras, que as atravessa, que significa o não dito e que dá um espaço de recuo significante, produzindo as condições para significar; Política do Silêncio,

em que temos, Silêncio constitutivo, que nos indica que para dizer é preciso não dizer e Silêncio Local ou Censura, que remete propriamente à interdição[...]

Na nossa prática, nos colocamos com frequência diante dos silêncios gerados pelas relações de poder e, particularmente, os gerados pela ideologia de gênero que afetam as vivências das mulheres e estabelecem o "silêncio censura". Exemplificamos com a fala de uma usuária que tendo participado de um grupo de sala de espera, que debatia questões relativas ao climatério/menopausa, se interessara em aprofundar as questões da saúde e da sexualidade da mulher num grupo que veio a se realizar em nove sessões. Assim se expressara: — *Eu nunca tinha falado de mim. É a primeira vez que eu falo de mim.* Essa fala nos remete não somente ao silêncio do oprimido pelas condições de classe, mas à sua condição de mulher. Observando seus gestos, a cabeça baixa, a voz baixa, a fala entrecortada, percebemos a relação entre o que expressa na fala e o que traduz das disposições adquiridas no curso de sua vida, do que Bourdieu designa de *habitus*, apontando para a força do pré-construído, do que se inscreve nas coisas e nas mentes (2001, p. 49).

Ao falar da violência simbólica, Bourdieu enfoca a dominância do masculino nas sociedades ocidentais, que se exprime sob forma de evidências, nos discursos (ditados, provérbios etc), nos objetos técnicos, nas práticas (1996, p. 30). Chama a atenção para um dos maiores efeitos da imposição de condições do funcionamento da dominação simbólica, ou seja, a imposição de uma certa representação dos órgãos sexuais, uma construção social das diferenças anatômicas visíveis. Segundo o autor, o mundo social constrói esta diferença anatômica, e esta diferença anatômica socialmente construída se torna o fundamento da diferença social que a fundamenta. Dito de outra forma há uma inversão de causas e efeitos (1996, p. 31-2).

Loyola observa que na chamada sociologia do poder francesa "não se pensa em gênero, sexo e muito menos em sexualidade sem passar pelo problema de dominação" (1999, p. 61) e, citando Godelier, dando a dimensão da questão da sexualidade: "ela é um fenômeno social, que se imiscui em todas as instituições sociais, pois se constitui no pilar fundamental da reprodução da sociedade". Para Loyola, *um problema e um desafio* para as disciplinas é

> repensar as relações entre os sexos e a reprodução biológica e social é assim repensar as relações de dominação de um sexo sobre o outro e toda a estrutura de relações montada a partir dessa relação. Fazer emergir a sexualidade dessas relações, e como fazê-lo, a partir de um pensamento que tem como base inconsciente as diferenças entre os sexos (1998, p. 13).

Na revisão bibliográfica sobre sexualidade, encontramos a referência de Bruschini (1998, p. 262-63) a um artigo escrito por ela e Rosemberg, "Sexualidade e desconhecimento: a negação do saber" (In: *Vivência: história, sexualidade e imagens femininas*, 1980), em que tocam nos dois temas que anunciamos, ou seja, o do silêncio e da dominação masculina. Optamos por reproduzir o texto na medida em que retrata para nós o perfil de muitas de nossas usuárias que, ao terem a oportunidade de participarem dos grupos, vão perguntando, ouvindo, falando do que para elas vinha a ser motivo de vergonha, entre várias outras situações.

> O desconhecimento, o silêncio sobre a sexualidade não é um vazio. É um silêncio simbólico, na medida em que transmite um modelo do 'ser mulher', um modelo de conformidade. O desconhecimento amplia o significado dessa sexualidade feminina, enquanto uma espécie de tabu, cercada de interdições, de regras de comportamento, de exigências, que definem não apenas a atuação da mulher como sua própria essência, a sua própria 'natureza'. É visto como algo 'natural', próprio ao comportamento adequado à condição feminina, e, consequentemente, atua como um dos elementos do poder exercido sobre a sexualidade feminina. Ser mulher, dessa forma, é ser antes de tudo despossuída de um saber sobre si (daí a vivência da sexualidade ser tão fantasiosa e traumática); é se isolar e se conformar com sua impotência, proibida do exercício da sua sexualidade de forma livre, prisioneira de um conjunto de interdições, que, em última instância, estariam ligadas a um destino de 'ser biologicamente inferior.' Todo esse silêncio, desconhecimento, ocultamento entram supostamente em contradição com a função social que cabe à mulher exercer, função essencialmente calcada na sua condição de sexo, no biológico. Ela é antes de tudo procriadora. Parece paradoxal que, estando a vida da mulher definida pelo exercício da reprodução, a sua sexualidade seja silenciada e ocultada. No entanto, o

aparente paradoxo torna-se compreensível quando refletimos que o ocultamento da sexualidade, a cargo de tabus, preconceitos, restrições e regras de conduta que a acompanham, formam uma verdadeira estratégia do silêncio, meio pelo qual a sociedade exerce controle sobre o corpo da mulher.

3. Considerações sobre a abordagem da sexualidade numa instituição médica

Foi a partir dos debates nos grupos de sala de espera que percebemos a importância de discutirmos a sexualidade em grupo e aprofundarmos os debates em sessões continuadas. Em 1988, abrimos espaço para realizar os grupos com enfoque temático em oito sessões: "A saúde da Mulher e sua Sexualidade" e "Mulheres na Meia-Idade" (referências em Gutiérrez, 1992). Cabia indagar sobre os conhecimentos que poderiam ser acrescentados às mulheres para vivenciarem de forma mais satisfatória sua sexualidade, desmistificarem a frigidez, entre outras possíveis questões.

A percepção de problemas, rotulada por significativa parcela das usuárias com "frigidez sexual", gera uma demanda específica aos ginecologistas, não como uma demanda primeira, mas sim, que aparece adequada ao momento da consulta, por ocasião de um exame preventivo. A expectativa de uma solução medicamentosa para os problemas de ordem sexual explica-se, primeiramente, pela representação naturalizada da sexualidade; há ainda a expectativa de que o exame físico ou laboratorial possa revelar algo "anormal", o que justificaria a prescrição de um medicamento que permitisse passar de um estado frio, indesejável, a um outro, pensado como normal, embora não bem demarcado, idealizado, abstrato.

Embora seja uma demanda legítima e, de certa forma coerente com os modelos hegemônicos que naturalizam não somente o próprio processo saúde/doença, mas, também, desalojam a palavra sexo do entendimento da elaboração cultural de homens e mulheres, não há, em contrapartida, uma resposta satisfatória às queixas das mulheres, pois não se optam aos parâmetros da medicina cientificamente constituída. Sendo raros os casos em que se encontra um substrato orgânico que justifique uma intervenção médica, frente às queixas frequentes observamos duas atitudes: encaminhamento a outro especialista e/ou aconselhamento do próprio ginecologista.

Os encaminhamentos são gerados a partir da ideia de que tudo que não tem substrato orgânico ou/e fisiológico cai no fosso comum do psicogênico, o que sugere remeter tais casos aos que teriam condições de desenvolver psicoterapias ou atendimento psicofarmacoterápico: os psiquiatras, os psicólogos. Eventualmente, poderão fazer outros encaminhamentos, como para o Serviço Social.

Num levantamento que realizáramos na referida unidade de assistência médica, dos 53 casos atendidos pelo Serviço Social entre os anos de 1988-1990, 50 procediam da clínica ginecológica. Majoritariamente haviam sido encaminhados por uma mesma médica, que era sensível aos problemas associados à sexualidade da mulher e mantinha um relativo entrosamento com as assistentes sociais. Ainda assim, constatamos, a partir da exploração do motivo do encaminhamento, que a mulher chegava ao setor de Serviço Social sem saber o que receberia deste serviço, qual o tipo de abordagem do assistente social, ou por que fora encaminhada; a maioria esperava ter uma solução medicamentosa para seu problema. Em 21% dos casos, a usuária chegara a marcar uma entrevista com um assistente social, mas não comparecera na data agendada. Consideramos que a falta de esclarecimentos quanto ao encaminhamento já constitui um primeiro obstáculo para um engajamento num atendimento pelo qual possa enfrentar seu problema; no entanto, a representação da sexualidade como de ordem biológica parece ser a principal razão. Ao buscarmos nos registros o que as usuárias apresentavam como fatores que as faziam se sentir "frias" e, por outro lado, o que os assistentes sociais identificaram como problemática da usuária, segundo as justificações e atitudes reveladas, distinguimos *dois grupos*: o primeiro, uma tendência a reduzir sexualidade ao sexo biológico, ao intercurso sexual; a atribuir a causa do problema a fatores orgânicos; a busca de solução para os problemas pela via medicamentosa; uma naturalização dos papéis masculinos (ativo), femininos (passivo); recusa ou falta de disponibilidade para uma abordagem fora dos limites médicos. O segundo grupo, a aceitação de explicações fora do campo estrito biológico a partir da abordagem social pelo profissional e uma abertura para a discussão ou o desvelamento da sexualidade como construção social, ou seja, como algo que se apreende no curso da vida, o que implica a elucidação de fatos sociais, o desvelamento das regras sociais, do que pode ou não ser dito, pode ou não ser feito, das qualificações do que é bonito, do que é feio, dos julgamentos morais, enfim, na desnaturalização dos papéis de gênero, na identificação dos modelos masculinos e femininos.

Vários foram os depoimentos que registramos ao longo de nossa trajetória como assistente social no campo da saúde, e que nos fazem concordar com a afirmativa de que se verifica forte impregnação das normas que ditam o que deve ou não ser feito, dito etc. Bozon e Leridon (1996) são enfáticos com referência aos discursos da medicina, da biologia e da sexologia que "apesar de sua aparência mais descritiva, não cessam de ser extremamente normativos". Já Loyola (1998, p. 7-8) ressalta que embora os estudos empíricos sobre a sexualidade tenham se multiplicado com o surgimento da AIDS na década de 1980, com frequência, associaram a sexualidade à sua dimensão puramente comportamental, reforçando uma concepção [...] biologizante e naturalizada da sexualidade que alguns trabalhos de cunho histórico e feminista vinham tentando "desconstruir".

Tem-se enfatizado, portanto, que a sexualidade para a medicina e para a sexologia aparece como uma propriedade dos indivíduos, algo que reside em seus hormônios e/ou no seu psiquismo. Weeks (2000, p. 39) indica que a ênfase no sexo como instinto é traduzida como necessidade do corpo (preocupação pós-darwiniana), como força avassaladora e, também, como elemento essencial na feitura corporal de uma pessoa (constituição) e determinante de nossas personalidades e identidades. Consideramos que essa representação da força instintiva do sexo produz uma eficácia discursiva, que se traduz na questão — não ter atividade sexual prejudica a saúde? —, uma das questões que constitui objeto de interrogação para algumas usuárias.

4. Ilustrando com alguns temas

Tomamos como exemplo um dos grupos que abordava "Saúde e sexualidade na menopausa", realizado em 1994 no ex-PAM 13 de maio e cujas nove sessões pudemos gravar e transcrever com o consentimento das usuárias, as mulheres que dele participaram sentiam a restrição de estarem confinadas ao espaço doméstico, portanto, com pouca ou nenhuma inserção no mundo público. As identidades estavam fortemente marcadas pelo sentimento de pertença à família, com fortes referências aos desempenhos de papéis de gênero. Nas entrevistas que realizamos com as doze usuárias antes de iniciarmos o grupo, a sexualidade é colocada como problema na atual fase da vida, seja pela inatividade sexual após longo tempo de união, seja pela ausência de parceiro (em duas situações de viuvez). Observou-se uma forte associação entre as vivências de relações hierárquicas de gênero e as dificuldades experimentadas no terreno da sexualidade. *A autoimagem negativa, as culpas, as obrigações não divididas, o trabalho sem* status, *os sentimentos de perda e, finalmente, o desprazer apareceram nas falas de nossas entrevistadas fortemente atravessados pelas representações de gênero e pelas condições de vida e de trabalho* (Mendonça, 1997). Quando se referem a problemas na esfera da sexualidade, esta deverá ser examinada nesse contexto.

As reuniões de grupo seriam um caminho para desvendar esses processos com o sentido de buscarem novas orientações para os problemas do cotidiano.

A apropriação do saber sobre o corpo vem a se constituir numa proposta central nas práticas educativas, as quais designamos de vivências em grupos de reflexão e que encontram um correlato na expressão "oficinas de sensibilização" de grupos feministas.

Parte-se da hipótese de que a mulher não só conhece pouco o seu corpo do ponto de vista anátomo-fisiológico, como seus corpos trazem as marcas do controle social, que vão sendo deixadas no curso da vida, por força dos dispositivos disciplinares que, através da educação, reproduzem nos sujeitos os valores dominantes, as normas de controle social. Corpo e sexualidade, estando carregados de símbolos, constituem objetos privilegiados de controle e de repressão, trazendo consequências para a identidade feminina e sua autoestima. Considera-se ainda que a visão dicotomizada entre razão e emoção no processo de conhecimento e, ainda, a identificação do feminino com as paixões, com as emoções, próprias de nossa cultura ocidental, dificultam a apreensão mais profunda dos processos de vida, inibem a expressão de sentimentos e/ou levam a considerar as emoções como algo de menor valor.

Nesse sentido, a utilização de técnicas para "fazer falar o corpo" puderam ser introduzidas para facilitar não só a verbalização, mas a externalização de sentimentos e emoções e a troca de conhecimentos e emoções, visando um maior autoconhecimento e favorecendo a problematização do que está suficientemente estruturado, naturalizado.

Em relação ao grupo acima referido, a temática do corpo comportou várias significações com seus vários códigos. Introduzíramos três técnicas, a saber: 1) *técnica projetiva* — construção de um painel com colagens de figuras que representassem para elas saúde e sexualidade (1ª sessão); 2) *técnica de modelagem* — com massinhas (2ª sessão); 3) e *técnicas de relaxamento corporal* — a partir da 2ª sessão.

Avaliamos que a técnica de relaxamento corporal suscitou não só o interesse pelos cuidados com o corpo, mas permitiu diluir o encouraçamento inicial do corpo físico, e avaliar os reais limites físicos no atual curso da vida. Na primeira sessão, mantinham-se rígidas nas cadeiras e, quando a coordenadora sugeriu que se sentassem no chão para desenvolverem a atividade de recorte e colagem, mostraram resistência, alegando *"problemas na coluna"*, *"dificuldade para levantar do chão"*. Chegaram a comentar *"a gente tem que se preparar para a morte"*. Nas demais sessões, abandonaram as cadeiras, preferindo a descontração das esteiras para as diversas atividades.

A escolha das gravuras para representarem a saúde e a sexualidade correspondeu a uma técnica projetiva em que a presença ou ausência de elementos configurava a situação-problema de cada participante do grupo. A interpretação destas ensejou as primeiras narrativas no grupo.

Em relação à temática do corpo, as escolhas de "cena de parto" e a focalização sobre a "barriga" ressaltam não só a importância da maternidade na vida da mulher, mas também o significado da fertilidade por oposição à entrada na menopausa, em que o crescimento do abdômen é um signo do envelhecimento, do que esteticamente é feio. O parto, como subtema do corpo, remeteu, também, aos momentos difíceis, em grande parte vivenciados solitariamente, assim como aos temas da repressão, da vergonha da exposição do corpo.

Percorrendo as narrativas apresentadas nos debates das diversas sessões, em relação à vida conjugal e sexual, encontramos uma constante oposição ou contraste entre a situação conjugal passada e a vida conjugal atual, entre os padrões de comportamento femininos e masculinos esperados. Distinguimos nos textos: a explicitação de situações-problema, em que se evidencia uma tensão entre o realizado e o não realizado. Nos padrões de comportamento adotados, várias vozes estão presentes, o que nos incita a identificar quem são os sujeitos que se fazem presentes nas falas. Recortamos um trecho de uma das sessões em que são estimuladas a reconhecerem suas qualidades:

> Não sei se é qualidade, eu acho um defeito ser tímida, séria demais eu acho um defeito. Eu queria ser diferente! Mas eu acho que as pessoas que tão à minha volta não me deixam eu ser assim, entende? Eu acho que se eu fosse uma pessoa livre, independente, aí eu acho que eu gostaria de ser diferente... Eles não me deixam ser assim.

A relação entre o eu e o outro coloca distintas formas de aproximações e distanciamentos, sendo que o outro pode estar ausente, invisível, negado como tal. Considerando o nível das relações conjugais e os elementos desvalorizantes ligados à construção do feminino, nas situações em que se identifica um polo dominante, "ser outro" "é ser objeto". Assim nos debates em grupo, as usuárias tocam nessa temática, de não serem ouvidas pelo marido e/ou pelos filhos, de viverem em função dos outros, sem desejos ou vontades próprias.

Em termos da relação com o contexto social analisamos os discursos sobre a vida conjugal e sexual como fortemente marcados pela ideologia de gênero:

- nas disposições adquiridas no curso da vida, ao falarem da educação repressora e do *habitus*, atuando ainda no atual momento da vida; na ineficácia do discurso feminino face aos padrões masculinos já dados; na divisão dos espaços domésticos (feminino) e extradomésticos (masculino), em que se evidenciam comportamentos diferenciados (mobilidade e retraimento), em que a permanência do homem no lar é representada em termos negativos; na situação conjugal, no espaço doméstico, as mulheres falam, agem e os homens se calam, se retraem; fora da situação conjugal, no espaço público são elas que não tomam iniciativas;

- na representação masculina da sexualidade, reduzida ao ato sexual; na dificuldade de se exporem face à representação da virilidade masculina;
- na culpabilização feminina diante do desinteresse pelo sexo e na aparente falta de sensibilidade masculina, quando o desinteresse é do parceiro;
- na presença de um discurso moral feminino, em que abrem mão do prazer em razão do outro e manutenção da família, em que o zelo pela relação implica, muitas vezes, resignação e sublimação;
- na representação de etapas bem marcadas do ciclo de vida, que se associam para mulher à ideia de envelhecimento; à ideia do tempo que corre e que é preciso aproveitar, em contraste com o que observam no homem, que não age, mas para no tempo;
- na visão desvalorizante do feminino, agravada pela condição da mulher idosa e de sua invisibilidade como sujeito;

O ato de falar, de "botar para fora", sendo uma avaliação positiva, trouxe uma importância particular para esse grupo, não só porque não tinham outro espaço para falar de si, ou para serem ouvidas, como o espaço do grupo (para si) é um espaço institucional por elas valorizado, um espaço em que o pouco capital social e as limitações de gênero não são restritivos, mas o próprio objeto dos discursos ensejam o aflorar das emoções. É, então, possível identificar um movimento inicial de estranhamento do que lhes é familiar, na avaliação de suas necessidades internas face às influências sociais e às normas que estabelecem o que pode ou não ser dito ou feito. Há uma representação do comportamento masculino como passível de medicalização, mas ao mesmo tempo estão reconhecendo as limitações dos homens que não têm um espaço para tratar de problemas mais íntimos, na esfera da sexualidade.

Considerações finais

Consideramos que o primeiro silêncio a se quebrar é o dos profissionais em relação aos usuários. A condição de usuário, acrescida do fator baixa escolaridade, já estabelece um silêncio censura, representado pelo "nada sei", "sei muito pouco" ou "o que sei é o que sinto", e reforçado pelas distâncias hierárquicas na relação profissional de saúde/usuário que fixam os lugares a partir de universos diferenciados. Assim é que colocamos como condição para êxito das práticas educativas a democratização dos espaços dos serviços, o que implica a elaboração de informações entre os diversos agentes, profissionais e usuários. No exemplo, citado no corpo do trabalho, em que a usuária afirma nunca ter falado de si, é significativo que se proponha a descortinar questões pessoais em situação de interação grupal. Não podemos desprezar o seu movimento no sentido de se engajar no grupo. Embora não possamos aqui nos alongar na questão, podemos dizer que vivenciou o espaço das práticas educativas como espaço qualitativamente diverso do que permeia seu cotidiano, em que só ouvia e se calava. Para que a prática do dizer transforme o silêncio censura precisamos indagar, como sugere Thompson (2000, p. 363), sobre as inter-relações de significado e poder, as maneiras "pelas quais as formas simbólicas podem ser usadas para estabelecer e sustentar relações de dominação em circunstâncias específicas".

Ressaltando a importância do espaço institucional, como espaço público, que a partir de uma proposta democrática venha a propiciar as expressões de pluralidade e diversidade e, considerando, ainda, o espaço público como aquele que expressa a dimensão relacionada com a lógica da produção das representações sociais enquanto fenômeno, consideramos importante lutar para a abertura de espaços grupais, não só com a realização de grupos de sala de espera, mas que estes também sejam espaços que possam oportunizar a participação em grupos que deem continuidade às discussões iniciadas. Ressaltamos um aspecto relevante para a realização dos grupos, tomando as observações de Karen Giffin (1995):

> As mulheres são incentivadas a perceberem problemas pessoais como eventos individuais, isolados, quando na verdade estes são problemas comuns

a muitas mulheres, considerando-se que as vivências individuais adquirem coletivamente um novo sentido.

Referências bibliográficas

ASSIS, Mônica de. Educação em saúde e qualidade de vida: para além dos modelos, a busca de comunicação. *Série Estudos em Saúde Coletiva*, n. 169, Rio de janeiro: UERJ, IMS, 1998. 30 p.

BOURDIEU, Pierre. Novas reflexões sobre a dominação masculina. In: LOPES, M.; MEYER, D. W. V. (Orgs.). *Gênero e Saúde*. Porto Alegre: Artes Médicas, 1996. p. 28-40.

______. *O poder simbólico*. Rio de Janeiro: Bertrand Brasil, 2001.

BOZON, Michel; LERIDON, H. As construções sociais da sexualidade, trad. de The social construction of sexuality. In: BOZON, M.; LERIDON, H. (Eds.). *Sexuality and social sciences*. Dartmouth: Aldershot, 1996. p. 3-25.

BRUSCHINI, Cristina. Sexualidade e Sociologia — Comentários sobre a exposição de Janine Pierret. In: LOYOLA, Maria Andréa (Org.). *A sexualidade nas ciências humanas*. Rio de Janeiro: Ed. Uerj, 1998. p. 257-69.

CARLOTO, Cássia Maria. Feminismo, trabalho e saúde. In: VILLELA, Wilza (Org.). *Revista do II Congresso Internacional Mulher, Saúde e Trabalho*. Rio de Janeiro: 1999. p. 7-8.

GIFFIN K. et. al. Homens, saúde e vida cotidiana: uma proposta de pesquisa/ação. *VI Congresso Brasileiro de saúde Coletiva*. Salvador: ENSP/Fiocruz/NESC/UFRJ/Abrasco, ago./set. 2000.

GIFFIN, Karen. Estudos de gênero e saúde coletiva: teoria e prática. *Saúde em Debate*, n. 46, p. 29-33, mar. 1995.

GUTIÉRREZ, Edda (Org.). *Mulher na menopausa*: declínio ou renovação? Rio de Janeiro: Rosa dos Tempos, 1992.

JAGGAR, Alison M. Amor e conhecimento: a emoção na epistemologia feminista. In: *Gênero, corpo e conhecimento*. JAGGAR, Alison; BORDO, M.; SUSAN, R. (Eds.). Trad. de Britta Lemos de Freitas. Rio de Janeiro: Record/Rosa dos Tempos, 1997. p. 157-85.

LOYOLA, Maria Andréa. Sexo e sexualidade na antroplogia. In: *A sexualidade nas ciências humanas*. Maria Andréa Loyola (Org.). Rio de Janeiro: Ed. Uerj, 1998.

LOYOLA, Maria Andréa. Debate. In: HEILBORN, Maria Luiza (Org.). *Sexualidade*: o olhar das ciências sociais. Rio de Janeiro: Zahar, 1999.

MENDONÇA, Eliana Azevedo Pereira de. A atenção integral à saúde da mulher no Climatério. *Em Pauta*, Revista da Faculdade de Serviço Social da UERJ , Rio de Janeiro, n. 7, p. 71-90, maio 1996.

______. Grupos de sala de espera na saúde: sobre o que atuar. *Em Pauta*, Revista da Faculdade de Serviço Social da UERJ, Rio de Janeiro, n. 10, p. 109-30, jul. 1997.

MINAYO, M. C. *O desafio do conhecimento*: pesquisa qualitativa em saúde. São Paulo: Hucitec, Rio de Janeiro: Abrasco, 1994. 269 p.

MOSCOVICI, Serge. Prefácio. In: GUARESCHI, Pedrinho A.; JOVCHELOVITCH, Sandra (Orgs.). *Textos em representações sociais*. 2. ed. Petrópolis: Vozes, 1995. p. 9-10.

OLIVEIRA, Denize Cristina; SIQUEIRA, Arnaldo Franco; ALVARENGA, Augusta Thereza. Práticas sociais em saúde: uma releitura à luz da teoria das RS. In: MOREIRA, Antonia S. P.; OLIVEIRA, Denize Cristina de (Orgs.). *Estudos interdisciplinares de representação social*. Goiânia: AB, 1998. p. 163-90.

ORLANDI, Eni Puccinelli. *A linguagem e seu funcionamento*: as formas do discurso. 4. ed. Campinas: Pontes, 2001.

______. *Discurso e texto; formulação e circulação dos sentidos*. Campinas: Pontes, 2001.

THOMPSON, John B. *Ideologia e cultura moderna*. 3. ed. Petrópolis: Vozes, 2000.

WEEKS, Jeffrey. O corpo e a sexualidade. In: LOURO, Guacira (Org.). *O corpo educado*. Belo Horizonte: Autêntica, 2000. p. 35-112.

Adolescentes grávidas usuárias do sistema de saúde pública

Alany Pinto Caldeira
Aline Maria Thuller de Aguiar
Carina Leone Veiga
Thaís Geovanna Castro da Rocha

Introdução

Este artigo, partindo de uma experiência de assessoria a uma equipe de Serviço Social de uma unidade de saúde do município do Rio de Janeiro, apresenta resultados de um estudo sobre adolescentes grávidas, usuárias de uma Clínica de Obstetrícia.

Uma assessoria requer, se feita por docente,[1] criar condições para que os profissionais, envolvidos com o fazer profissional, possam acessar e produzir informações e conhecimentos sobre seu objeto de trabalho, como expressão da totalidade social, e assim, refletir sobre suas experiências de trabalho objetivando qualificar os serviços prestados. À assessoria cabe instrumentalizar teórica e metodologicamente os assistentes sociais — e por extensão os demais membros da equipe multiprofissional —, no sentido de enfrentarem questões do cotidiano institucional/profissional na busca de superar uma rotina desgastante e propor alternativas às ações realizadas.

---

1. Esta assessoria é fruto do projeto de Extensão: Capacitação Continuada: Assessoria a unidades de saúde do Município do Rio de Janeiro, coordenado pela professora Alany Pinto Caldeira da FSS/UERJ, iniciado em março de 2000.

A assessoria exige conhecimento do movimento e da rotina da unidade de saúde; conhecimento do Serviço Social da unidade; conhecimento dos profissionais da área eleita para estudo; estudo da área para conhecimento de suas necessidades e prioridades e conhecimento da população usuária e dos potenciais usuários da unidade de saúde em questão.

Assim, um dos elementos necessários para estimular a reflexão profissional é o conhecimento da população usuária. Embora fosse importante analisar os serviços da clínica como um todo, optamos por conhecer parte das usuárias — as adolescentes grávidas — objetivando envolver a equipe multiprofissional que atendia as adolescentes.

A escolha pelas adolescentes grávidas se deu por três motivos. Primeiro, por existir um projeto específico de atendimento multiprofissional na clínica, de atenção especial às adolescentes. Segundo, pela demanda diária por consultas de primeira vez ou subsequente, para atendimento de pré-natal. Finalmente e principalmente, pela relevância dessa questão na atualidade — gravidez na adolescência —, tendo em vista indicadores que apontam o crescimento do número de adolescentes grávidas.

Pesquisas recentes[2] mostram dados relacionados à população carioca, apontando para um crescimento do número de adolescentes grávidas, numa população de mulheres em que a taxa de fecundidade está diminuindo. Com relação às mulheres de 15 a 19 anos, cresce o índice de natalidade em 0,57% entre 1991-2000. Têm-se adolescentes de baixa renda, baixa escolaridade, sem uniões estáveis que, grávidas, sugerem, no mínimo, um baixo uso de preservativo,[3] o que as expõe a riscos de DSTs que podem resultar em infecções por HIV e câncer, em consequência do HPV.[4]

---

2. As considerações a seguir são baseadas em pesquisas sobre a população em geral/RJ (IBGE, Instituto Pereira Passos (<http://www.rio.rj.gov.br/ipp/Escola Nacional de Ciências Estatísticas>), e com grupos específicos de mulheres (MS/INCA — Programa Viva Mulher).

3. A tentativa tornada pública pela mídia, felizmente frustrada, do Secretário de Saúde do Município do Rio de Janeiro de distribuir pílulas anticoncepcionais a adolescentes (janeiro de 2004), mesmo sem conhecimento dos pais, pode ser considerada um desserviço às mulheres do Rio de Janeiro, visto que a utilização da pílula por mulheres sexualmente ativas, sem um debate de qualidade com elas, significa levá-las a utilizar menos os métodos de barreira — principalmente a "camisinha" — contribuindo para expô-las ao risco de infecção, não só por HPV, mas por todas as doenças sexualmente transmissíveis.

4. A Organização Mundial da Saúde (OMS), desde 1992, considera que a infecção pelo HPV, em altas cargas virais — ou seja sem diagnóstico e sem tratamento — representa o principal fator de risco para o desenvolvimento do câncer do colo do útero.

Quanto mais jovens as mulheres se tornam sexualmente ativas, mais estarão expostas ao câncer de colo de útero, se comparadas às demais mulheres com atividade sexual após 17 anos.

Diante desse quadro, municiar a equipe de saúde de informações e conhecimentos necessários, tendo em vista um trabalho articulado aos interesses e necessidades dessas adolescentes, exigiu uma avaliação e análise de suas condições de vida. Assim, buscamos desvendar: como e de onde as adolescentes chegavam. Quais suas condições de vida e de trabalho. Como se comportam diante da gravidez. Enfim, buscamos traçar um perfil das adolescentes grávidas, bem como reconhecer seu fluxo na clínica onde buscaram atendimento.

A rotina de atendimento às adolescentes na clínica pode se dar de duas formas. Primeiramente, marca-se a consulta no guichê da própria clínica. Na primeira consulta, marcada para o atendimento com a enfermagem e com a médica obstetra, são feitos os pedidos dos exames necessários, além de um primeiro esclarecimento sobre as questões relativas à gestação. O atendimento pela médica obstetra é realizado após os resultados dos exames. Após esta consulta, a adolescente é encaminhada à nutrição, para que esta possa lhe recomendar uma dieta adequada ao seu quadro gestacional. Esses profissionais encaminham as adolescentes grávidas para um atendimento com o Serviço Social somente quando percebem a presença de problemas sociais na vida desta adolescente — em sua maioria, relacionados a prejuízos para a gestante e seu bebê, decorrentes de uma difícil situação econômica. Desse modo, não é o assistente social, que por meio de um estudo das condições dessas adolescentes, define as demandas a serem atendidas e o que é necessário ser feito pelo Serviço Social tendo em vista a situação social dessas adolescentes. O assistente social atua somente a partir do que é definido pelos outros profissionais.

Mas, na maioria dos casos, a entrada na clínica se dava por intermédio do setor de Marcação de Consultas da unidade. Assim, após ter passado pela fila do setor de marcação de consultas, com a chegada da adolescente na clínica, os profissionais da equipe de atendimento agendavam a primeira consulta e encaminhavam para o obstetra. Dessa forma, as gestantes passavam, em um mesmo dia, por todos os profissionais.

Esta rotina era analisada por alguns profissionais como desgastante e cansativa para as adolescentes, as quais recebiam, de uma só vez e rapidamente, uma grande quantidade de informações do serviço. Desse modo, informações importantes eram veiculadas rapidamente o que colocava em dúvida a possibilidade das adolescentes/famílias as absorverem, para que a gestação pudesse transcorrer de forma saudável. Não raro as adolescentes mostravam dificuldade de apreender tudo que lhes era transmitido. Se levarmos em conta o nível de escolaridade dessas adolescentes e a forma como essas informações eram passadas pelos profissionais, pareceu-nos que a possibilidade de apreensão das informações ficava muito comprometida.

Entendemos estar aqui a justificativa para a construção de um espaço, pelo Serviço Social, de debate e reflexão com essas adolescentes, e, por que não, com as famílias e/ou com os companheiros/namorados, o qual acompanhasse todo o processo gestacional. Assim, a equipe poderia oferecer possibilidades concretas de tratamento crítico, apreensão e utilização de informações e conhecimentos produzidos e veiculados pelos integrantes do processo que envolve equipe/usuários, podendo servir de instrumento para pensar e vivenciar o processo novo pelo qual estavam passando.

O estudo do perfil das adolescentes grávidas atendidas na clínica de obstetrícia foi realizado a partir de entrevistas. O formulário foi elaborado com os profissionais que compunham a equipe, com objetivo de contemplar informações e questões específicas de cada área de atendimento que tivessem relevância para os diferentes membros da equipe e para o estudo em questão. Ficou estabelecido que as entrevistas seriam realizadas duas vezes por semana após as consultas médicas, na própria clínica, e que o encaminhamento seria feito pelos profissionais após a consulta.

As entrevistas foram realizadas, basicamente, nos meses de dezembro/2000, fevereiro e março/2001, quando foram entrevistadas cerca de vinte adolescentes grávidas que procuravam consulta médica de primeira vez ou consultas de acompanhamento.

1. As adolescentes grávidas em acompanhamento num serviço público de saúde no município do Rio de Janeiro

Os sujeitos da pesquisa foram as adolescentes grávidas, na faixa etária de 14 a 19 anos, que se encontravam realizando o pré-natal. A faixa etária de 14 a 16 anos foi a mais frequente, representando 55% das adolescentes; a faixa etária de 17 a 19 anos representou 45%. Estas gestantes, em sua maioria, eram provenientes de famílias de baixa renda — como será visto adiante — e, logo, com restrições em seu modo de vida.

Observamos que várias transformações decorrem de uma gravidez precoce refletindo no cotidiano da adolescente, de sua família e do pai do bebê; famílias atravessadas por dificuldades financeiras, problemas de aceitação e estigmatização.

Das adolescentes entrevistadas, apenas 30% residia nos bairros de abrangência da Área de Planejamento (A. P.)[5] 2.2, onde está situada a unidade de saúde. As demais, 70%, estavam distribuídas em quatro A. P's diferentes e na Baixada Fluminense.

Quanto às condições de moradia, observamos que 15% das adolescentes residiam em casas de estuque, 15% moravam em um quarto e 30% pagavam aluguel.

Quanta à renda familiar, 40% das adolescentes não souberam informá-la; 10% informaram uma renda até um salário mínimo; 30%, entre um a três salários e 20% acima de três salários.

De acordo com estudos recentes, se a maternidade na adolescência não se restringe a um grupo social, é nas classes desfavorecidas que sua frequência é altamente significativa (Nóbrega, 1995, p. 63). Considerando a gravidez como um fenômeno social, entendemos que a adolescente traz consigo as "marcas" dos grupos que lhe são particulares, e esta visão contribui para a compreensão da vida mental, individual e coletiva, já que a representação da adolescente frente à gravidez constitui um processo e o produto da atividade de apropriação da realidade exterior pelo pensamento, e de elaboração psicológica e social desta realidade (Idem, p. 63). Assim sendo, é importante observar o grupo social e o lugar onde a adolescente mora, para facilitar o entendimento de como a gravidez e a maternidade são vivenciadas por essas adolescentes. Cinco por cento das adolescentes não quiseram responder a algumas perguntas relativas à condição de moradia.

---

5. As áreas de planejamento são subdivisões feitas na cidade, formando as regiões administrativas e os bairros. Por sua vocação e peculiaridade no uso do solo, estas áreas são usadas pela prefeitura para planejar e implementar suas políticas públicas. Bairros que compõem a A. P. 2. 2.: Andaraí, Praça da Bandeira, Tijuca, Vila Isabel, Alto da Boa Vista, Maracanã e Grajaú. (*Guia de saúde da cidade do Rio de Janeiro*, 1. ed., 1999)

Totalizaram 25% as adolescentes que não gostavam do lugar onde moravam. As reclamações estavam relacionadas desde a falta de mínimas condições de vida — 25% não possuiam saneamento básico — até problemas de convivência com os vizinhos. Por outro lado, diante do quadro atual de violência, foram somente 5% as adolescentes que reclamaram da presença desse fator onde moram. Observemos alguns depoimentos sobre o local de moradia:

"Não gosto. Minha casa já pegou fogo duas vezes e tem ratos lá" (M. C., 17 anos).

"Não acho bom, pois as pessoas não convivem bem" (C. L., 18 anos).

O alto índice de criminalidade e a falta de infraestrutura são típicos de localidades pobres cuja população não tem acesso à educação. Segundo Fiori e Chipkevitch (1997), o risco de gravidez é mais de três vezes superior em moças com o primário incompleto, comparado com as que estudam por sete ou mais anos.

TABELA 1

Nível de escolaridade: 1ºgrau e 2º grau

Adolescentes grávidas — Unidade de Saúde/RJ

Nível de Escolaridade	**Frequência**	**Percentual**
1º grau incompleto	17	85%
1º grau completo	03	15%
Total	20	100%
2º grau incompleto	02	10%
2º grau completo	01	05%
Sem 2º grau	17	85%
Total	20	100%

Fonte: Assessoria a Unidades de Saúde do Município do Rio de Janeiro: Caldeira, 2001.

Como podemos observar, a gravidez na adolescência é resultante de um conjunto de fatores, não podendo estar associada a uma única classe social e nem a um único fator agravante. Mas, ainda que seja uma questão presente em todas as classes sociais, influenciada e provocada por vários fatores, como apontam alguns autores, as consequências e a incidência nas classes mais desfavorecidas, usuárias do serviço público de saúde, são gritantes.

Algumas adolescentes expressaram desejo de exercer uma atividade de trabalho em áreas diversas, tais como: telefonista, fábrica, advocacia, lanchonete, medicina, escritório, vendas, enfermagem etc. Considerando a faixa etária dessas adolescentes e seu grau de instrução, pode-se questionar a possibilidade de aproveitamento de sua mão de obra pelo mercado de trabalho: 85% das adolescentes entrevistadas têm o primeiro grau incompleto. O baixo nível de escolaridade impede a inserção dessas meninas na maioria das atividades pretendidas ou desejadas.

Com relação às atividades culturais e/ou de lazer, 90% das adolescentes não participavam de nenhuma atividade, por não fazer parte do seu universo cultural ou de seus hábitos ou, até mesmo, pelas dificuldades objetivas de acesso a essas atividades. Todo este contexto certamente influencia o modo de encarar a gravidez por parte de uma adolescente.

No Gráfico 1, podemos observar como as adolescentes vinham enfrentando e lidando com a gravidez.

Gráfico 1 — Mudanças acarretadas pela gravidez
Adolescentes grávidas — Unidade de Saúde Pública/RJ

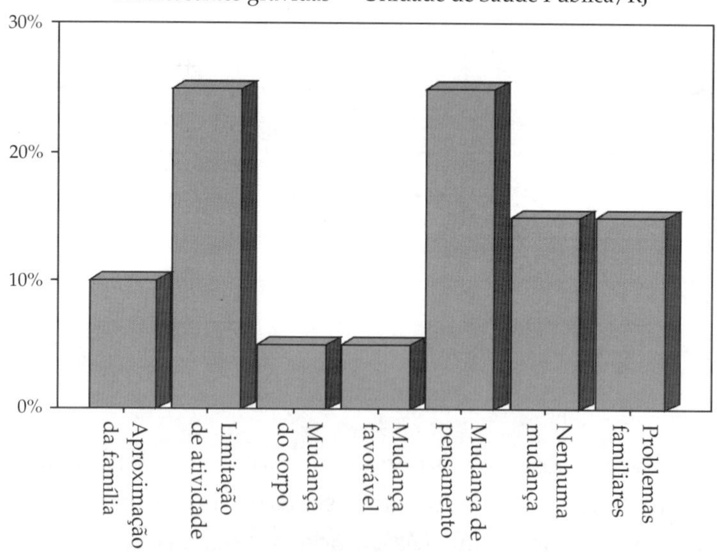

Fonte: Assessoria a Unidades de Saúde do Município do Rio de Janeiro: Caldeira, 2001

A gravidez precoce gera muitas transformações tanto para o físico quanto para o psicológico das adolescentes. Apenas 15% das entrevistadas não detectaram nenhuma transformação, ao passo que as demais indicaram grandes modificações em suas vidas. O corpo muda, a mente muda, assim como a sua relação com a família e a sociedade. Assim, as duas situações mais apontadas pelas adolescentes foram as mudanças relacionadas à "limitação das atividades" e as mudanças do seu próprio "pensamento". Destaca-se ainda que 15% apontaram a presença de "problemas familiares", 10% das adolescentes afirmaram uma aproximação com a família, a partir da presença da gravidez, o que pode ser potencializado pelos 10% que apontam "mudanças favoráveis".

Geralmente, a maturidade física vem antes da maturidade psicológica ou social. "A maioria das adolescentes começa a menstruar entre 10 e 14 anos e, no decorrer dos dois anos seguintes, atingem a fertilidade plena" (Fiori e Chipkevitch, 1997). Esta capacidade reprodutiva precoce pode ocasionar a gravidez, por imprudência ou imaturidade, mas também, como veremos, por opção. Nestes casos, representados em 25% dessas adolescentes, é somente após a gravidez que elas parecem adquirir maturidade psicológica e social, percebendo que a gravidez exige muito mais responsabilidade do que imaginavam: dessa forma, apontavam como mudanças acarretadas pela gravidez a "mudança de pensamento".

Perda da autonomia e da liberdade, afastamento dos amigos, rejeição do namorado, da família e da sociedade, dificuldades em executar atividades habituais, limitação da atividade sexual: a adolescente grávida tem que estar preparada para saber lidar com esses fatores, que só tomam concretude quando a gravidez já é uma realidade.

Um outro aspecto que elas enfrentam está relacionado às transformações físicas da gravidez como, por exemplo, a presença de alterações orgânicas como varizes, estrias, flacidez, manchas, deformações na pele etc. Esses fatores são potencializados pelas transformações habituais da puberdade, já que a adolescência é "um período crítico e problemático relacionado com a autoaceitação e com a autoimagem" (Lelis, 1995). Uma adolescente que costuma sair com os amigos e ir a bailes ou outra, ainda bem infantil, que gostasse de brincar na rua, certamente se sentiria limi-

Gráfico 2 — Expectativas em relação à gravidez
Adolescentes grávidas — Unidade de Saúde Pública/RJ

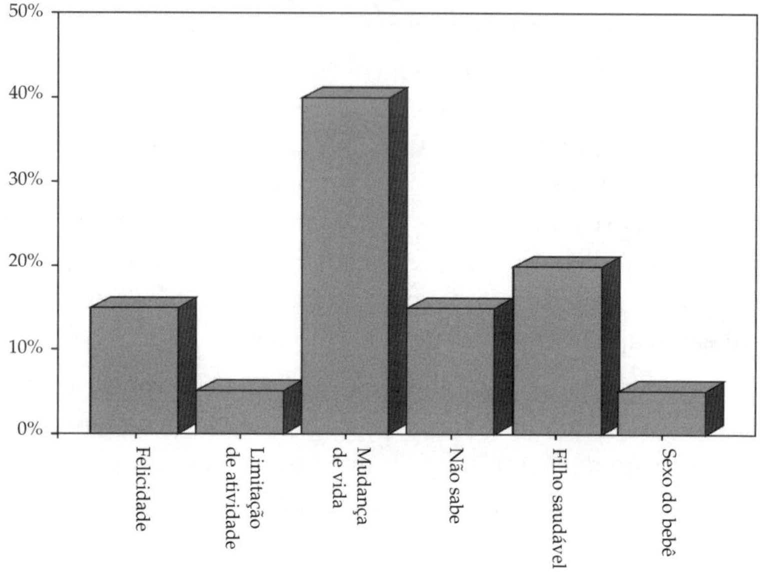

Fonte: Assessoria a Unidades de Saúde do Município do Rio de Janeiro: Caldeira, 2001

tada. Assim, vejamos como se expressa uma das adolescentes que afirmou ter suas atividades limitadas:

"Deixei de brincar na rua, fico mais tempo em casa e acho que vou faltar muitas aulas" (T. B., 16 anos).

Segundo Fiori e Chipkevitch (1997), o sentimento de limitação da atividade talvez esteja ligado à ideia de que a "maternidade seja uma tarefa a ser exercida em tempo integral", o que pode representar, para a adolescente, a necessidade de uma dedicação exclusiva e contínua à criança. Por outro lado, a vontade de "mudança de vida" foi demonstrada por 40% das adolescentes, que parecem, num percentual significativo, contar com a gravidez para dar algum sentido à sua vida. Como afirma uma delas: "Vou ter uma vida de mãe" (N. S., 16 anos).

Uma outra expectativa demonstrada por 20% das adolescentes estava relacionada à saúde de seu bebê, o que talvez possa vir a revelar o seu medo e a sua preocupação diante dessa nova fase em sua vida, em que tudo é novo e desconhecido. Esta preocupação pode estar relacionada a sinais do crescimento do sentimento de responsabilidade para com seu filho, uma vez que expressam a percepção das obrigações que teriam a partir do nascimento do bebê.

Quando questionadas sobre o desejo de mudar algo em suas vidas, verificou-se que 55% das adolescentes demonstraram algum desejo de mudança explicitado de três formas distintas. O grupo mais expressivo, representado por 30%, expressou algum tipo de intenção para o futuro relacionado à constituição de uma família, compra de uma casa, constituição de um lar, enfim, uma vida bem constituída e feliz, como ilustra o depoimento abaixo: "Ter uma casa direito e que meu namorado nunca me faça infeliz" (T. B., 16 anos).

Um outro grupo, representado por 20% das adolescentes, definiu, em seus depoimentos, um projeto de vida relacionado ao trabalho ou à continuidade dos estudos. Mesmo tendo-se em vista que "a maternidade precoce pode limitar ou impedir o desenvolvimento social ou

Gráfico 3 — Mudanças desejadas
Adolescentes grávidas — Unidade de Saúde Pública/RJ

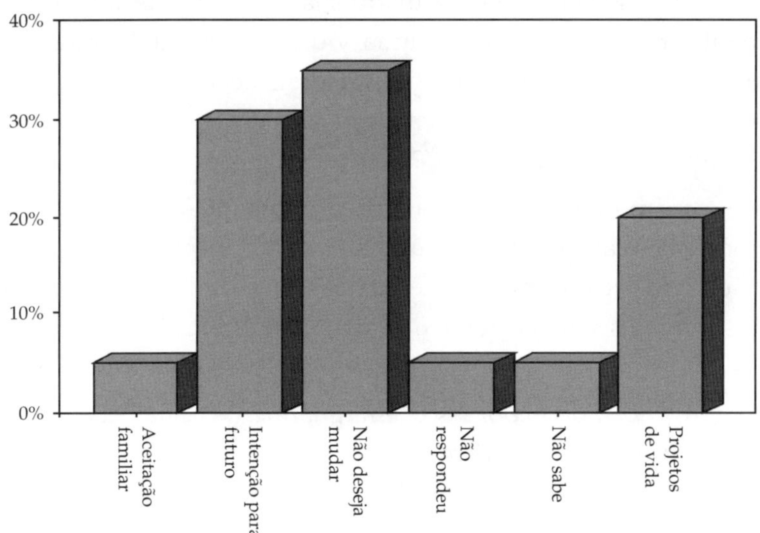

Fonte: Assessoria a Unidades de Saúde do Município do Rio de Janeiro: Caldeira, 2000

educacional e a capacidade de alcançarem todo seu *status* potencial na sociedade" (OMS/Fnuap/Unicef, 1989), essas adolescentes possuíam um projeto de vida tendo em vista a melhoria de suas condições de vida, como podemos observar abaixo:

"Pretendo acabar os estudos e procurar um trabalho para que possa dar uma melhor educação ao meu filho" (E. G., 19 anos).

Um terceiro grupo, representado por 5% das entrevistadas, relatou que seu maior desejo estava relacionado com a aceitação da gravidez por parte da família e do próprio pai do bebê, demonstrando que a integração familiar é importante para elas, conforme depoimento, a seguir:

"Gostaria que a minha família aceitasse a gravidez e o meu namorado também" (J. S., 14 anos).

No entanto, apesar da porcentagem que expressava desejo de mudança em suas vidas ser bastante significativa, um dado que chamou a atenção foi o não desejo de mudanças que correspondeu a 35% das adolescentes. Levando-se em conta as condições socioeconômicas e culturais dessas adolescentes, pode-se entender essa falta de desejo/possibilidade de mudança, estando na gravidez, talvez, a própria mudança almejada. Perguntamo-nos até que ponto a adolescente pobre não tem, na gravidez precoce, uma possibilidade de aumentar a sua autoestima, de garantir respeito, algum *status*, diante de uma vida sem muitas perspectivas, a partir de suas condições de vida e da sexualização da vida incentivada pela mídia? Afinal, o que significa a afirmação da adolescente grávida: agora "vou ter uma vida de mãe"?

Este quadro mostra a necessidade de preparação das equipes para programarem e realizarem ações que facilitem e incentivem o desenvolvimento da crítica e da reflexão acerca das dificuldades que atravessam a vida dessas adolescentes e desse momento em especial.

A família também participa de todo esse processo, o qual a adolescente vem vivenciando e, por isso, tem igualmente a sua cota de mudanças no seu cotidiano. Como já mencionado, um dos reflexos da gravidez precoce está relacionado à estigmatização que elas sofrem por pessoas de seu convívio a partir da constatação de que têm uma vida sexual ativa. Isto ocorre devido ao valor depositado pela sociedade na virgindade feminina, dificultando a aceitação de uma gravidez precoce que ocorra sem uma união formalizada ou estável. Essa situação foi exposta por 10% das entrevistadas, que apontaram pelo menos uma pessoa de sua família — a mãe, o pai ou os irmãos — que não estava apoiando e nem aceitando a sua gravidez.

Em contrapartida, observou-se que, das adolescentes em questão, 80% tinham a aceitação de seus familiares, o que não deixa de ser surpreendente. Alguns estudos demonstram que uma maior facilidade de aceitação da gravidez precoce é possível quando: o desejo de ser mãe por parte da adolescente já é claramente explicitado e conhecido por sua família; a gravidez for um fato natural em resposta às expectativas sociais que circulam no grupo social ao qual essa família pertence; decorre de uma reprodução do discurso da mãe, que também fora mãe adolescente (Nóbrega, 1995, p. 72).

No entanto, observamos que, desse percentual de 80%, 12,5% relataram que houve uma certa dificuldade, no início, de aceitação por parte da família. Esse quadro é muito frequente, sendo a sensação inicial, segundo Saito e Colli (1988) — e observadas por elas em relação aos sentimentos de sua família —, de desespero, vergonha e preocupação econômica. Mas, como também demonstrou nosso estudo, na maioria das vezes os familiares aceitam e apoiam a gravidez, pois, é na família da adolescente ou do namorado, ou nas duas, que essa adolescente irá encontrar o apoio necessário para enfrentar as transformações e desafios postos por uma gravidez precoce (Fiore e Chipkevitch, 1997).

Um outro aspecto decorrente de uma gravidez na adolescência é o adiamento da concretização das aspirações da futura mãe, como por exemplo, o término dos estudos ou a obtenção de um emprego para conquistar a sua "independência". Entretanto, para as adolescentes, cujas famílias possuíam uma renda entre 1 a 3 salários mínimos, os efeitos vão além desses. Isso porque o trabalho não é visto somente como uma forma de independência, mas também como a possibilidade de melhorar a situação econômica do grupo familiar. Portanto, a gravidez pode ser um fator que venha a postergar essa possibilidade, fazendo com que, em vez dessa adolescente ser mais uma fonte de renda para a família, ela, e mais seu filho, continue a ser sustentada por seus familiares, "desfalcando a capacidade de captação de renda" (Lelis, 1995, p. 29).

A relação que a adolescente mantém com o pai da criança que está por nascer é de bastante relevância. Além de despertar nas mães o medo de que este não venha a assumir seu filho, nos pais da adolescente aumenta a aflição, fruto das consequências que o ato de não reconhecimento, por parte do pai da criança, traz para suas vidas. Para a adolescente, resulta numa maior responsabilidade que — *a priori* — vem em detrimento de sua liberdade.

Dentre as adolescentes entrevistadas, 90% afirmaram que mantinham um bom relacionamento com o pai do seu bebê. Esse bom relacionamento foi descrito da seguinte forma:

"Conversamos bastante. Ele aceitou bem a gravidez" (F. L., 16 anos).

Tal depoimento demonstra que, apesar de estudos revelarem um certo receio por parte dos futuros pais diante desta nova situação, a maioria deles aceita e reconhece seu filho, mantendo um convívio marcado por conversas e discussões com suas companheiras. Em nosso estudo, apenas 5% afirmaram ter rompido o relacionamento com o companheiro; 10% relataram ter uma relação ruim, em que as discussões se faziam presentes com frequência.

No entanto, dentre as adolescentes que relataram ter um bom relacionamento com o pai de seus filhos, apenas 10% moravam com ele e 5% manifestavam o desejo de fazê-lo. É muito difícil que a união entre os adolescentes seja formalizada. A maioria das adolescentes não mora com seu companheiro, e sim com sua família. Talvez esse fato explique o grande percentual de responsabilidade de aceitação da gravidez por parte do pai da criança, uma vez que a obrigação de sustentar e criar o bebê ficam com a adolescente e sua família e não com ele. A postura — distanciamento e dificuldade de aceitação — vai de encontro ao papel que a sociedade lhe atribui: responsável e protetor de sua família. Sendo assim, essa é uma questão que deve ser estudada e relacionada aos valores sociais que são atribuídos pelos jovens, uma vez que a gravidez de sua companheira seria a materialização de sua virilidade, o que lhe traria *status* e reconhecimento perante o seu grupo de convívio. Apesar dessa visão favorável, a paternidade nem sempre é certa de ser exercida em seu dia a dia, talvez por trazer restrições às suas diversões ou por problemas econômicos pelos quais esteja passando, o que demonstra, segundo Nascimento (2001), o reconhecimento de sua responsabilidade para com sua companheira e seu filho.

Nóbrega (1995, p. 73) explicita que, para as adolescentes, a maternidade e o casamento pertencem a duas classes distintas. Enquanto a primeira seria da ordem natural, que não permite escolha à adolescente, o fato apenas acontece; o segundo seria pertencente à ordem social, pelo qual o indivíduo tem o direito de optar ou não, sendo as consequências em relação à vida social de sua responsabilidade.

A seguir, apresentaremos alguns dados objetivando explicitar a idade da primeira relação sexual das adolescentes, bem como o grau de conhecimento e uso dos métodos contraceptivos:

Das adolescentes cuja 1ª relação sexual foi aos:

13 anos — 33% estavam com 15 anos no período da entrevista; 50% estavam com 16 anos e 17% com 17 anos.

14 anos — 67% estavam com 15 anos no período da entrevista, e 33% com 17 anos.

15 anos — 14% estavam com 15 anos no período da entrevista, 43% com 17 anos, e 14 % com 18 anos.

16 anos — 100% estavam com 16 anos no período da entrevista.

17 anos — 50% estavam com 17 anos no período da entrevista; 50% estavam com 19 anos

18 anos — 100% estavam com 18 anos no período da entrevista.

Percebe-se que, quanto mais cedo tem início a atividade sexual maior a possibilidade de uma gravidez precoce o que pode estar relacionado ao despreparo para a prevenção da gravidez que está presente em qualquer faixa etária.

É relevante destacar que somente uma adolescente (0,2%) afirmou não conhecer, nem fazer uso de nenhum método contraceptivo. Podemos

Gráfico 4 — Métodos contraceptivos: conhecimento × uso
Adolescentes grávidas — Unidade de Saúde Pública/RJ

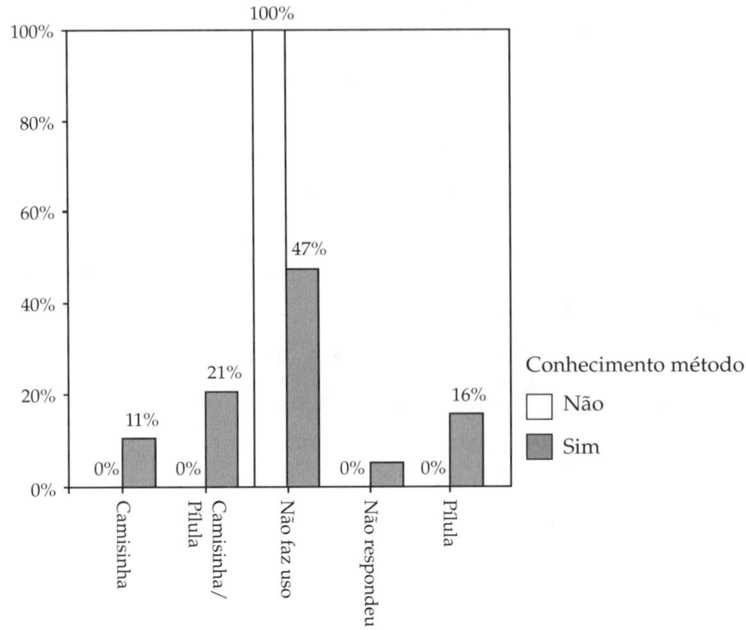

Fonte: Assessoria a Unidades de Saúde do Município do Rio de Janeiro: Caldeira, 2001

perceber assim, que o simples conhecimento de um método não resulta no seu uso (Gráfico 4), o que pode ser observado no percentual de 47% das adolescentes que, mesmo conhecendo os métodos, afirmaram não fazer uso de nenhum deles. Dentre as que usavam, os mais empregados eram a camisinha e a pílula anticoncepcional, utilizados ao mesmo tempo, seguidos da pílula usada sozinha (16%) e da camisinha (11%). Aqui se apresenta a questão de que, pelo menos, 16% dessas adolescentes podem desconhecer que o uso isolado da pílula pode prevenir a gravidez, mas não as protege das doenças sexualmente transmissíveis (DST's), dentre elas o HIV/Aids e o HPV e suas prováveis consequências.

Fica claro também que a divulgação do uso da camisinha como método contraceptivo e as campanhas em torno desse método são realizadas em detrimento dos demais métodos, pouco ou quase nada divulgados. E, apesar de toda campanha sobre a camisinha, isso não significa que todos têm acesso a essas informações.

Um percentual significativo das adolescentes entrevistadas — 65% — afirmou que planejaram a sua gravidez. Não podemos deixar de lembrar que 55% das adolescentes entrevistadas têm de 14 a 16 anos e as demais entre 17 e 19 anos; 85% têm o 1º grau incompleto; 35% não desejam realizar qualquer mudança na sua vida e somente 20% desejam mudanças relacionadas à inserção no trabalho ou continuidade dos estudos. Esse quadro vem reforçar a necessidade de analisar as expectativas das adolescentes em torno de sua gravidez. Esta expectativa pode ser contrária à visão que os profissionais de saúde têm sobre as adolescentes com as quais trabalham, o que pode dificultar ações na direção dos interesses e necessidades delas e de suas famílias.

Considerações finais

O trabalho de assessoria se deparou, de certa forma, com a crise vivenciada pelos serviços públicos, especialmente pela universidade brasileira. Uma crise que repercute não só na qualidade do atendimento à população, mas na continuidade dos serviços e integração das equipes. As unidades de saúde hoje enfrentam condições precárias de trabalho devido ao esvaziamento de recursos humanos, ocasionando, muitas vezes, o esvaziamento, quando não a extinção, de serviços e clínicas fundamentais para a população usuária.

A unidade de saúde em questão, como tantas outras unidades de saúde, passou por um processo de municipalização que chegou associado ao *deficit* de pessoal no seu quadro funcional com afastamentos por aposentadorias, transferência para outras unidades de saúde etc.

A qualidade dos serviços, sendo considerada como princípio, exige o investimento e capacitação dos profissionais da unidade para planejar e realizar as ações de saúde, o que resultaria na qualificação dos serviços da unidade. Na verdade, a assessoria, ao facilitar uma relação com a universidade, aproxima os serviços com as questões que envolvem a formação graduada e a capacitação continuada.

Nesse sentido, é que o trabalho de assessoria se fez necessário, criando um espaço de produção de conhecimento e reflexão que contribua com a equipe na busca de caminhos que possam qualificar um trabalho dirigido às necessidades e interesses das adolescentes grávidas.

No estudo realizado, além do conhecimento de aspectos da vida daquelas adolescentes, pudemos perceber a importância e a validade do atendimento do pré-natal e do atendimento às suas famílias. O conhecimento e estudo das ações realizadas na clínica revelaram e reforçaram a importância do trabalho que vinha sendo realizado de forma articulada pelos profissionais na atenção especial às adolescentes grávidas. E os resultados da pesquisa revelaram aspectos importantes sobre as adolescentes que podem enriquecer os profissionais na busca de alternativas de ação.

A ação conjunta dos profissionais a estas usuárias, ou seja, a orientação nutricional, a orientação da enfermagem em relação aos cuidados da gestante com o próprio corpo e o bebê e o acompanhamento médico regular tiveram um papel preponderante na qualidade da vida gestacional daquelas adolescentes.

Assim, o estudo revelou que a maioria das adolescentes possuía condições socioeconômicas precárias. Aproximadamente 70% das adolescentes residiam em bairros distantes da Unidade de Saúde. Uma situação relacionada tanto à qualidade dos serviços oferecidos pela unidade e por ser um serviço de atenção especial, quanto à falta de unidades de saúde próximas ao seu local de moradia.

De acordo com a bibliografia consultada, a maioria dos profissionais entende e lida com a gravidez precoce como um problema, soando como um castigo. No entanto, o estudo revelou que as adolescentes, mesmo colocando os limites acarretados pela gravidez — perda de autonomia, de liberdade, possível afastamento dos amigos, rejeição da família e da sociedade, afastamento dos estudos —, também expressam expectativas favoráveis em relação ao novo papel a ser desempenhado — "ser mãe" — e à saúde do bebê.

Um outro dado que expressou esta questão está relacionado ao desejo de mudanças quando verbalizaram o interesse em constituir laços familiares e o apoio e aceitação da família em relação ao bebê. Um percentual expressivo — em torno de 65% — afirmou ter planejado sua gravidez levando-nos a concluir que a gravidez não representava problema ou transtorno nas suas vidas. A visualização da gravidez precoce pelos serviços e profissionais de saúde tende a prejudicar não só a relação dos profissionais e adolescentes, mas o próprio planejamento das ações destinadas às adolescentes grávidas.

Um outro aspecto a destacar é que não houve críticas ou registro de dificuldades quanto à insuficiência de recursos materiais e humanos ou de problemas estruturais e organizacionais relacionados à Unidade de Saúde, questões apontadas, não só pelos profissionais de saúde, mas pelos segmentos que dependem dos serviços públicos de saúde. E, quando foram perguntadas sobre a qualidade dos atendimentos que lhes estavam sendo prestados, 80% responderam considerá-lo bom, não tendo nenhuma crítica a fazer. Apenas 5% demonstraram insatisfação com os serviços devido à demora para o atendimento. Com a falta de recursos humanos e materiais no sistema de saúde público há que se perguntar o significado dessas respostas, mesmo considerando o "medo" de criticar um serviço do qual dependem e que é considerado "de graça".

Destacamos a necessidade dos profissionais de saúde, que trabalham com as adolescentes, de terem mais clareza e sensibilidade para conhecerem a realidade e as expectativas das adolescentes, de modo que possam empreender ações articuladas com as condições de vida, de trabalho, cultura, desejos e interesses das adolescentes. Afinal, 40% das adolescentes já tinham trabalhado, 10% continuavam trabalhando. Assim, não é de se estranhar que 90% não participavam de qualquer atividade cultural, não só pelas dificuldades objetivas de ter acesso a estas atividades, mas também, por não fazerem parte do seu universo cultural. Assim, as principais formas de lazer apontadas pelas adolescentes foram: assistir a televisão e dormir — 70% cada; namorar e conversar — 45% cada; ir a festas, praia e ler — 40% cada; ir a bares e shoppings — 30% cada; estudar — 20%; e praticar esportes e outros, somados, correspondem a 15%.[6]

---

6. O universo total não somará 100% pelo fato de cada entrevistada poder optar por mais de um item.

Diante desse quadro, há que se procurar entender o papel da constituição da família e a consequente prole, num segmento da classe trabalhadora ao qual são oferecidas tão poucas oportunidades tanto as relacionadas às expectativas de trabalho quanto às condições de vida.

Sem deixar de considerar os determinantes macroeconômicos da pobreza e miséria no Brasil, há que se considerar que o aumento da fecundidade na população jovem pode agravar quadros de pobreza. A partir do Censo de 2000, o IBGE aponta que, das jovens (15/19 anos) com filhos, 47% vivem em famílias com rendimentos de até um salário mínimo, e somente 8,4% com rendas superiores a cinco salários mínimos,[7] e ainda que 50%, sem relacionamentos estáveis, vão criar os filhos sozinhas ou depender da ajuda de pais e/ou avós. Diante dessas estatísticas, os especialistas e o poder público buscam enfrentar a situação distribuindo preservativos em nome de dar a essas meninas "o direito de escolha". Se a taxa de fecundidade é maior entre as jovens com pouca instrução e baixa renda familiar, possibilitar direito a escolha não se faz através de distribuição de contraceptivos e/ou preservativos, mas de, no mínimo, educação, saúde, lazer, segurança, trabalho, assistência social, direitos sociais garantidos no Título II da Constituição Brasileira de 1988.

Dessa forma, concluímos, destacando a contribuição que uma assessoria, objetivando instrumentalizar a apreensão e reflexão das questões fundamentais ao processo de planejamento — programação, realização e avaliação das ações —, pode oferecer, principalmente no sentido de instrumentalizar os assistentes sociais para que possam ter uma inserção diferenciada nos serviços de saúde. Neste caso, o estudo aponta para a necessidade destas adolescentes/companheiros e suas famílias contarem com um espaço, sistemático e continuado, que acompanhe o processo gestacional.

Um espaço que garanta, no mínimo, a verbalização e reflexão das questões novas e antigas que atravessam a gravidez e sobre o próprio serviço que está acessando, o que poderia contribuir para uma análise

7. Dados do IBGE mostram que existe uma relação direta entre grau de instrução/fecundidade. Nas mulheres sem instrução ou com até um ano de estudo a taxa de fecundidade é de 4,1 filhos por mulher, e entre as que contam com 11 anos ou mais de estudo a taxa cai para 1,5% (<http:/www.ibge.gov.br>).

mais crítica das suas condições de vida e poderem ultrapassar uma "postura acomodada e passiva diante dos serviços que utilizavam". Santos (1997) explica essa posição acrítica como "fruto das inúmeras situações de exclusão e discriminação vivenciadas por elas no seu dia". Exclusões e discriminações estas que podem ser decorrentes de sua classe social, de sua faixa etária ou da forma como são vistas enquanto usuárias dos serviços públicos — de maneira negativa, como se estivessem fazendo uso de um favor e não de um direito que lhes é legalmente assegurado.

Referências bibliográficas

CALDEIRA, A. P. *Assessoria a unidades de saúde do município do Rio de Janeiro*. Projeto de Extensão da FSS/UERJ, 2002.

FIORI, A. M.; CHIPKEVITCH, E. Trocando bonecas por um bebê de verdade. In: *Revista Pais e Teens*. São Paulo: IPA, 1997.

HEILBORN, Maria Luiza. Palestra Inaugural — Gravidez na Adolescência: considerações preliminares sobre as dimensões culturais de um problema social. *Guia de saúde da cidade do Rio de Janeiro*. Projeto de Estudos da Mulher no Brasil. Seminário Gravidez na Adolescência. Rio de Janeiro: Secretaria Municipal de Saúde. 1. ed., 1999.

LELIS, I. C. *Família, pobreza e gravidez na adolescência*. Monografia de conclusão do Curso de Pós-Graduação e Especialização em Política Social. Faculdade de Serviço Social/UERJ, 1995. (Mimeo.)

NASCIMENTO, E. F. *Em busca do Pai: um estudo com jovens sobre as representações sociais da paternidade adolescente*. Brasília: Universidade de Brasília, 2001. (Mimeo.)

NÓBREGA, N. P. Maternidade na Adolescência: alienação e reprodução social. In: *Documenta*. Rio de Janeiro: EICOS/Cátedra Unesco de desenvolvimento Durável/UFRJ, 1995, p. 63-76.

NOLASCO, S. Masculinidade em fim de século. In: *Saúde, Sexualidade e Reprodução*: compartilhando responsabilidades. SILVA, D. P. (Org.). Rio de Janeiro: UERJ, 1997.

SAITO, M. I.; COLLI, A. S. Adolescência e Gravidez. In: *Coletânea sobre saúde reprodutiva do adolescente*. Brasília: OPAS, 1988.

SANTOS, M. I. Sexualidade e Adolescência: discurso e prática nas instituições de saúde. In: *Saúde, Sexualidade e reprodução*: compartilhando responsabilidades. SILVA, D. P. (Org.). Rio de Janeiro: UERJ. 1997.

SAÚDE REPRODUTIVA DE ADOLESCENTES. Uma estratégia para ação. Declaração conjunta OMS/FNUAP/Unicef. Genebra: Organização Mundial da Saúde. 1989.

Endereços da internet

http://www.rio.rj.gov.br/ipp/

http://www.ibge.gov.br/ipp/

O processo saúde-doença e o trabalho infantojuvenil em lixões: expressão cruel das contradições da modernidade brasileira

Carmen Maria Raymundo

Introdução

Os estudos acerca das políticas públicas voltadas para crianças e adolescentes em nosso país acompanham nossa trajetória profissional desde seu começo, mais especificamente, a partir da década de 1980, quando nos graduamos em Serviço Social.

Naquele período, vivíamos o fim da ditadura militar e, com o início da abertura política, as análises críticas do modelo econômico-social vigente no país, implementadas tanto pela academia, quanto pelo renascimento dos movimentos sociais, evidenciaram o agravamento da pobreza, e dos níveis de desigualdade entre nós.[1] Adquirem destaque neste momento, as precárias condições de vida da infância e da juventude das classes subalternizadas, em que situação de rua, abandono, e infração são

1. De acordo com dados do Instituto Brasileiro de Geografia e Estatística (IBGE), neste período apenas 10% da população detinha 51,5% da renda nacional, em contrapartida os 10% mais pobres detinham apenas 0,7%.

aspectos relevantes, demonstrando a ineficiência das políticas sociais e econômicas implementadas até então. Ganham voz e terreno a partir daí uma multiplicidade de denúncias e ações em defesa da criança e do adolescente realizadas por determinados representantes da sociedade civil, técnicos de diversas áreas, universidades, organizações não governamentais, impulsionando-se assim a articulação de diversos grupos e instituições, em prol de novas possibilidades de intervenção junto à questão.[2]

Quando começamos a trabalhar como Assistente Social, no Programa de Saúde do Trabalhador Adolescente, do Núcleo de Estudos da Saúde do Adolescente da Universidade do Estado do Rio de Janeiro (NESA/UERJ)[3] no ano de 1994, nossa relação com a temática passou a se configurar por meio do exercício da prática profissional, em que se articulam: o ensino, a pesquisa e a extensão universitária. No entanto, essa inserção se realiza em conjuntura diametralmente diversa, a das amplas mobilizações da década de 1980. Neste momento, as ofensivas neoliberais no país nos instigam a construir ações que possam contribuir para a garantia dos direitos sociais assegurados pela Constituição de 1988, e para o fortalecimento e construção de políticas sociais.

A realidade do trabalho infantojuvenil ilustra esta afirmativa visto que, apesar dos direitos assegurados pelo arcabouço jurídico-legal, as crianças e adolescentes trabalhadores permanecem à margem da rede de proteção, tanto no que se refere à esfera dos direitos humanos, quanto às esferas social e trabalhista. Segundo a pesquisa nacional de amostragem domiciliar/PNAD do IBGE, no ano de 2001, existiam 5,4 milhões de crianças e adolescentes entre 5 e 17 anos de idade trabalhando em zonas rurais e urbanas no país, representando 7% da PEA. No entanto, poucos ou inexatos são os dados conhecidos acerca da ocorrência de doenças e acidentes de trabalho neste grupo populacional, assim como das situações

2. Destacamos neste período as criações do "Movimento Nacional de Meninos e Meninas de Rua" e do Fórum DCA "Fórum Nacional Permanente de Entidades Não Governamentais de Defesa dos Direitos da Criança e do Adolescente" em função da importância na luta, em âmbito nacional, pela ampliação legal dos direitos de crianças e de adolescentes.

3. O Núcleo de Estudos da Saúde do Adolescente (NESA) foi criado em 1977, com o objetivo de prestar assistência integral à saúde do adolescente. Para tal fim, o NESA dispõe de um sistema hierarquizado de atenção à saúde, contando com equipe multidisciplinar, na realização de ações de ensino, pesquisa e extensão.

de risco à saúde, as quais estão submetidos nas experiências de trabalho de que participam.[4]

A atividade desenvolvida no atendimento multidisciplinar à saúde de adolescentes trabalhadores proporcionou, à nossa equipe (do NESA), a atividade de assessoria ao Programa de Erradicação do Trabalho Infantojuvenil, na Secretaria de Ação Social do Governo do Estado do Rio de Janeiro,[5] na qualidade de membro das comissões estadual e municipal de prevenção e de erradicação do trabalho infantil.[6] Nossa proposta de assessoria, nas tais instituições, assenta-se na construção de estudos acerca dos impactos na saúde originados dos processos produtivos, nos quais se inserem as crianças e adolescentes atendidos pelo Programa. Desse modo, este trabalho de pesquisa, também, nos proporcionará o mapeamento e análise da heterogeneidade, complexidade, diferenciação e particularidades do trabalho infantojuvenil no Estado do Rio de Janeiro, no final do século XX e início do século XXI.

A primeira etapa deste estudo — a avaliação dos riscos à saúde decorrentes da atividade de catadores de lixo em depósito municipal de resíduos sólidos urbanos — em Itaoca, São Gonçalo, deu origem à dissertação de Mestrado em Serviço Social intitulada "O Trabalho Infantojuvenil em Lixões: Expressão Cruel das Contradições da Modernidade Brasileira", apresentada ao Programa de Pós-graduação da Faculdade de Serviço Social da Universidade do Estado do Rio de Janeiro, no ano de 2001, cujos eixos centrais apresentamos neste artigo.

Na proposta de nossa investigação, procuramos destacar a inserção das crianças e adolescentes em atividades laborativas e suas possíveis

4. Uma primeira aproximação ao tema foi realizada pelo suplemento em trabalho infantil da PNAD de 2001, que aferiu uma percentagem de 51,2% de pessoas entre 5 e 17 anos de idade ocupadas, e que usaram máquinas, ferramentas, instrumentos ou produtos químicos no trabalho principal.

5. O PETI (Programa de Erradicação e Prevenção do Trabalho Infantil) é desenvolvido pela Secretaria de Estado de Assistência Social, órgão do Ministério de Previdência e Assistência Social, atualmente, Ministério do Desenvolvimento e Combate à Fome, em parceria com os governos estaduais e com as prefeituras, que promovem ações de erradicação do trabalho infantil.

6. As comissões estadual e municipal de prevenção e erradicação do trabalho infantil, e de fiscalização do trabalho protegido para o adolescente são órgãos consultivos e de assessoria à questão.

consequências à saúde, como um aspecto de grande importância na luta pela erradicação do trabalho infantil. As interpretações do tema abrangem aspectos morais, políticos e ideológicos diferenciados, controversos e datados historicamente.[7] No entanto, a saúde é um bem concreto, diretamente relacionado à esfera dos direitos humanos, não permitindo contestações, nem "flexibilizações".

O estudo do tema proposto revela a importância da compreensão do trabalho precoce no interior do movimento mais amplo de produção e de reprodução das relações capitalistas, e das contradições que as constituem — na atualidade expressos também através das transformações ocorridas no mundo do trabalho — e sua vinculação com as novas relações entre Estado e sociedade. Ao mesmo tempo, reforça a necessidade de entendimento da forma como os sujeitos vêm vivenciando e interpretando esta experiência, e quais são as particularidades da questão social configuradas em suas inserções precoces de trabalho.

Como bem avalia Iamamoto,

> dar conta das particularidades das múltiplas expressões da questão social na história da sociedade brasileira é explicar os processos sociais que as

---

7. Diversos estudos têm abordado a complexidade dos fatores que levam à inserção precoce no mercado de trabalho. Fausto e Cervini (1991) atribuem-na a duas ordens de fatores: a pobreza, que obriga as famílias a adotarem formas de comportamento que incluem a oferta de mão de obra dos filhos menores de idade; e a estrutura do mercado de trabalho, que oferece espaços apropriados à incorporação deste contingente específico de mão de obra, atrelando-os ao sistema geral de valores dominante na sociedade, que fundamenta preferências e comportamentos, com as condições de oferta de bens e serviços sociais, bem como com a regulamentação e controle por parte do Estado e da sociedade civil.

De acordo com Rizzini et al. (1996) junto com a pobreza, com as necessidades de sobrevivência das famílias trabalhadoras, existem fatores de ordem cultural e ideológica levando ao ingresso precoce no mercado de trabalho. Um destes fatores é a crença em que o trabalho constitua elemento disciplinador e preventivo da marginalidade, quando se trata de adolescentes das camadas populares.

Nesta direção Heilborn (2001), em seus estudos sobre as dimensões culturais do trabalho infantil feminimo, avalia que as características do trabalho da criança e do adolescente em nosso país revelam seu caráter discriminatório, "haja vista sua concentração em grupos de baixa renda"; e seu caráter disciplinador "pelo fato de ser pensado como uma alternativa de prevenção à marginalização, frequentemente propalada pela mídia e por diversas agências governamentais" (Idem, p. 2).

produzem e reproduzem e como são experimentadas pelos sujeitos que as vivenciam em suas realidades quotidianas. (1998, p. 62)

O presente estudo parte do reconhecimento do trabalho, como uma das principais chaves para o entendimento da forma de organização social capitalista. Na atualidade, os processos de produção se alteraram e, por conseguinte, os processos de valorização e as relações de trabalho também se modificaram, exigindo uma difícil reflexão sobre o estatuto do trabalho nas sociedades capitalistas contemporâneas. Daí advém o grande desafio: compreender o conjunto de modificações que pedem uma nova abordagem sobre o trabalho e as categorias de trabalhadores que o exercem de diferentes formas.

Visamos, assim, contribuir para uma análise do trabalho infantojuvenil, que questione a sua naturalização, focalizando a relação entre este e a lógica capitalista de produção, considerando as transformações no mundo do trabalho, e seus rebatimentos na sociedade brasileira. *A entrada precoce em atividades laborativas é referente a uma complexidade de fatores de ordem econômica, política, ideológica e cultural, que não se excluem, mas se complementam e remetem a centralidade do trabalho em nossa forma de organização social.* Melhor dizendo, o entendimento dessa questão refere-se às *dimensões objetivas e subjetivas que o trabalho confere aos sujeitos sociais.*

Temos como hipótese de investigação que neste momento histórico há particularidades ainda mais aviltantes na antiga "estratégia de ocupar a infância e a adolescência" em nosso país, uma vez que estas compõem os estratos mais penalizados pelo processo de precarização do trabalho, nesta etapa de acumulação capitalista, em que "destrói-se a força humana que trabalha, destroçam-se os direitos sociais, brutalizam-se enormes contingentes de homens e mulheres que vivem do trabalho" (Antunes, 2000, p. 38).

1. As configurações da atividade laboral de catar lixo no capitalismo contemporâneo

A atividade do catador não é recente na história da humanidade, pois já havia sido citada em 1857 pelo escritor francês Charles Baudelaire, no seu poema "O Vinho dos Trapeiros".[8] No país, o trabalho de catador de lixo se fazia presente, desde o início do século XX, realizado por imigrantes portugueses, que popularizaram a figura do "garrafeiro".[9] No entanto, na atualidade, apesar de todo o progresso tecnológico alcançado, persiste como forma de trabalho, ainda que em condições degradantes.

No Brasil, não existem censos oficiais que permitam uma identificação formalizada do número de trabalhadores vinculados a esta ocupação. De acordo com pesquisa realizada pelo UNICEF (Fundo das Nações Unidas para a Infância), em articulação com o Fórum Nacional Lixo e Cidadania,[10] e a instituição de Meio ambiente Água e Vida, no ano de 2000, os catadores de materiais recicláveis realizavam trabalho em 3.880 municípios brasileiros. Juntamente com o subsídio aos serviços municipais de limpeza urbana, este "exército de sobrantes" é responsável pela primeira fase da circulação de 10% a 20% dos resíduos urbanos, num circuito econômico complexo e rendoso, que inclui ainda os intermediários e finda-se nas indústrias de reciclagem. Sua força de trabalho, portanto, produz 90% do material que alimenta estas indústrias.

O referido estudo constata que estes trabalhadores desenvolvem a catação em lixões ou em aterros de 37% das capitais brasileiras, além de catação nas ruas, em 68% das cidades com mais de 50 mil habitantes, e em 32% das demais cidades do país. Evidencia ainda que o lixão ou o depósito a céu aberto é o meio mais utilizado para a destinação final do lixo entre nós. Há lixões em 26% das capitais brasileiras, em 73% dos municípios com mais de 50 mil habitantes, e em 70% daqueles com menos de 50 mil habitantes. Ou seja, no Brasil, quanto maior o estrato populacional, maior é o número de catadores de lixo nos aterros.

Esta atividade de trabalho tem como condições objetivas um duplo viés: o circuito econômico trazido pela reciclagem na economia, sendo o

---

8. De acordo com matéria publicada no jornal *Folha de S.Paulo*, em 20 de maio de 2001, intitulada "Lixo é inclusão social para 20 mil em São Paulo".

9. Idem.

10. O Fórum Nacional Lixo & Cidadania é composto por órgãos governamentais, organizações não governamentais, entidades técnicas e religiosas que atuam em áreas relacionadas à gestão do lixo urbano e na área social. Tem como principais objetivos: a erradicação do trabalho infantojuvenil em lixões, geração de renda para as famílias de catadores, e a mudança da destinação final do lixo, com vistas à eliminação definitiva de lixões no país.

primeiro elo desta, e o fato de se constituir como alternativa importante de sobrevivência, diante da impossibilidade de milhões de trabalhadores de obterem inserção no setor formal de trabalho[11] (Escurra, 1997).

De acordo com Bursztyn,

> este imbrincamento entre os rejeitos físicos (lixo) e humanos (excluídos) da sociedade revela uma dimensão perversa da modernidade: o aumento da produção de bens com componentes cada vez mais descartáveis, paralelamente ao aumento da produção de desempregados, dois elementos dialeticamente conexos. (2000, p. 21)

Assim, por mais paradoxal que possa parecer, no interior das ocupações do setor informal, o trabalho com lixo vem se ampliando, e se constituindo concretamente na única forma de inclusão social para milhares de trabalhadores, homens, mulheres, crianças e adolescentes. Demonstra, pois, os matizes que o trabalho adquire na "pós-modernidade" capitalista, no Brasil e demais países do terceiro mundo, onde coexistem formas avançadas, com formas arcaicas de ocupação, entendidas como interfaces do mesmo processo. Além disso, como pondera Bursztin (Idem), possuem características necessárias ao mundo do trabalho, da era de acumulação flexível, pois são trabalhadores ecléticos, versáteis, dependem pouco da proteção pública e se autoempregam.

Dessa forma, embora, pela aparência, esta atividade de trabalho possa parecer marginal, "fora da nova ordem mundial", num mundo globalizado, pós-moderno, integrado, constitui-se numa ocupação importante para exemplificar, nos termos de Martins, o processo de exclusão integrativa,

> onde atividades produzidas e reproduzidas no capitalismo contemporâneo, nas quais os trabalhadores embora não participem diretamente do processo

11. De acordo com a pesquisa nacional de amostragem domiciliar do Instituto Brasileiro de Geografia e Estatística de 1999, de 1998 para 1999 subiu em 3,5% o número de trabalhadores por conta própria em atividade não agrícola no país (mantendo pela terceira vez consecutiva igual percentual de crescimento) e a sua participação na população ocupada nesta atividade passou de 21,8% para 22,3%. Além disso, ainda de acordo com a pesquisa referida, aumentou em 2,3% o número de trabalhadores sem carteira assinada.

> de trabalho capitalista, incluem-se no processo de valorização do capital, através das formas indiretas de subordinação do trabalho ao capital. E, ainda, meio de subordinação real do trabalho, mas por via de relações clandestinas. Constituem nos excedentes úteis. (apud Yazbek, 1996, p. 68)

Como analisa o autor, baseado no legado de Marx, o capitalismo a partir de seu caráter revolucionário, dinâmico e histórico não apenas redefine antigas relações submetendo-as à sua lógica de reprodução, como também, no mesmo processo, produz relações não capitalistas necessárias a esta. Produz, portanto, outras formas de relação da força de trabalho com o capital, mantendo em sua gênese a apropriação da riqueza advinda do trabalho humano.

Estes trabalhadores "excedentes" são, portanto, necessários a determinadas frações do capital, em tempos de hegemonia do capital financeiro, para obtenção de um patamar de lucro que os mantenha na competição.

Ainda a este respeito, é singular o estudo de Escurra (op. cit.). A autora demonstra que o catador de lixo possui utilidade social, à medida que, com o fruto de seu labor, entrega às indústrias de reciclagem produtos, quer seja como matéria-prima, quer seja como meios de produção, os quais entram no ciclo de produção do capital. Desse modo, ao fornecer mercadorias a baixo custo, "atualiza o valor contido no produto que é lixo resultado do consumo e cria valor na forma de trabalho excedente que aparece como lucro comercial" (Idem, p. 147).

É fundamental demarcar que, de acordo com esta autora, nesse processo, a força de trabalho não é mercadoria, a forma autônoma que seu trabalho assume faz com que o produto de seu trabalho seja a mercadoria, cuja venda viabiliza a sobrevivência em patamares mínimos. Assim, o capital produz e reproduz formas "não capitalistas de produção" que viabilizam a acumulação. Ou seja, produz e reproduz relações de trabalho não assalariadas de exploração, e, portanto, diferenciadas daquelas, em que há relações de trabalho referentes à proletarização. Estes trabalhadores estão excluídos do processo de trabalho capitalista, e incluídos em outras formas de valorização, dado que, nesta forma de produção, interessa o trabalho excedente, seja ou não sob a forma de mais-valia.

No entanto, nos organismos oficiais de pesquisa, esta atividade de trabalho é definida como parte do comércio varejista, em que se integram os "trabalhadores por conta própria". Esta categorização de trabalhadores, cada vez mais comum no interior da lógica de que "cada um se vira no mercado", abarca uma heterogeneidade de ocupações e de estratégias de sobrevivência, que as quantificações e tipificações oficiais não abarcam, e que expressam exploração, subalternidade.

Cabe situar que a experiência da pobreza, para além da sua reduzida dimensão de carências econômicas, ao produzir a exclusão social, vem também no mesmo processo gerando grande diversificação no interior dos grupos e classes subalternas. O amplo e diversificado conjunto de experiências, identidades, formas de resistência e de conformismo, representações, daí advindos, é ressaltado pelo legado de Gramsci, ao problematizar a multiciplicidade das configurações da subalternidade:

> Há uma diversificação interna das classes subalternas, cujo desconhecimento empobrece a compreensão de suas lutas e de suas possibilidades históricas, porque omite seus dilemas e suas debilidades. Um discurso que unifique retoricamente as classes subalternas não produz a unidade e a força reais dessas classes e grupos sociais. Ao contrário, mistifica-as e empobrece a interpretação de sua realidade. (Martins, apud Escurra, idem)

Esta vivência da subalternidade, também abarcada pelo conceito de exclusão integrativa, extrapola a exploração econômica e alcança a exclusão social e a dominação política. Assim, de acordo com Martins, este é um processo que se atualiza e abrange grupos cada vez maiores "nos países pobres, nas regiões pobres dos países ricos, mas também nos espaços ricos dos países pobres" (apud Yazbek, 1996, p. 69).

Neste aspecto é fundamental situar que a busca da compreensão das várias formas de manifestação de desigualdades e de exclusão social, expressas em condições de vida e de trabalho, não dilui o conceito de classe social, em Marx, mas objetiva conferir-lhe concretude histórica. Isso porque entendemos que classe social é uma relação, é um fenômeno histórico, nos termos de Thompson,

> a noção de classe traz consigo a noção de relação histórica. Como qualquer outra relação, é algo fluido que escapa à análise ao tentarmos imobilizá-la num dado momento e dissecar sua estrutura [...] A relação precisa estar sempre encarnada em pessoas e contextos reais. (1997, p. 10)

Em suma,o conceito de exclusão integrativa se refere a "uma forma de inclusão que se efetiva contraditoriamente, pela exclusão", ou seja, inclui pela não participação e pelo acesso mínimo ao usufruto da riqueza produzida socialmente, situando os trabalhadores nos limites possíveis da sobrevivência. Podemos ainda argumentar que esta perversa forma de inclusão social também se configura através da inserção infantojuvenil em atividades laborativas. Negando às crianças e adolescentes das classes trabalhadoras os direitos inalienáveis desta etapa da vida.

2. O trabalho infantojuvenil em lixões no Brasil

O trabalho de catar lixo, juntamente com todas as ponderações explicitadas nesse estudo, historicamente, apresenta uma ampla utilização da força de trabalho infantojuvenil.

Conforme a sensível explanação de Abreu (2001), este é o cotidiano de trabalho destas crianças e adolescentes, cujo espaço do lúdico, inerente a esta etapa da vida, se manifesta nas brechas de uma dura rotina de trabalho.

> Eles jogam bolas de papel de um lado para outro, empilham latinhas e garrafas coloridas. Mas não estão brincando... Muitas das crianças nascidas no lixão são filhas de pais que também nasceram ali. São meninos e meninas de diferentes idades. Desde os primeiros dias de vida, são expostos aos perigos dos movimentos de caminhões e de máquinas, à poeira, ao fogo, aos objetos cortantes e contaminados, aos alimentos podres. Ajudam seus pais a catar embalagens velhas, a separar jornais e papelões, a carregar pesados fardos, a alimentar porcos. Muitos destes meninos e meninas estão desnutridos e doentes. Sofrem de pneumonia, doenças de pele, diarreia, dengue, leptospirose, febre tifoide... O lixo é sua sala de aula, seu parque de diversões, sua alimentação e sua fonte de renda. Ganham de R$ 1 a R$ 6 por dia, mas o trabalho que fazem é fundamental para aumentar a renda de suas famílias. Vivem em condições de pobreza absoluta. Realizam um trabalho cruel. São crianças no lixo. Uma situação dramática e comum no Brasil. (Abreu, 2001, p. 13)

Esta descrição retrata, portanto, uma parcela importante das condições aviltantes, sob as quais se realiza a socialização das crianças e adolescentes, inseridos na atividade de catadores de lixo neste país. No entanto, esta difícil realidade acaba se diluindo nas pesquisas oficiais, que apenas registram o quantitativo deste exemplo de trabalho informal realizado nas regiões metropolitanas, classificando-o genericamente, dentre as "ocupações do comércio varejista".

O Fórum Lixo e Cidadania, ao lançar a Campanha "Criança no Lixo Nunca Mais", no ano de 1999, com o objetivo de contribuir para a erradicação do trabalho infantojuvenil em lixões no Brasil, desenvolveu uma pesquisa em todos os municípios do país para mapear a questão.

Demonstrando a relevância desta forma de trabalho no universo do grupo populacional ora em estudo, de acordo com estimativas desta pesquisa, naquele período, existiam 45 mil crianças e adolescentes brasileiros vivendo e trabalhando nos lixões espalhados pelo Brasil. O estudo demonstra ainda que cerca de 3.500 municípios brasileiros apresentam esta forma de trabalho infantojuvenil. A metade destas crianças e adolescentes concentra-se na região Nordeste, 18% na região Sudeste, e 14% na região Norte, 12% na região Sul e, em menor proporção, 7% na região Centro-oeste.

3. A socialização em torno do lixo: dados da pesquisa de campo realizada em Itaoca/São Gonçalo

3.1 Referencial teórico

A partir do legado de Marx, referencial teórico-metodológico adotado neste estudo, não podemos deixar de situar que determinado modo de vida dos indivíduos é determinado pelo modo de produção de sua vida material:

> A produção das ideias, das representações, da consciência está, de início, diretamente entrelaçada com a atividade material e com o intercâmbio material entre os homens, como a linguagem da vida real. O representar, o pensar, o intercâmbio espiritual dos homens aparece aqui como a emanação direta de seu comportamento material [...] os homens são produtores de suas representações, de suas ideias etc. [...] mas os homens reais, ativos, tal como se acham condicionados por um determinado desenvolvimento de

suas forças produtivas e pelo intercâmbio que a ele corresponde. (Marx e Engels, 1999, p. 36-37)

Para Marx e Engels,

a consciência jamais pode ser outra coisa que o homem consciente. E o ser dos homens é o seu processo de vida real. A manifestação da consciência se faz através da linguagem. (Idem, p. 43-5)

Com referência em Karl Marx, Antonio Gramsci aborda o tema, tratando-o como senso comum. Gramsci considera o "determinismo econômico da base material sobre as ideias". De acordo com este autor, o senso comum, como representação social, tem um potencial transformador. Ainda que como pensamento fragmentário e contraditório, o senso comum deve ser recuperado e analisado criticamente, já que corresponde às condições reais de vida dos homens. Expressa ainda, uma combinação das ideias das classes dominantes e das concepções dos subalternos, numa relação de dominação, subordinação e resistência entre estes polos.

A linguagem é a mediação privilegiada para a compreensão das representações sociais. É através da palavra que se confrontam interesses contraditórios, veiculando e sofrendo os efeitos das lutas de classes.

A fala é reveladora de condições estruturais, de sistemas de valores, normas e símbolos, e ao mesmo tempo, tem a magia de transmitir, através de um porta-voz, as representações de grupos determinados, em condições históricas, socioeconômicas, e culturais específicas. (Gramsci, apud Minayo, 1993, p. 109-110)

3.2 A organização e as condições de trabalho no lixão de Itaoca

A partir dos relatos das crianças e adolescentes e de suas famílias, bem como das incursões pela equipe realizadas ao lixão de Itaoca, na companhia de lideranças comunitárias,[12] fomos construindo as análises

12. A pesquisa de campo se desenvolveu, de maio a dezembro de 2001, com todas as crianças e adolescentes, egressos da atividade de catadores de lixo, do polo de atendimento Programa

que se seguem, referentes ao universo infantojuvenil vinculado a esta forma de ocupação, à trajetória de trabalho de suas famílias, às avaliações elaboradas por estes sobre a experiência de trabalho, bem como da organização e das condições de trabalho, na atividade de catar lixo, em depósitos de resíduos sólidos.

"Lixão de Itaoca", ou "Boca de lixo" são denominações do depósito de resíduos sólidos urbanos, do município de São Gonçalo,[13] gerido por empresa privada, no qual é depositado o lixo urbano domiciliar. Pode ser também usado por empresas, como local de refugo, mediante pagamento a operadora do espaço.

A rotina de trabalho tem início com os trabalhadores aguardando a chegada dos caminhões. Neste momento, amontoados, ainda com os veículos em movimento, dão início à coleta dos materiais: vidros, alumínio, plástico, restos de alimentos, brinquedos e detritos variados.

Os instrumentos de trabalho são: paus, facões, sacos, pás, gadanhos, utilizados para retirar e revolver os objetos dos montes de lixo, separá-los e guardá-los até a revenda ou consumo próprio (alimentos e utensílios variados).

No local tem-se a presença de urubus, ratos, porcos, cachorros. Cheiro forte advindo de gás sulfídico: decomposição de matéria orgânica, resíduos tóxicos de origem química que constituem o chorume.

No próprio espaço de trabalho são organizadas barracas, erguidas com plástico ou madeira, improvisadas com produtos encontrados no lixão. Nestas ficam as crianças menores, para protegerem-se das intem-

---

de Erradicação do Trabalho Infantil (PETI) situado em Fazenda dos Mineiros, no município de São Gonçalo. Deste universo, constam 50 crianças e adolescentes entre 7 e 14 anos de idade. A pesquisa empírica constou das seguintes fases: 1) Reuniões com as coordenações estadual, municipal, e local do PETI, e com os familiares das crianças e adolescentes, para discussão de nossa vinculação com a temática. 2) Apresentação da proposta de pesquisa, e obtenção de consentimento para o seu desenvolvimento. 3) Realização de entrevistas individuais com as crianças e adolescentes do polo que realizaram trabalho em catação de lixo. 4) Realização de grupos focais com as famílias. 5) Visitas ao lixão de Itaoca. 6) Consultas aos cadastros das famílias atendidas pelo PETI. 7) Consultas a documentos de análise do perfil social dos catadores do lixão de Itaoca, elaborados pelo Serviço Social da empresa responsável pela manutenção do aterro.

13. São Gonçalo é um município do Estado do Rio de Janeiro que, juntamente com a Baixada Fluminense, forma um verdadeiro "cinturão de pobreza urbana" em torno do município do Rio de Janeiro.

péries ou para amamentação, guarda-se o material recolhido, e depositam-se água e alimentos.

As formas de "proteção" utilizadas pelos catadores durante a coleta são precárias e improvisadas. Resumem-se em camisas de manga comprida, calça comprida, sapatos fechados, camisetas presas à cabeça complementadas por bonés, e várias meias grossas até os joelhos. Esta atividade de trabalho inclui, ainda, o levantamento manual de peso com o material recolhido.

Observamos que, no lixão, é muito comum os trabalhadores ingerirem os alimentos encontrados, o que aumenta a possibilidade de contrair doenças. Este aspecto nos foi também descrito pelas crianças e adolescentes, e por suas famílias. As refeições diárias são realizadas, habitualmente, no próprio local.

De uma maneira geral, não existem diferenças de tarefas por faixa etária ou sexo. O que vai definir a maior proximidade do caminhão, bem como a maior quantidade de materiais retirados, é a força física. Observamos, ainda a existência de muitos conflitos em função da disputa pelos produtos de maior valor na escala do lixão.

É um tipo de trabalho informal e, portanto, sem qualquer direito trabalhista ou previdenciário. A jornada de trabalho é ininterrupta, sem descanso semanal, pode ser diurna ou noturna, ocasião em que aumenta a probabilidade de ocorrência de doenças do trabalho. As crianças e adolescentes alcançados por nossa investigação apresentavam uma jornada média de trabalho de 20 horas semanais, desenvolvida em 42,4% dos relatos, durante cinco dias por semana, em meio período. Além disso, habitualmente toda a família trabalha conjuntamente e as moradias são próximas ao aterro. Os rendimentos são obtidos por produção. A venda do material coletado é, em geral, realizada no próprio local, onde ficam os atravessadores, ou em locais mais distantes, com condições melhores de revenda.

3.3 Os sujeitos da pesquisa

De acordo com os dados coletados, 51,4% do universo infantojuvenil alcançado pela investigação são do sexo masculino e 48,6% do sexo feminino, apresentando como média de idade 10 anos. Já no que tange às diferenças de etnia, em processo similar às configurações do trabalho precoce no país, há uma maior participação de negros (43,2%) e de mestiços (29,7%), em comparação à participação daqueles de etnia branca (27%).

Nossa pesquisa vem somar-se a outras, que apontam ser este um tipo de trabalho que não apresenta limites de gênero ou etários. Dele participam crianças, adolescentes, adultos e pessoas da terceira idade, independentemente se homens ou mulheres.

A presença de crianças e de adolescentes em lixões, embora não sendo o foco da análise de Escurra (1997) é também identificada pela autora, na cidade de Rosário, Argentina.

> A existência de homens, mulheres, jovens e velhos em cima das montanhas de lixo disputando os materiais entre cachorros, urubus, roedores e crianças — que brincavam com objetos encontrados no lugar, mesmo sendo sua presença proibida — enquanto suas mães sem possibilidades de contar com alguém para que tome conta delas na casa, trabalham no lixão (op. cit., p. 206).

Juncá também faz uma interessante formulação, ao retratar esta realidade na cidade de Campos, noroeste fluminense, do Estado do Rio de Janeiro:

> Homens, mulheres e crianças repetem diariamente esta rotina, em busca de alguma renda capaz de suprir pelo menos suas necessidades emergenciais [...] Todos os pesquisados ingressam precocemente no trabalho, sendo que, 49% com menos de 10 anos de idade, 44,9% na faixa de 10 a 15 anos de idade e somente 6,1% entre 16 e 18 anos de idade. (2000, p. 14)

Estes exemplos demonstram-nos, mais uma vez, que a riqueza das individualidades de cada um destes trabalhadores precoces é acrescida de aspectos coletivos da existência, que as une a outras crianças e adolescentes, em outras cidades, estados, países. O que todas têm em comum, diante do processo de precarização do trabalho e de determinadas relações entre Estado e sociedade civil é a socialização efetivada em torno do lixo. Não pretendemos oferecer, por meio da nossa investigação, uma interpretação da "singularidade" dessa camada da população que sobrevive do trabalho de catadores de lixo, o objetivo é mostrar como a complexidade dessa atividade pode ser abordada por meio de uma perspectiva genérica que, ao articular-se com determinações mais particulares, permitem um delineamento pontual de uma situação, evidenciando os seus vínculos com questões mais amplas e suas semelhanças não circunstanciais com outras situações de pobreza e trabalho de novos e formidáveis contingentes populacionais.

No que tange à relação entre trabalho em lixão e educação formal, todos os nossos entrevistados afirmaram estarem frequentando escola. O que deve ser situado, enquanto uma exigência da vinculação ao Programa de Erradicação do Trabalho Infantil. No entanto, verificamos a existência de defasagem entre série escolar/idade, pois numa amostra com média de idade de 10 anos, 33,3% estavam cursando a 2ª série escolar, bem como apresentando um grande índice de reprovação (52,8%). Atribuíram a este fato: a necessidade de trabalhar, o cansaço advindo da atividade laborativa, e a ausência de vínculo escolar. Conforme demonstram as seguintes falas:

> "Às vezes não ia à escola, porque tinha que ir p'ro lixão..." (C. R. S., 14 anos).
> "Às vezes faltava para trabalhar... ou cuidar dos meus irmãos..." (R. R. S., 11 anos).
> "Eu não estudava quando trabalhava no lixão..." (C. R. S., 10 anos).
> "Ficava cansado..." (J. S. C., 11anos).
> "Às vezes faltava à escola por causa do trabalho..." (A. A. P., 12 anos).
> "Ia p'ra escola cansado..." (A F. C. S. A., 10 anos).

No que se refere à "história de trabalho", a média de início da vida laborativa apresentada é de 7,8 anos de idade. Sendo que 82,9% destas crianças e adolescentes começaram a trabalhar antes dos 10 anos de idade. Em geral, começaram acompanhando os pais à atividade de trabalho, e, tão logo foi possível, passaram a separar e guardar o material recolhido pelos responsáveis. A partir de uma determinada idade iniciaram também a catação de materiais.

Destacamos mais uma vez, que numa amostra com faixa etária média de 10 anos de idade, ou seja, ainda na infância, a média de tempo de trabalho apresentada já é de 2 anos. Além disso, dentro deste mesmo grupo, ressaltamos a existência daqueles que referiam experiência de trabalho anterior. Neste aspecto, 14% dos entrevistados relataram o desenvolvimento das atividades de catação de latinhas nas ruas, venda de doces e biscates de uma forma geral, antes do trabalho no lixão.

Dessa forma, urge, diante deste panorama, destacar a ineficiência das políticas sociais, do ponto de vista das reais necessidades da população infantil. Pois, fica patente que a maioria das crianças começam a ir ao lixão a partir de meses de idade, acompanhando os pais na atividade de catação, uma vez que não existe um sistema educacional público eficiente no município, dispondo de serviços de creche, onde possam se inserir. Neste sentido, resta às famílias a alternativa de deixarem os filhos sozinhos em casa, enquanto trabalham, ou levá-los para o local de trabalho.

3.4 História familiar e geracional de trabalho

O caráter familiar e também geracional desta atividade de trabalho, no lixão de Itaoca, é fator relevante, confirmado por nossa pesquisa, para o qual tomamos a concepção de Martins, de "criança sem infância", em contraposição à noção de criança abandonada, hegemônica no imaginário social, quando se trata das crianças pobres:

> criança sem infância não é sinônimo de criança abandonada. É noção que a esta inclui, mas a ela não se limita. Abrange, também, multidões de crianças que têm lar e família, mas não têm infância. É de outra natureza a carência que sofrem e elas próprias o dizem. Algumas carecem de amor, cujas famílias às vezes mutiladas sucumbiram às adversidades de um mercado de trabalho excludente, ao trabalho incerto, ao salário insuficiente, à brutalização da chamada mão de obra sobrante... (1991, p. 13).

Em oposição à versão difundida socialmente, que escamoteia o trabalho precoce, feitichizando-o como abandono, e culpabilizando as famílias pela condição de carência material dos seus, "moralizando os males sociais" (Iamamoto, 1998), a totalidade das crianças entrevistadas por nós não faz alusão ao abandono familiar, como motivo para a experiência precoce de trabalho. Mas refere o trabalho como ajuda necessária para a sobrevivência familiar. Podemos pensar aqui, não em crianças abandonadas, mas em famílias abandonadas, em função de uma inserção de trabalho que não lhes oferece condições dignas de vida, e faz com que necessitem da força de trabalho dos filhos, na mais tenra idade. Nestas circunstâncias o trabalho é para estas crianças e adolescentes, "ajuda", imprescindível às famílias, também diante da ausência de políticas sociais.

Mas, deixemos que elas falem por que começaram a trabalhar:

> "Para ajudar minha mãe... e às vezes não tinha ninguém para ficar comigo..." (J. C. R., 10 anos).
>
> "Porque não tinha nada dentro de casa... e por dia nós vendia 20, 10 reais junto..." (F. R. S., 13 anos).
>
> "Para poder comer..." (R. R. S., 11 anos).
>
> "Sempre fui ao lixão... um dia comecei a catar..." (L. P. D., 9 anos).
>
> "Porque meu pai estava desempregado..." (M. A. S., 8 anos).

Estas falas confirmam também a história de trabalho familiar, ou seja, o trabalho desenvolvido por todos os membros das famílias conjuntamente. Os dados demonstram que 93,8% das mães têm como atividade de trabalho a catação no lixão, seguidas por 46,9% dos pais.

De acordo com Yazbek (1996), vários estudos realizados com famílias pauperizadas vêm apontando o envolvimento de todo o núcleo na busca da reprodução social. Desta forma, "a família se organiza como unidade produtiva de rendimentos" (Durham, apud Yazbek, op. cit.). Mas, no caso de Itaoca, acrescenta-se o fato desta atividade de trabalho vir permanecendo por várias gerações, como única alternativa de sobrevivência para todos os membros, de um número cada vez maior de famílias.[14]

Além disso, grande parte das crianças e adolescentes durante os relatos referem que seus pais também iniciaram a vida laboral na infância, acompanhando seus avós.

---

14. Esta questão foi também evidenciada na matéria intitulada "Três gerações de Catadores de Lixo", publicada pelo jornal *O Globo*. O referido artigo cita o exemplo de T. de dois anos de idade, que passa os dias inteiros "nos cantos" do lixão de São Gonçalo, ao lado da avó, dos pais, e do irmão. Ressalta que a menina é a terceira geração da família a viver no meio do lixo.

Demonstrando que um dos aspectos mais aviltantes desta forma de trabalho é a existência e a permanência do trabalho precoce, como uma imposição, ao longo do tempo, por seguidas gerações. Algumas mães nos revelam também suas histórias de trabalho na infância:

> "Desde a idade de 4 anos, eu fui lá p'ro lixão com a minha mãe... Minha mãe tava separada do meu pai, não tinha nada dentro de casa p'ra comer, tinha que ir p'ro lixão mesmo, p'rá trabalhar. Aí eu fui com ela. Desde essa idade eu trabalho lá [...] Todos os meus irmão ia p'ro lixão com a minha mãe... Aí ela fazia uma barraquinha, aí fazia sopa, ali mesmo, achava um legume. Ah! Me dá até vontade de chorar... Fazia uns legumezinho, ali p'rá gente, uns legume, umas batatazinha, macarrão, se não achasse, pegava o fubá e fazia p'rá gente comer, sabe? (V., 37 anos).
>
> "Comecei a trabalhar com 10 anos de idade em casa de família, depois voltei e fui trabalhar com meus pais no lixão... porque no lixão ficava mais perto da minha família... depois arrumei meus dois filhos, fiquei no lixão até hoje. Arrumei meu esposo, a gente trabalha no lixo junto, eu e ele" (C. C. F. P., 34 anos).

Apesar de trabalharem muito, as precárias condições de vida e de trabalho se mantêm, de geração em geração. Aqui, presente e passado se entrecruzam, demonstrando-nos, como situa Martins, que:

> a supressão da infância não é temporária. Ela se insere no complicado e perigoso processo de ampliação forçada do chamado exército industrial de reserva, que torna descartáveis e sem esperança parcelas amplas da humanidade (1991, p. 15).

Suas trajetórias de trabalho refletem fundamentalmente, o aprofundamento da pobreza advindo do processo de precarização do trabalho e do desemprego. Estes depoimentos reafirmam que as mudanças supracitadas, em curso na sociedade, contribuem para restrição das possibilidades laborais, em um mercado de trabalho segmentado e excludente.

> "Eu trabalhava em casa de família. Cheguei no lixão depois de adulta, já estava com 32 anos, depois que veio meu filho mais novo. Eu já ia lá, né? Mas trabalhar direto, eu comecei depois de meus dois filhos, o de 10 e o de nove anos, porque eu fiquei desempregada..." (J. N. M., 42 anos).

> "Antes eu trabalhava numa fábrica de costura, mas aí eu tive que sair porque faliu. Aí eu fui trabalhar no lixo p'rá poder ajudar meu marido..." (I. P. P., 34 anos).

Além disso, suas elaborações sobre o trabalho são permeadas de contradições, pois este não é realizado com prazer, não é uma opção, mas é a única forma de sobrevivência possível. A este respeito, ponderamos que no capitalismo, como analisa Marx, há uma inversão que transforma sujeito em objeto. O trabalho, em que deveria se configurar a realização do ser social é depauperado. Transforma-se em meio de subsistência. A vida passa a ter como única finalidade a sobrevivência, e não mais apresenta um fim em si mesma.

> A única relação que os indivíduos ainda mantêm com as forças produtivas e com sua própria existência o trabalho perdeu para eles toda a aparência de autoatividade e só conserva sua vida atrofiando-a [...] a vida material aparece como finalidade, e o criador desta vida material, o trabalho agora a única forma possível da autoatividade aparece como meio (Marx e Engels, 1999, p. 104 e 105)

É interessante saber como as próprias mulheres vivenciam e interpretam esta situação:

> "Eu queria dizer a última coisa, eu queria que as pessoas... assim as pessoas de fora que pode, né? Que desse assim chance a gente, né? De dar um serviço melhor pudesse tirar a gente do lixo entendeu? Porque a vontade de muitas mãe é sair lá de dentro. Nem muitos trabalha lá porque quer... é necessidade mesmo... Então a gente gostaria que saísse um trabalho p'rá fora porque muitas assim, muitas madame mesmo, não aceita às vezes sai no jornal, mas se a gente dizer que trabalha no lixo elas não aceita a gente fica com medo achando que a gente é ladra, que vai roubar entendeu? Que é lixeira, que é porca. Mas não, a gente trabalha no lixo, mas a gente é bem limpa, graças a Deus. Pode ir lá em casa, nossos filho quando sai, a gente quando sai vai tudo limpinho, e somos limpo, né? (J. N. M., 42 anos).
>
> "[...] Ai, meu esposo parado... porque ele trabalhava de biscate... ele parado e eu também, meus filho passando necessidade, foi onde eu fui até o lixo, comecei a trabalhar lá e tô trabalhando até hoje, né? Por falta de serviço, eu

> já procurei vários serviço, eu sei fazer um pouquinho de cada coisa... Eu faço um pouco de costura, mas não sou profissional, casa de família, vendedora... qualquer serviço, que seje digno eu tô fazendo, mas por enquanto não consegui nada, tô no lixo trabalhando" (L. P. P., 34 anos).

Os depoimentos também evidenciam que, apesar das condições desumanas em que se realiza esta atividade, por ser um "trabalho", os catadores buscam atribuir-lhe dignidade. Entendendo-se que esta sociedade se estruturou a partir da ética do trabalho. O valor do trabalho forneceu a escala de valores com a qual nós avaliamos o mundo.

Como enfatiza Yazbek,

> ainda assim, apesar de desqualificado, monótono, repetitivo e sem criatividade, o trabalho configura-se como uma forma de ser, uma forma de inserção digna na vida social, um caminho para ganhar a vida, uma identidade social. (op. cit., p. 98)

Por isso, buscam resgatar a dignidade de trabalhador, mesmo que, através da ocupação, mantenham-se apenas nos limites da sobrevivência.

> "Humilhante... Porque é um trabalho digno, mas trabalhar no lixo é humilhante. Porque as pessoas que trabalham no lixo são muito discriminadas. São os morto de fome, geralmente quando vai repórter lá dentro... Qualquer coisa que passa na televisão que é de outro lixo... Eles discrimina muito. É um trabalho digno que é melhor trabalhar lá dentro do eu roubar. E lá dentro pouco ou muito você tá sobrevivendo, tá comendo, tá se vestindo, vestindo seus filho. Acho que ninguém lá dentro gosta do mau cheiro, de estar no meio dessa sujeira, lixo hospitalar, a ponto de pegar uma doença. Graças a Deus que eu saiba ninguém lá dentro nunca pegou uma doença grave. Mas já morreu gente embaixo de carro, no trator, de raio... porque é embaixo de sol e chuva, poeira. Então é... é bom, mas é humilhante" (M. F., 29 anos).

O já referido abandono destas famílias se expressa nos indicadores sociais que compõem seus cotidianos. As crianças e adolescentes em tela formam um grupo de famílias, dos quais 69,4% apresentam uma renda mensal inferior a um salário mínimo, e 27,8% possuem uma renda familiar mensal entre um e três salários mínimos. Estes proventos referem-se a uma extensa e dura jornada de trabalho, para a qual contribuem todos os membros da família, conforme nossa pesquisa demonstrou.

O trabalho no lixão de Itaoca abrange, pois, "moradia e trabalho", configurando um processo pelo qual se dá "vida do lixo e no lixo", uma vez que, grande parte destes trabalhadores reside em área próxima ao local de trabalho. Mesmo aqueles que possuem residência em outro lugar costumam passar a semana de trabalho nos arredores, por conta de exigências da rotina de trabalho.

3.5. As avaliações das crianças e adolescentes sobre o trabalho precoce

Das crianças e adolescentes alcançados pela pesquisa, 36% avaliam ter sido bom trabalhar precocemente, e 64% qualificam como ruim a experiência. Questionados sobre do que gostavam na realização das atividades laborais, relataram-nos: achar brinquedos, ajudar a família, proximidade da família, brincar, catar alimentos, e ter acesso a recursos assistenciais fornecidos por entidades filantrópicas. Assim, contraditoriamente, a dura experiência de trabalho é a única forma de acesso possível às atividades lúdicas, às necessidades básicas de sobrevivência, e ao direito à convivência familiar.

> "Gostava de catar coisas, para a mãe, de vender coisas, de achar brinquedo" (A. R. F., 9 anos).
>
> "Gostava de achar macarrão" (P. R. S., 9 anos).
>
> "É bom quando vem o caminhão do Carrefour, da Sendas, porque vem danoninho. Não sei porque jogam fora, só porque passou da validade" (P. R. S., 9 anos).
>
> "Gostava porque distribuíam roupas lá" (C. R. S., 14 anos).

As avaliações desfavoráveis fazem referência principalmente à insalubridade e à periculosidade do local, responsáveis pela ocorrência de doenças e/ou acidentes de trabalho; às relações de trabalho lá engendradas, bem como às tarefas pertinentes a esta forma de ocupação, mas aludem também ao desejo de apenas estudar, bem como aproveitar esta fase da vida. Urge relevar que boa parte não conseguiu se expressar com palavras sobre a questão, o que foi respeitado por nós. Além disso, todos foram unânimes no desejo de não voltar a realizarem atividades de trabalho no lixão.

Dentre os motivos registrados por avaliações negativas oriundas da atividade no lixão, alguns temas se destacaram:

- *As relações entre trabalho e escola*

"Foi muito chato, não podia brincar, não podia estudar" (P. S. F. S. J., 12 anos).

"Acho que não deve trabalhar, as crianças por causa da escola... minha mãe não deixava faltar aula... mas muitas crianças faltavam a escola" (W. S. S., 13 anos).

"Ruim, só vale a pena se puder estudar..." (C. A. O. S., 11 anos).

"Acho ruim, péssimo, criança só deve pensar no estudo, não pensar em trabalho..." (C. M. M., 14 anos).

- *A ausência de tempo livre*

"Foi ruim ter começado a trabalhar cedo, porque não tinha tempo para brincar, para ver televisão..." (M. A. S., 14 anos).

"Acho ruim porque tenho que aproveitar mais minha vida... brincar, conversar com as pessoas..." (C. R. S., 14 anos).

- *As relações entre o processo saúde/doença e trabalho*

"Ter me machucado... caí do caminhão quando fui para o lixão dependurada..." (S. P. D., 12 anos).

"É um lugar fedorento, triste..." (C. A. O. S., 11 anos).

"O caminhão e o trator passar pelo lixão. Vi um menino ser atropelado por um trator. Passei uma semana sem ir lá dentro com medo..." (R. R. S., 11 anos).

"Muito ruim lá dentro não é lugar p'rá criança estar trabalhando..." (W. S. S., 14 anos).

Evidenciamos ainda que o bom nível de conhecimento demonstrado acerca das questões que envolvem o processo saúde, doença e trabalho, em suas manifestações biológicas, paradoxalmente, vem acrescido de grande desinformação sobre os direitos das crianças e adolescentes contidos no Estatuto da Criança e do Adolescente, pois 76% afirmaram desconhecê-los.

4. As situações de risco à saúde originadas do trabalho infantojuvenil no lixão

O processo saúde e doença, em particular, em países como o Brasil, são resultantes da distribuição desigual dos recursos entre indivíduos e populações. Desta forma, a inserção de classe social determina a exposição a situações de risco à saúde, bem como o acesso à moradia, alimentação, saneamento e assistência à saúde.

De acordo com as questões elucidadas neste estudo, não é casual que estas crianças e adolescentes sejam levados, pelas condições materiais de existência, a desenvolverem atividades de trabalho perigosas, insalubres e penosas. Vale mencionar que estes padrões são construídos, tendo como parâmetros os trabalhadores adultos.

Neste sentido, vários estudos e pesquisas epidemiológicos vêm ampliando o conhecimento da questão, evidenciando que a população infantojuvenil está mais sujeita aos agentes ambientais, oriundos de ambientes de trabalho, tanto para agravos imediatos à saúde, quanto para aqueles que podem levar a incapacidades físicas permanentes ou temporárias.

A respeito da matéria, Asmus e Ruzany (1996) destacam três amplos grupos de fatores, que vêm sendo identificados nos estudos sobre a maior vulnerabilidade destes grupos populacionais a situações de risco ocupacional: a exposição a agentes físicos e químicos;[15] os fatores ergonômicos referentes às limitações e à capacidade de trabalho, e os fatores psicossociais.

Algumas situações de risco à saúde no trabalho são provenientes de um conjunto principal de agentes químicos nas formas de gases, vapores, poeiras, fumaças, névoas e neblinas; e agentes físicos como ruído, temperatura, radiação, vibração, ventilação e iluminação. Estes são potencialmente mais lesivos entre as pessoas em processo de crescimento.

---

15. Considerando a exposição ao chumbo, os pesquisadores observaram que as crianças e adolescentes tendem à absorção de maiores quantidades deste, podendo desenvolver complicações neurológicas irreversíveis. Outro estudo sobre os efeitos da silicose revelou que a exposição à poeira de sílica, neste grupo populacional, apresenta maior taxa de letalidade. Além disso, no que se refere às suscetibilidades ao ruído, os estudos também indicam que crianças e adolescentes podem apresentar limites diferenciados dos adultos.

Existem também os fatores de risco à saúde baseados na Ergonomia, ou seja, no campo multidisciplinar do conhecimento, que estuda a natureza fisiológica, psicológica e anatômica da capacidade e limitação do homem ao exercício de qualquer atividade. Os principais problemas de saúde relacionados à não utilização devida de práticas ergonômicas com as crianças e adolescentes trabalhadores são a fadiga ocupacional, relevante nos casos de exposição a altas temperaturas ambientais; e o trauma ocupacional, resultado de acidentes do trabalho.

Segundo Asmus e Ruzany (op. cit.) estudos em andamento vêm demonstrando que a população infantojuvenil, ao utilizar ferramentas de trabalho, elaboradas para o trabalhador adulto, apresentam maiores riscos de fadiga e acidentes. Além disso, afirmam que os acidentes de trabalho se constituem na principal causa de morbi-mortalidade entre os trabalhadores jovens.

Diante das ponderações elencadas, os impactos do trabalho na catação de resíduos no aterro sanitário na saúde de crianças e adolescentes são visíveis pela forma como se organiza esta atividade laborativa. Determinados por um conjunto de cargas laborais do ambiente, e por condições de trabalho que podem se materializar em doenças do trabalho, com grande ênfase na probabilidade de ocorrência de acidentes de trabalho. Além disso, as crianças e adolescentes ficam em desvantagem num tipo de organização do trabalho que exige força física, e em que há disputas acirradas pela sobrevivência. É uma atividade de trabalho perigosa, insalubre, penosa.

Há possibilidades acentuadas de acidentes, intoxicações alimentares e químicas por metal pesado; infecções respiratórias, cutâneas, digestivas; desidratações; anemias por má nutrição; fadigas por esforço intenso e exposição a altas temperaturas do ambiente.

Estes são agravos à saúde, que podem acometer todos os trabalhadores em lixões, independente de idade ou sexo. No entanto, conforme mencionamos, existem peculiaridades na infância e na juventude, que podem potencialmente deixá-las mais expostas às situações de risco à saúde neste ambiente de trabalho.

A existência de lixões interfere também no meio ambiente, trazendo riscos de incêndio, desmoronamentos de encostas, poluição do solo, das águas, além dos gases tóxicos liberados a partir da queima irregular dos resíduos.

O outro bloco de possibilidades de risco à saúde refere-se às questões subjetivas e coletivas, diante das quais, podemos avaliar que este é um trabalho penoso. Convém ressaltar que o conceito de trabalho penoso carece de construção de definições e de reconhecimento legal. A despeito das conceituações de trabalho insalubre e perigoso, dispostos em legislação em vigor.

Neste sentido, consideramos que o tema abrange questões de caráter multidisciplinar, no interior da área da saúde, que extrapolam os aspectos biológicos. Estas muito se aproximam do objeto de intervenção do Serviço Social, dado que se inserem no conjunto de privações de ordem material e espiritual, advindas da experiência da pobreza, em que se situa a carência de "direitos, de possibilidades, de esperança". Entendemos que possa ser definido como penoso o trabalho que: diminui o tempo disponível para as atividades de lazer, vida em família, educação e para os espaços de convivência com seus pares e demais pessoas da comunidade em geral. Sobretudo advém da não identificação do trabalhador com o seu trabalho. É, portanto, um trabalho sem significado para os sujeitos sociais.

É penoso o trabalho que castra o direito à infância e à juventude. Refere-se ao aspecto já evidenciado por Adorno (1991), no qual o caráter lúdico do modo de ser infantil é relegado ao esquecimento, por meio da dura disciplina do trabalho, que os convoca a assumirem responsabilidades do mundo adulto.

Considerações finais

A possibilidade de desenvolvimento da pesquisa que aqui apresentamos foi especialmente significativa, e nos proporcionou construir uma práxis, no interior da temática investigada. Dentre os pontos que nossa investigação evidenciou, selecionamos:

A necessidade da ampliação do olhar sobre a criança e adolescente, em nosso país, para além dos paradigmas que têm guiado este debate até então. Situamos que estes grupos sociais constituem os mais vulneráveis, em seu desenvolvimento físico e social, diante das experiências da pobreza, de privações materiais e espirituais.

Uma das consequências de maior relevância no universo das crianças e adolescentes das camadas subalternizadas, advinda da agudização da questão social, e também de seu "enfrentamento" pelo poder público, diz respeito aos números alarmantes daquelas, cuja socialização é mediada pela experiência laboral precoce. Conforme nossa pesquisa demonstrou, do ponto de vista da saúde, os custos trazidos por esta experiência são potencialmente exacerbados nesta etapa da vida. No entanto, o processo saúde, doença e trabalho na infância e juventude, não vem tendo o destaque merecido na pauta das discussões travadas na sociedade. Situamos ainda a importância das experiências que somam temáticas, a criança e o adolescente associadas à saúde, trabalho, educação. Pois, em geral, as expressões da questão social são encaminhadas de forma multifacetada.

Além disso, precisamos romper com a visão fetichizada do abandono das crianças e adolescentes pobres, que culpabiliza às famílias pela situação. Em nosso estudo, constatamos que existem processos sociais embasando a atividade de catar lixo, que é desenvolvida pelas famílias conjuntamente. Existem limites de ordem estrutural, no âmago da situação, como a falta de emprego e a injusta distribuição de renda, ao lado de um padrão de intervenção no campo social, bem como uma rentável indústria de reciclagem, fazendo da atividade laboral no lixo a única possibilidade de inclusão para milhares de famílias. Conforme já discutimos, esta é uma perversa forma de inclusão no processo de valorização capitalista, que os exclui de direitos sociais e políticos.

Ponderamos também sobre a relevância de ultrapassarmos, através de interpretações, a aparência meramente quantitativa dos dados. Não negamos a necessidade de quantificação da realidade para evidenciar determinadas situações. Entretanto, existem expressões de vivência na exclusão e na subalternidade, principalmente em se tratando de crianças e de adolescentes, a exigir pesquisas na esfera da subjetividade. As necessidades humanas são "do pão e da fantasia". No bojo da moradia precária, da alimentação deficiente, da escola de baixa qualidade, gestam-se também a castração dos sonhos, das esperanças e do direito à infância e à juventude. O contrário seria reduzir a vida humana apenas às satisfações de ordem material. Avaliamos, como fundamental, a necessária unidade entre as expressões materiais e subjetivas, advindas das experiências concretas de vida e de trabalho.

Diante do exposto, convém situar que, nas sociedades latino-americanas, tal qual a brasileira, são visíveis a anomalia e a inconclusividade do conceito de modernidade. Pois a realidade de país "subdesenvolvido na era da globalização" vem acompanhada das misérias, do desemprego, do subemprego. Embora anuncie o possível, a modernidade não se compromete com sua realização. Assim sendo,

> a modernidade anuncia o possível, embora não o realize. A modernidade é uma espécie de mistificação desmistificadora das imensas possibilidades de transformação humana e social que o capitalismo foi capaz de criar, mas não é capaz de realizar. (Martins, 2000, p. 20)

Neste contexto, dentre os sentidos que o trabalho adquire na modernidade brasileira, "pela via mais perversa possível, até os catadores estão integrados à economia" (Oliveira, apud Juncá, 2000, p. 149).

Torna-se, portanto, imprescindível reconhecer que a inserção "da vida e do trabalho", em ambientes e em condições de trabalho, como os do lixão se constitui numa forma cruel de exploração de crianças e adolescentes, podendo acarretar danos irreversíveis à saúde. Configura uma forma de socialização excludente, pela qual aprendem apenas a sobreviver nos limites da existência, e não a viver, em que o direito à infância e a adolescência é catado no lixo, desde as mais básicas necessidades de sobrevivência até o espaço do sonho, do lúdico. Demonstra que, no cerne da questão social contemporânea, assenta-se a banalização do principal direito humano, o direito à vida.

Finalmente, mas não "conclusivamente", ponderamos que a erradicação do trabalho infantil vem sendo encaminhada, ainda que com insuficientes resultados, por várias instâncias da sociedade na elaboração, implantação e fiscalização dos instrumentos legais para sua efetivação. No entanto, seu maior desafio extrapola a focalização da questão, pois o resgate do direito à infância e à juventude encontra-se na luta pelo direito ao trabalho digno para suas famílias, pela ampliação da esfera pública, pela ampliação da cidadania, pela efetivação dos direitos sociais contidos na Constituição.

Referências bibliográficas

ABREU, M. F. *Do lixo à cidadania*: estratégias para a ação. Brasília: UNICEF/Caixa Econômica Federal/Fórum Nacional Lixo e Cidadania, 2001.

ADORNO, S. A experiência precoce da punição. In: MARTINS, J. de S. (Coord.). *O massacre dos inocentes*: a criança sem infância no Brasil. São Paulo: Hucitec, 1991.

ALENCAR, M. M. T. A Política da Família no Estado Novo e a Atuação do Serviço Social In: *Em Pauta* — Revista da Faculdade de Serviço Social da UERJ. Rio de Janeiro, UERJ, n. 11, 1997.

ANTUNES, R. *Adeus ao trabalho? Ensaio sobre as metamorfoses e a centralidade do mundo do trabalho*. São Paulo: Cortez, 1998.

______. *Os sentidos do trabalho*: ensaio sobre a afirmação e a negação do trabalho. São Paulo: Boitempo Editorial, 1999.

______. Trabalho e precarização numa ordem neoliberal. In: GENTILI, P.; FRIGGOTTO, G. *Políticas de exclusão na educação e no trabalho*. Buenos Aires: Editora Consejo Latinoamericano de Ciencias Sociales/Clasco e Agencia Sueca de Desarollo Internacional/ASDI, setembro de 2000.

ASMUS, C. F.; RUZANY, M. H. Riscos ocupacionais na infância e adolescência. Uma revisão. *Jornal Brasileiro de Pediatria*. Rio de Janeiro, 1996.

BASTOS, V. P. *Análise do perfil social dos catadores do aterro de Itaoca, São Gonçalo*. São Gonçalo: fevereiro de 2001.

BRASIL. *Diagnóstico preliminar dos focos do trabalho da criança e do adolescente*. Ministério do Trabalho, Brasília, 1996.

______. *Trabalho infantil no Brasil*: questões e políticas. Brasília: Presidência da República, 1998.

______. Lei Federal n. 8.069/1990. Estatuto da Criança e do Adolescente.

BURSZTYN, M. *No meio da rua*: nômades, excluídos, viradores. Rio de Janeiro: Garamond, 2000.

BUSCHINELLI, J. T. P.; ROCHA, L. E.; RIGOTTO, R. M. (Orgs.). *Isto é trabalho de gente? Vida, doença e trabalho no Brasil*. São Paulo: Vozes, 1993.

COUTINHO, C. N. *Gramsci. Um estudo sobre seu pensamento político*. Rio de Janeiro: Civilização Brasileira, 1999.

______. Americanismo e Fordismo. In: *Obras escolhidas*. Lisboa: Estampa, 1974. v. II.

ESCURRA, M. F. *Sobrevivendo do lixo*: população excedente, trabalho e pobreza. Dissertação (Mestrado) em Serviço Social. Rio de Janeiro, UFRJ, 1997.

FALEIROS, V. de P. Infância e processo político no Brasil. In: RIZZINI, I.; PILOTTI, F. (Orgs.). *A arte de governar crianças*: a história das políticas sociais, da legislação e da assistência à infância no Brasil. Rio de Janeiro: Instituto Interamericano Del Niño, Editora Universitária Santa Ursula & Amais Livraria e Editora, 1995.

FAUSTO, A.; CERVINI, R. *O trabalho e a rua*: crianças e adolescentes no Brasil urbano dos anos 80. São Paulo: Cortez, 1991.

GRAMSCI, A. *Cadernos de Cárcere*. v. 4. Edição e tradução de Carlos Nelson Coutinho; coedição Luiz Sérgio Henriques e Marco Aurélio Nogueira. Rio de Janeiro: Civilização Brasileira, 2001.

HEILBORN, M. L. *Dimensões culturais do trabalho infantil feminino*: estratégias para combater o trabalho infantil no serviço doméstico. Rio de Janeiro: OIT/ Ipea, 2001.

IAMAMOTO, M.; CARVALHO, R. *Relações sociais e Serviço Social no Brasil*: esboço de uma interpretação histórico-metodológica. São Paulo: Cortez, 1998.

______. *O Serviço Social na contemporaneidade*: trabalho e formação profissional. São Paulo: Cortez, 1998.

JUNCÁ, D. C. de M. Da cana para o lixo: um percurso de desfiliação? *Serviço Social & Sociedade*, São Paulo, Cortez, ano XXI, n. 63, jul. de 2000.

MARTINS, J. de S. (Coord.). *O massacre dos inocentes*: a criança sem infância no Brasil. São Paulo: Hucitec, 1991.

______. *Fronteira*: a degradação do outro nos confins do humano. São Paulo: Hucitec, 1997.

______. *A sociabilidade do homem simples*. São Paulo: Hucitec, 2000.

MARX, K. *O capital. Crítica da economia política*. Rio de Janeiro: Civilização Brasileira, 1998.

______. *O capital. Livro I, capítulo VI (inédito)*. São Paulo: Ciências Humanas, 1978.

MARX, K. Introdução à crítica da economia política. In: *Marx*. São Paulo: Abril Cultural, 1974.

MARX, K.; ENGELS, F. *A ideologia alemã*. São Paulo: Hucitec, 1999.

MENDES, R.; DIAS, E. C. Saúde do trabalhador. In: ROUQUAYROL, Z. *Epidemiologia e saúde*. Rio de Janeiro: Medici, 1994.

MINAYO, M. C. de S. *O desafio do conhecimento*: pesquisa qualitativa em saúde. São Paulo: Hucitec, Rio de Janeiro: Abrasco, 1993.

NOGUEIRA, J. *Viver sobre o lixo e sobreviver do lixo*: um estudo realizado com os catadores de lixo em Vitória. Espírito Santo. Dissertação (Mestrado em Psicologia) — UFES, Espírito Santo, 1996.

ORGANIZAÇÃO INTERNACIONAL DO TRABALHO (OIT). *Todavia há muito por fazer. O trabalho infantil no mundo de hoje*. São Paulo: OIT, 1993.

______. *Trabajo infantil*: que hacer? Documento submetido a discusion de la Reunion Tripartida Oficiosa de Nivel Ministerial, Ginebra, 12 de junho de 1996. Ginebra: Oficina Internacional de Trabajo. 1996.

PESQUISA NACIONAL POR AMOSTRA DE DOMICÍLIOS — PNAD/1998: Síntese de Indicadores 1999/IBGE. Departamento de População e Indicadores Sociais. Rio de Janeiro: IBGE, 2000.

PORTILHO, M. F. F. *Profissionais do lixo*: um estudo sobre as representações sociais de engenheiros, garis e catadores. Dissertação (Mestrado em Psicossociologia de Comunidades e Ecologia Social) — UFRJ. Rio de Janeiro, 1997.

RAYMUNDO, C. M. *O trabalho infantojuvenil em lixões*: expressão cruel das contradições da modernidade brasileira. A experiência de Itaoca/São Gonçalo. Dissertação (Mestrado em Serviço Social) — UERJ. Rio de Janeiro, 2002.

RIZZINI, I. I.; HOLANDA, F. R. B. *A criança e o adolescente no mundo do trabalho*. Rio de Janeiro: USU Editora Universitária/Amais Livraria e Editora, 1996.

RIZZINI, I. Pequenos trabalhadores no Brasil. In: PRIORE, M. del (Org.). *História das crianças no Brasil*. São Paulo: Contexto, 1999.

THOMPSON, E. P. *A formação da classe operária inglesa*. Livro I. A árvore da liberdade. Rio de Janeiro: Paz e Terra, 1997.

YAZBEK, M. C. *Classes subalternas e assistência social*. São Paulo: Cortez, 1996.

Artigos de jornais e revistas

A Disputa pelas sobras. *O Dia*, Rio de Janeiro, 23/7/2000.

Três gerações de catadores de lixo. *O Globo*, 27/5/2001.

Lixo é inclusão para 20 mil em São Paulo. *Folha de S.Paulo*, São Paulo, 20/5/2001.

O Lixo da morte. *O Dia*. Rio de Janeiro, 24/7/2001.

Rio abandona dez usinas de lixo. *Jornal do Brasil*, Rio de Janeiro, 30/12/2001.

O Paradoxo da miséria. *Veja*, ano 35, Rio de Janeiro, 23/1/2002.

Quem lucra com o trabalho infantil. *Atenção*, São Paulo. Página Aberta, n. 2, ano I, dez.1995/jan. 1996.

Sobre os Autores

ANA MARIA DE VASCONCELOS ▪ Assistente social; mestre e doutora em Serviço Social/UFRJ; professora adjunta da UERJ; Procientista/UERJ; Coordenadora da Pesquisa "A Prática dos Profissionais de Saúde no Município do Rio de Janeiro: Hospitais Universitários" financiada pelo CNPq/Faperj/UERJ.

ALANY PINTO CALDEIRA ▪ Assistente social; professora assistente da Faculdade de Serviço Social/UERJ; mestre em Serviço Social pela PUC/RJ; coordenadora do projeto de extensão: Capacitação continuada: assessoria a unidades de saúde do Município do Rio de Janeiro.

ALINE MARIA THULLER DE AGUIAR ▪ Aluna da Faculdade de Serviço Social/UERJ; bolsista do projeto de extensão.

ANDRÉA DE SOUSA GAMA ▪ Assistente social; professora assistente da Faculdade de Serviço Social/UERJ; mestre em Saúde Pública (ENSP/Fiocruz); pesquisadora na área de Gênero, Sexualidade e Saúde.

ALZIRA TEREZA GARCIA LOBATO ▪ Mestre em Serviço Social. Diretora da Faculdade de Serviço Social da UERJ (2002-2003), professora assistente e pesquisadora na área do Envelhecimento, da Faculdade de Serviço Social da Universidade do Estado do Rio de Janeiro — UERJ. Assistente Social da UERJ/Hupe/Unati.

CLAUDETE J. DE OLIVEIRA ■ Assistente social; Mestre em Serviço Social pela Universidade do Estado do Rio de Janeiro; coordenadora da Comissão de Estudos do Uso de Álcool e outras drogas do CRESS, 7ª Região/RJ.

CARMEN MARIA RAIMUNDO ■ Assistente social do Programa de Saúde do Trabalhador Adolescente (PSTA); coordenadora do Serviço de Atenção Primária do Núcleo de Estudos da Saúde do Adolescente (NESSA) da UERJ.

CARINA LEONE VEIGA ■ Aluna da Faculdade de Serviço Social/UERJ; bolsista de extensão.

ELIANA AZEVEDO PEREIRA DE MENDONÇA ■ Professora assistente do Departamento de Política Social da Faculdade de Serviço Social da UERJ; doutoranda da Escola Nacional de Saúde Pública — ENSP — Fiocruz.

FÁTIMA DE MARIA MASSON ■ Assistente social da UFRJ; Bolsista de Apoio Técnico Faperj: 2000/2002; Doutoranda em Serviço Social/UFRJ.

GISELLE LAVINAS MONNERAT ■ Assistente social; professora assistente da Faculdade de Serviço Social do Estado do Rio de Janeiro/UERJ; Mestre em Saúde Pública — ENSP/Fiocruz; doutoranda em Saúde Pública — ENSP/Fiocruz.

JANE CARVALHO ■ Assistente social/UFF; participante da equipe técnica do Projeto de Extensão "Conversações reflexivas sobre drogas"; coordenadora do Projeto "Crianças saudáveis futuros saudáveis" da ONG (INMED — Brasil), SP.

JULIANA SOUZA BRAVO DE MENEZES ■ Aluna de Serviço Social/UERJ; Bolsista Pibic/UERJ: 2001/2003.

LAÍS HELENA PINTO VELOSO ■ Professora da Faculdade de Serviço Social da UERJ e da Escola de Serviço Social/UFF-UERJ, Coordenadora do Projeto de Extensão/Interinstitucional: "Conversações reflexivas sobre drogas" (UERJ/UFF).

LUCIANA SANTIAGO ■ Assistente Social/UFF; integrante do Projeto de Extensão "Conversações Reflexivas sobre drogas".

MARIA INÊS SOUZA BRAVO ■ Assistente social; doutora em Serviço Social — PUC/SP; professora aposentada da UFRJ; professora adjunta da Faculdade de Serviço Social da Universidade do Estado do Rio de Janeiro (UERJ); Procientista da UERJ e Coordenadora do Projeto "Políticas Públicas de Saúde: O potencial dos Conselhos da Região Metropolitana do Rio de Janeiro", financiado pelo CNPq, Faperj e UERJ.

MAURÍLIO CASTRO DE MATOS ■ Assistente Social; Mestre em Serviço Social — UFRJ; Professor Assistente da Faculdade de Serviço Social da UERJ; Integrante da equipe técnica do Projeto "Políticas Públicas de Saúde: O potencial dos Conselhos da Região Metropolitana do Rio de Janeiro"; e do Conselho Tutelar de São Gonçalo; Membro da diretoria do CRESS, 7ª Região — Conselho Regional de Serviço Social (gestão 1999-2002)

MARY JANE DE OLIVEIRA TEIXEIRA ■ Professora Assistente da Faculdade de Serviço Social/UERJ, Mestre em Saúde Pública (ENSP), Vice-diretora da FSS/UERJ-2002/2003.

MARCO JOSÉ DE OLIVEIRA DUARTE ■ Assistente Social, Sanitarista e Psicólogo. Professor Assistente do Departamento de Fundamentos Teórico-Práticos do Serviço Social da Faculdade de Serviço Social da UERJ. Coordenador do Projeto Integrado de Pesquisa "Saúde, Loucura e Família: Práticas Socioinstitucionais em Serviço", juntamente com a Profª Dra. Doris Luz Rinaldi, realizado com o apoio do CNPq, em andamento. Mestre em Serviço Social (UFRJ) e Doutorando em Saúde Coletiva (Unicamp). Atualmente, Chefe do Departamento acima citado.

MÔNICA DE CASTRO MAIA SENNA ■ Assistente Social; professora — Assistente da Escola de Serviço Social da Universidade Federal Fluminense (UFF); mestre em Saúde Pública — ENSP/Fiocruz; doutoranda em Saúde Pública — ENSP/Fiocruz.

RAFAELA ESTEVES VASCONCELOS ▪ Aluna de Serviço Social/UERJ, Bolsista de Iniciação Científica/Faperj-2002/2003.

ROSIMARY GONÇALVES DE SOUZA ▪ Assistente Social; Professora Assistente da Faculdade de Serviço Social da Universidade do Estado do Rio de Janeiro (UERJ); Mestre em Saúde Pública — ENSP/Fiocruz; doutoranda em Saúde Pública — ENSP/Fiocruz.

SARA TAVARES FERREIRA ▪ Assistente Social, Bolsista de Apoio Técnico/Faperj-2003/2004.

SHEILA NUNES ▪ Professora auxiliar do INU/UERJ, mestrado em Masstrich/Holanda, Secretária Executiva do PCSF do Estado do Rio de Janeiro — Núcleo — UERJ.

THAÍS GEOVANNA CASTRO DA ROCHA ▪ Aluna da Faculdade de Serviço Social/UERJ; bolsista do projeto de extensão.